ज्योतिष

विज्ञान और आध्यात्म का संगम

अनुराग अग्रवाल

ISBN
Paperback 979-8-89777-951-2
Hardcase 979-8-89906-293-3

परिचय: ज्योतिष: विज्ञान और अध्यात्म का संगम

ज्योतिष विज्ञान और अध्यात्म, भारतीय ज्ञान परंपरा के दो ऐसे शाश्वत स्तंभ हैं जो न केवल जीवन के रहस्यों को उजागर करते हैं, बल्कि आत्मा और ब्रह्मांड के बीच मौजूद सूक्ष्म संबंधों को भी गहराई से स्पष्ट करते हैं। जहाँ ज्योतिष जन्मकालीन ग्रहों की स्थितियों के माध्यम से व्यक्ति की प्रवृत्तियों, संभावनाओं और जीवन की दिशा को प्रकट करता है, वहीं अध्यात्म आत्मा की चेतना, कर्म सिद्धांत और परमात्मा की अनुभूति का मार्ग प्रशस्त करता है।

इन दोनों का संगम यह दर्शाता है कि हमारा जीवन केवल भौतिक घटनाओं का संयोग नहीं, बल्कि एक दिव्य योजना का हिस्सा है — जिसमें ग्रह मार्गदर्शक की भूमिका निभाते हैं और आत्मा उस अनंत यात्रा की यात्री होती है। आज का आधुनिक विज्ञान भी इन प्राचीन अवधारणाओं की गहराई को समझने लगा है, जिससे यह स्पष्ट होता जा रहा है कि भविष्य केवल गणनाओं से नहीं, चेतना की दिशा और स्तर से भी प्रभावित होता है।

विषय सूची

TABLE OF CONTENTS

अध्याय 1

ज्योतिष का वैज्ञानिक और आध्यात्मिक विश्लेषण

SCIENTIFIC AND SPIRITUAL ANALYSIS OF ASTROLOGY

ज्योतिष एक प्राचीन विज्ञान है, जो ग्रहों, नक्षत्रों और अन्य खगोलीय पिंडों की स्थिति और गति का अध्ययन करता है तथा इनका मानव जीवन पर पड़ने वाले प्रभावों का विश्लेषण करता है। यह विधा हजारों वर्षों से प्रचलित है और विभिन्न संस्कृतियों में अलग-अलग रूपों में विकसित हुई है।

ज्योतिष मुख्य रूप से तीन भागों में बंटी होती है – गणित ज्योतिष, फलित ज्योतिष और सामूहिक ज्योतिष।

गणित ज्योतिष खगोलीय गणनाओं पर आधारित होती है, जिसमें ग्रहों की गति, दशा और उनकी स्थिति को समझा जाता है।

फलित ज्योतिष व्यक्ति की जन्म कुंडली के आधार पर उसके जीवन की संभावनाओं, स्वभाव और घटनाओं का आकलन करती है।

सामूहिक ज्योतिष किसी देश, समाज या बड़ी घटनाओं की भविष्यवाणी करने में सहायक होती है।

हालांकि, ज्योतिष को पूर्ण रूप से विज्ञान नहीं माना जाता, फिर भी यह एक प्राचीन ज्ञान प्रणाली है, जो खगोलीय घटनाओं और मानवीय जीवन के बीच संबंध खोजने का प्रयास करती है।

ज्योतिष का मूल उद्देश्य (The Core Purpose of Astrology)

ज्योतिष एक प्राचीन विधा है, जिसका मूल उद्देश्य मानव जीवन को दिशा देना, समस्याओं के समाधान खोजना और व्यक्ति के भविष्य को समझने में सहायता करना है। यह केवल भविष्यवाणी करने का साधन नहीं है, बल्कि यह एक विज्ञान और आध्यात्म का संगम है, जो ब्रह्मांडीय शक्तियों और उनके प्रभावों को समझने का प्रयास करता है।

मानव जीवन में कई उतार-चढ़ाव आते हैं, और हर व्यक्ति सुख, समृद्धि, स्वास्थ्य और शांति की इच्छा रखता है। ज्योतिष का उद्देश्य इन्हीं पहलुओं को संतुलित करना और व्यक्ति को अपने जीवन में सही निर्णय लेने में सहायता करना है।

ग्रहों की चाल, नक्षत्रों की स्थिति और विभिन्न ग्रहों के प्रभावों के आधार पर ज्योतिषी यह विश्लेषण कर सकते हैं कि किसी व्यक्ति के जीवन में कौन-से समय में अच्छे या बुरे प्रभाव पड़ सकते हैं। यह विज्ञान, गणितीय गणनाओं और आध्यात्मिक दृष्टिकोण का मेल है, जो यह दर्शाता है कि ब्रह्मांड में उपस्थित ऊर्जा का हमारे जीवन पर क्या प्रभाव पड़ता है।

ज्योतिष का मूल उद्देश्य आत्मज्ञान को प्राप्त करना भी है। यह हमें यह समझने में मदद करता है कि हम कौन हैं, हमारा उद्देश्य क्या है, और हमें अपने जीवन में किन क्षेत्रों पर अधिक ध्यान देना चाहिए। यह केवल भौतिक सुख-सुविधाओं की जानकारी देने तक सीमित नहीं है, बल्कि यह आध्यात्मिक उत्थान में भी महत्वपूर्ण भूमिका निभाता है।

इसके अतिरिक्त, ज्योतिष व्यक्तिगत, पारिवारिक और सामाजिक समस्याओं को हल करने में भी मदद करता है। यदि कोई व्यक्ति अपने करियर, विवाह, स्वास्थ्य या धन से जुड़ी समस्याओं से गुजर रहा है, तो ज्योतिष उसके लिए एक मार्गदर्शक के रूप में कार्य कर सकता है। ग्रहों और नक्षत्रों की स्थितियों के आधार पर व्यक्ति को उचित उपाय और सलाह दी जाती है, जिससे वह अपने जीवन की कठिनाइयों को दूर कर सकता है। ज्योतिष केवल यह नहीं बताता कि क्या होने वाला है, बल्कि यह भी मार्गदर्शन देता है कि हम अपने जीवन को कैसे सुधार सकते हैं और सकारात्मक बदलाव कैसे ला सकते हैं।

इसके अलावा, ज्योतिष का उद्देश्य सामाजिक और व्यावसायिक निर्णयों में भी मदद करना है। राजा-महाराजाओं से लेकर आज के व्यावसायिक दिग्गजों तक, सभी ने ज्योतिष का उपयोग अपने महत्वपूर्ण निर्णय लेने के लिए किया है। यह एक दिशासूचक यंत्र की तरह काम करता है, जो हमें यह बताता है कि कौन-सा समय हमारे लिए अनुकूल है और कब हमें सतर्क रहना चाहिए।

सपनों का अर्थ, टोटकों का विश्लेषण, हिप्नोटिज्म और भूत-प्रेत जैसे रहस्यों को भी ज्योतिष के माध्यम से समझा जा सकता है। यह अंधविश्वास और तर्क के बीच संतुलन बनाने में भी मदद करता है और यह दर्शाता है कि हर घटना के पीछे कुछ वैज्ञानिक और ज्योतिषीय कारण हो सकते हैं।

अंततः, ज्योतिष केवल भाग्य पर निर्भर रहने का विज्ञान नहीं है, बल्कि यह हमें यह सिखाता है कि हम अपने जीवन को बेहतर बनाने के लिए कैसे कदम उठा सकते हैं। ग्रहों और नक्षत्रों की चाल को समझकर, ज्योतिष हमें यह दिखाता है कि हम अपने जीवन के विभिन्न पहलुओं को कैसे संतुलित कर सकते हैं और एक सुखी, सफल और संतुलित जीवन जी सकते हैं।

ज्योतिष में विज्ञान और आध्यात्म का परस्पर संबंध (The Interrelation of Science and Spirituality in Astrology)

ज्योतिष एक ऐसा विषय है, जिसमें विज्ञान और आध्यात्म दोनों का अद्त मेल है। यह केवल ग्रहों और सितारों की चाल जानने का माध्यम नहीं है, बल्कि यह गहरे वैज्ञानिक और आध्यात्मिक सिद्धांतों पर आधारित एक प्राचीन ज्ञान है। विज्ञान हमें ब्रह्मांडीय ऊर्जा और उसकी गणनाओं को समझने में मदद करता है, जबकि आध्यात्म हमें इन ऊर्जाओं के गहरे प्रभाव और उनके जीवन में उपयोग को जानने का तरीका सिखाता है।

विज्ञान का योगदान (Contribution of Science)

ज्योतिष को समझने के लिए सबसे पहले हमें यह जानना होगा कि यह पूरी तरह से गणित और खगोलीय गणनाओं पर आधारित है। ग्रहों की गति, नक्षत्रों की स्थिति और पृथ्वी पर उनके प्रभाव को जानने के लिए वैज्ञानिक गणना की जाती है। यह एक प्रकार की गणितीय प्रणाली है, जिसमें तारों, ग्रहों, सूर्य और चंद्रमा की स्थितियों के आधार पर व्यक्ति के जीवन के विभिन्न पहलुओं का विश्लेषण किया जाता है।

आधुनिक विज्ञान भी यह मानता है कि पृथ्वी पर मौजूद हर जीव ब्रह्मांडीय ऊर्जाओं से प्रभावित होता है। जैसे चंद्रमा की स्थिति समुद्र में ज्वार-भाटा लाती है, वैसे ही यह हमारे शरीर और मन पर भी असर डालता है। इसी तरह, सूर्य, शनि, मंगल और अन्य ग्रहों की ऊर्जा भी हमारे जीवन को अलग-अलग तरीकों से प्रभावित कर सकती है।

आध्यात्म का योगदान (Contribution of Spirituality)

अब बात करें आध्यात्म की, तो यह हमें यह सिखाता है कि हम ब्रह्मांड से जुड़े हुए हैं और हमारी आत्मा इन ऊर्जाओं को महसूस कर सकती है। आध्यात्मिक दृष्टिकोण से, ज्योतिष केवल भविष्य

बताने का साधन नहीं है, बल्कि यह आत्म-ज्ञान प्राप्त करने और अपने कर्मों को सुधारने का एक तरीका भी है। जब कोई ग्रह किसी नकारात्मक स्थिति में आता है, तो यह हमें संकेत देता है कि हमें अपने जीवन में कुछ सुधार करने की जरूरत है।

ज्योतिष में आध्यात्मिक उपायों का भी बहुत महत्व है। मंत्र, ध्यान, योग, हवन और पूजा जैसे उपायों का प्रयोग ज्योतिषीय दोषों को कम करने के लिए किया जाता है। ये उपाय व्यक्ति के मन और आत्मा को शुद्ध करने में मदद करते हैं और उसे सकारात्मक ऊर्जा से भरते हैं।

विज्ञान और आध्यात्म का संगम
(The Confluence of Science and Spirituality)

अगर हम गहराई से देखें, तो विज्ञान और आध्यात्म दोनों ही ज्योतिष के आधार स्तंभ हैं। विज्ञान हमें यह बताता है कि ग्रहों और नक्षत्रों की स्थिति का हमारे जीवन पर प्रभाव पड़ता है, जबकि आध्यात्म हमें यह सिखाता है कि इन प्रभावों को किस तरह सकारात्मक रूप से अपनाया जाए।

अंत में, हम यह कह सकते हैं कि ज्योतिष केवल भाग्य पर निर्भर रहने की विधा नहीं है, बल्कि यह कर्म, ज्ञान और ब्रह्मांडीय ऊर्जा को समझने का एक तरीका है। जब विज्ञान और आध्यात्म मिलते हैं, तो ज्योतिष एक संपूर्ण ज्ञान बन जाता है, जो हमारे जीवन को सही दिशा देने में मदद करता है।

प्राचीन ऋषियों और आधुनिक वैज्ञानिकों की दृष्टि में ज्योतिष (Astrology in the Perspectives of Ancient Sages and Modern Scientists)

ज्योतिष का अध्ययन प्राचीन काल से किया जा रहा है, और यह विधा समय के साथ विकसित होती रही है। प्राचीन ऋषि-मुनियों ने इसे ब्रह्मांडीय शक्तियों, ग्रहों और तारों की चाल के आधार पर विकसित किया, जबकि आधुनिक वैज्ञानिक इसे भौतिकी, खगोलशास्त्र और गणितीय गणनाओं से जोड़कर देखते हैं। इन दोनों दृष्टिकोणों में कई समानताएँ हैं, लेकिन अंतर भी हैं।

प्राचीन ऋषियों की दृष्टि में ज्योतिष: प्राचीन भारतीय ऋषि-मुनियों ने हजारों साल पहले ही यह समझ लिया था कि ग्रह-नक्षत्रों की चाल का पृथ्वी पर रहने वाले प्रत्येक प्राणी पर प्रभाव पड़ता है। वे ध्यान और साधना के माध्यम से इस गूढ़ ज्ञान तक पहुँचे थे। उन्होंने बताया कि सूर्य, चंद्रमा, मंगल, बुध, गुरु, शुक्र, शनि, राहु और केतु जैसे ग्रहों की ऊर्जा हमारे शरीर, मन और भावनाओं पर गहरा असर डालती है।

ऋषि-मुनियों ने ज्योतिष को सिर्फ भाग्य जानने का साधन नहीं माना, बल्कि इसे जीवन जीने की एक विधा माना। उन्होंने यह सिद्ध किया कि ज्योतिष कर्म और फल का सिद्धांत समझाने का एक वैज्ञानिक तरीका है। वे मानते थे कि व्यक्ति के पिछले जन्मों के कर्म उसके वर्तमान जीवन में किस्मत के रूप में प्रभाव डालते हैं, और ग्रह-नक्षत्र इन प्रभावों को दर्शाने का काम करते हैं।

ऋषियों ने पंचांग, कुंडली, दशा और योगों की गणना कर जीवन की भविष्यवाणी करने की प्रणाली बनाई। उन्होंने बताया कि व्यक्ति की जन्म कुंडली देखकर यह पता लगाया जा सकता है कि उसके जीवन में कौन-से अच्छे और बुरे समय आएंगे। उन्होंने कुछ उपाय भी बताए, जैसे मंत्र-जाप, यज्ञ, पूजा, रत्न धारण आदि, जिससे ग्रहों के प्रभाव को संतुलित किया जा सकता है।

आधुनिक वैज्ञानिकों की दृष्टि में ज्योतिष: आधुनिक विज्ञान भी इस बात को मानता है कि ग्रहों की ऊर्जा का पृथ्वी पर प्रभाव पड़ता है। उदाहरण के लिए, चंद्रमा समुद्र में ज्वार-भाटा लाता है, जिससे यह साबित होता है कि यह पृथ्वी के जल तत्व पर प्रभाव डालता है। चूँकि हमारा शरीर भी लगभग 70% पानी से बना है, तो यह संभव है कि चंद्रमा का प्रभाव हमारे शरीर और मन पर भी पड़े।

खगोलशास्त्र एक विज्ञान है, जो ग्रहों और तारों की गति का अध्ययन करता है, जबकि ज्योतिष इन ग्रहों की स्थिति से मानव जीवन पर पड़ने वाले प्रभावों को समझने की कोशिश करता है।

हालांकि, कुछ वैज्ञानिक ज्योतिष को अंधविश्वास मानते हैं, लेकिन कई वैज्ञानिक ऐसे भी हैं जिन्होंने यह माना है कि ब्रह्मांड में हर चीज ऊर्जा से बनी है और ये ऊर्जाएँ हमारे जीवन पर प्रभाव डाल सकती हैं।

ज्योतिष की विभिन्न प्रणालियाँ: (Different Systems of Astrology)

सबसे प्रसिद्ध भारतीय ज्योतिष, जिसे वैदिक ज्योतिष भी कहा जाता है, कुंडली, ग्रहों की दशाएँ, गोचर, योग और दोष जैसे तत्वों पर आधारित है। यह प्रणाली जन्म के समय आकाशीय स्थिति का विश्लेषण कर व्यक्ति के स्वभाव, स्वास्थ्य, करियर, विवाह और अन्य जीवन से जुड़ी घटनाओं का पूर्वानुमान लगाती है।

वहीं, पश्चिमी ज्योतिष मुख्य रूप से सूर्य राशियों और 12 राशियों (Aries से Pisces तक) के आधार पर काम करती है। इसमें जन्मतिथि के अनुसार व्यक्ति की मूल विशेषताओं, व्यक्तित्व के पहलुओं, और भविष्यवाणियों का विश्लेषण किया जाता है। पश्चिमी ज्योतिष में प्लैनेटरी ट्रांजिट्स, ग्रहों की स्थिति और ग्रहों के आपसी संबंधों का भी विशेष महत्व है।

चीनी ज्योतिष एक अनूठी प्रणाली है, जिसमें 12 जानवरों (चूहे, बैल, बाघ, खरगोश, ड्रैगन, सांप, घोड़ा, बकरी, बंदर, मुर्गी, कुत्ता और सूअर) का क्रम होता है। इसमें जन्म वर्ष के आधार पर व्यक्ति की प्रकृति, भाग्य, स्वास्थ्य और रिश्तों का विश्लेषण किया जाता है। चीनी ज्योतिष में पंचतत्त्वों (आग, जल, लकड़ी, धातु और पृथ्वी) का भी महत्त्वपूर्ण स्थान है, जो जन्म वर्ष के साथ मेल खाते हैं और व्यक्ति के चरित्र को प्रभावित करते हैं।

तिब्बती ज्योतिष, जो बौद्ध दर्शन से प्रेरित है, में ज्योतिषीय गणनाओं के साथ-साथ ध्यान और आध्यात्मिक साधनाओं का संयोजन देखने को मिलता है। यह प्रणाली स्वास्थ्य, बीमारी और दीर्घायु से संबंधित पूर्वानुमान में माहिर मानी जाती है।

इसके अलावा, मयाई और अफ्रीकी ज्योतिष जैसी प्रणालियाँ भी हैं, जो स्थानीय परंपराओं, प्राकृतिक घटनाओं और सांस्कृतिक विश्वासों पर आधारित हैं। प्रत्येक प्रणाली अपने सिद्धांत, गणनाएँ, और उपाय प्रदान करती है, जो व्यक्ति के जीवन के विभिन्न पहलुओं पर प्रकाश डालते हैं।

इन सभी प्रणालियों का मूल उद्देश्य एक ही है – जीवन के रहस्यों को समझना, व्यक्ति को आत्म-जागरूकता प्रदान करना और समाज में संतुलन एवं समृद्धि की दिशा में मार्गदर्शन करना। विभिन्न ज्योतिष प्रणालियाँ हमें यह संदेश देती हैं कि ब्रह्मांड की अनंत शक्तियाँ और ऊर्जा हमारे जीवन से जुड़ी हुई हैं, और यदि हम इन प्रणालियों के ज्ञान को समझकर अपने जीवन में अपनाएं, तो हम जीवन की चुनौतियों का सामना बेहतर तरीके से कर सकते हैं।

ज्योतिष में पंच तत्वों का सिद्धांत:
(The Principle of Five Elements in Astrology)

पंच तत्वों का सिद्धां: यह बताता है कि समस्त जीव-जंतुओं और निर्जीव पदार्थों का निर्माण पाँच मूल तत्व – पृथ्वी, जल, अग्नि, वायु और आकाश – से होता है। प्रत्येक राशि और ग्रह के गुण भी इन मूल तत्वों पर आधारित माने जाते हैं।

उदाहरण स्वरूप, मेष, सिंह और धनु राशियाँ अग्नि तत्व से जुड़ी होती हैं, जो ऊर्जा, साहस और उत्साह प्रदान करती हैं।

वृषभ, कन्या और मकर राशियाँ पृथ्वी तत्व से संबंधित होती हैं, जो स्थिरता, धैर्य और भौतिकता का प्रतीक हैं।

जल तत्व का प्रभाव कर्क, वृश्चिक और मीन राशियों में देखा जाता है, जिससे भावनात्मक गहराई, संवेदनशीलता और सहानुभूति उत्पन्न होती है।

मिथुन, तुला और कुंभ राशियाँ वायु तत्व के अधीन मानी जाती हैं, जो बुद्धिमत्ता, संवाद कौशल और सामाजिकता का परिचायक हैं।

अंत में, आकाश तत्व को व्यापकता, अनंतता और आध्यात्मिकता से जोड़ा जाता है, जो सभी तत्वों का आधार है।

पंच तत्वों का संतुलन ही व्यक्ति के चरित्र, स्वास्थ्य और जीवन की परिस्थितियों को निर्धारित करता है। यदि किसी व्यक्ति की कुंडली में किसी तत्व का अत्यधिक प्रभाव हो तो उसके व्यवहार में नकारात्मक पहलू भी सामने आ सकते हैं।

इस सिद्धांत के माध्यम से ज्योतिष हमें बताता है कि जीवन में संतुलन बनाए रखने के लिए इन मूल तत्वों का सही मिश्रण आवश्यक है, जिससे न केवल व्यक्तिगत उन्नति होती है, बल्कि सामाजिक और आध्यात्मिक विकास में भी सहायता मिलती है।

खगोलशास्त्र और ज्योतिष के बीच गहरा संबंध:
(The Deep Connection Between Astronomy and Astrology)

खगोलशास्त्र वैज्ञानिक तरीके से ग्रहों, नक्षत्रों, तारों और आकाशगंगाओं की स्थिति, गति और संरचना का अध्ययन करता है, जबकि ज्योतिष इन आकाशीय पिंडों की स्थितियों को मानव जीवन, स्वभाव और घटनाओं से जोड़कर विश्लेषण करता है।

खगोलशास्त्र में आधुनिक उपकरणों और विधियों का प्रयोग करके आकाशीय पिंडों की गणनाएँ, दूरी, आकार, चमक और गति को मापा जाता है, जिससे यह ज्ञात होता है कि ब्रह्मांड में कौन से नियम काम करते हैं।

वहीं, ज्योतिष में जन्म के समय ग्रहों की स्थिति को देखकर व्यक्ति के भविष्य, स्वास्थ्य, करियर, विवाह और अन्य पहलुओं का पूर्वानुमान लगाने का प्रयास किया जाता है।

इन दोनों विधाओं के बीच की मुख्य समानता यह है कि दोनों ही आकाशीय घटनाओं के अध्ययन पर आधारित हैं। जबकि खगोलशास्त्र में आंकड़ों, गणनाओं और वैज्ञानिक तथ्यों को महत्व दिया जाता है, ज्योतिष में इन गणनाओं का उपयोग मानवीय जीवन पर पड़ने वाले प्रभावों का विश्लेषण करने के लिए किया जाता है।

आधुनिक समय में, कुछ शोधकर्ता इन दोनों के बीच संभावित संबंधों की खोज कर रहे हैं, जिससे यह समझने में मदद मिल सकती है कि आकाशीय घटनाओं का मानव मनोविज्ञान, व्यवहार और सामाजिक घटनाओं पर किस प्रकार का अप्रत्यक्ष प्रभाव पड़ता है। इस प्रकार, खगोलशास्त्र

और ज्योतिष, अपने-अपने दृष्टिकोण से ब्रह्मांड की जटिलताओं और मानव जीवन के रहस्यों को उजागर करने का प्रयास करते हैं।

योग और दोष ज्योतिष का अहम हिस्सा:
(Yogas and Doshas: An Integral Part of Astrology)

योग उन विशेष संयोजनों को कहते हैं, जो आपके कुंडली में ग्रहों के आपसी संबंध से बनते हैं और जो आपके जीवन में सफलता या विफलता ला सकते हैं। राजयोग, धनयोग, सूर्य योग, पंच महापुरुष योग आदि ऐसे कुछ योग हैं जो आपके जीवन में खुशहाली, धन, सफलता, स्वास्थ्य और सामाजिक प्रतिष्ठा लाने में सहायक माने जाते हैं।

उदाहरण के लिए, राजयोग तब बनता है जब शुभ ग्रह जैसे गुरु, शुक्र, बुध आदि केंद्र भावों (पहला, चौथा, सातवाँ, दसवाँ) या त्रिकोण भावों (पहला, पांचवाँ, नवाँ) में अच्छी स्थिति में हों। इसी तरह धनयोग उन ग्रहों के संयोजन से बनता है जो आर्थिक लाभ और समृद्धि से जुड़ते हैं। यदि कुंडली में कोई दोष भी पाए जाते हैं, तो उनसे बचने के लिए विभिन्न उपाय बताए जाते हैं।

इन उपायों में मंत्र जाप, दान, रत्न धारण, पूजा और विशेष तांत्रिक विधि शामिल होती हैं। माना जाता है कि यदि आप सही समय पर सही उपाय करें, तो नकारात्मक ग्रहों के प्रभाव को कम किया जा सकता है और जीवन में सुख, समृद्धि तथा संतुलन लाया जा सकता है।

उदाहरण के लिए, शनि की अशुभ दशा को कम करने के लिए शनि से संबंधित मंत्रों का जाप, काली माता की पूजा या नीले रत्न का धारण करने की सलाह दी जाती है। इसी तरह राहु या केतु के प्रभाव को संतुलित करने के लिए विशेष तंत्र-मंत्र और दान की विधि अपनाई जाती है।

ज्योतिष केवल भविष्यवाणी का साधन नहीं है, बल्कि यह एक गहरा मनोवैज्ञानिक, दार्शनिक और सांस्कृतिक अध्ययन भी है। ज्योतिष हमें यह समझने में मदद करता है कि हमारे जीवन के सारे पहलू – चाहे वे हमारे स्वभाव हों, हमारे कर्म हों, हमारे संबंध हों या हमारी मानसिक स्थिति – एक दूसरे से जुड़े हुए हैं।

यह विधा हमें बताती है कि हमारा जीवन समय-समय पर ग्रहों की चाल, दशा, गोचर और योगों के प्रभाव से बदलता रहता है। इसके अनुसार, हम अपने जीवन के उतार-चढ़ाव को समझ सकते हैं और आवश्यकतानुसार सही निर्णय ले सकते हैं।

ज्योतिष का यह ज्ञान सदियों से लोगों के जीवन में महत्वपूर्ण भूमिका निभाता आया है। कई बार, कठिन समय में ज्योतिष के उपायों से व्यक्ति को नया मार्गदर्शन मिलता है, और वह अपने

जीवन में सकारात्मक बदलाव देखता है। अतीत में कई शासकों, राजवंशों और साधुओं ने अपने निर्णय लेने के लिए ज्योतिष का सहारा लिया है। उन्होंने यह माना कि ग्रहों की चाल और उनके योगों के अनुसार ही शासन, युद्ध, आर्थिक स्थिति और सामाजिक घटनाएँ निर्धारित होती हैं।

आज के समय में भी ज्योतिष का महत्व कम नहीं हुआ है। आधुनिक जीवन में भी कई लोग अपने जीवन की समस्याओं, तनाव, अनिश्चितता और चिंता से उबरने के लिए ज्योतिषीय सलाह लेते हैं। इंटरनेट और मोबाइल एप्लिकेशन के माध्यम से ज्योतिष का ज्ञान बहुत से लोगों तक पहुँच चुका है।

हालांकि, इस डिजिटल युग में यह जरूरी हो गया है कि ज्योतिष के सिद्धांतों को समझकर ही उसका सही ढंग से उपयोग किया जाए, ताकि अंधविश्वास और अवैज्ञानिक धारणाओं से बचा जा सके।

सरल भाषा में कहा जाए तो, ज्योतिष हमारे जीवन के विभिन्न पहलुओं का नक्शा है। इसमें ग्रहों की स्थिति, राशियों के गुण, भावों का अर्थ, दशाओं का समय और योगों का संयोजन हमारे जीवन पर गहरा असर डालता है।

यह विधा हमें यह संदेश देती है कि हमारे जीवन के हर हिस्से में एक नियम है, और हर घटना के पीछे कुछ कारण निहित हैं। जब हम अपने जीवन में आने वाले परिवर्तनों को समझते हैं, तो हम बेहतर निर्णय ले सकते हैं और अपने भाग्य का निर्माण स्वयं कर सकते हैं।

ज्योतिष के सिद्धांत हमें यह भी बताते हैं कि हमारे कर्म, हमारे निर्णय, और हमारे प्रयास हमारे जीवन के परिणामों को प्रभावित करते हैं। ग्रहों के प्रभाव चाहे शुभ हों या अशुभ, अंततः हमारा कर्म ही हमारे जीवन का सबसे बड़ा निर्धारक होता है। इसीलिए, ज्योतिष के ज्ञान को अपनाते हुए हमें अपने कार्यों में निष्ठा, परिश्रम और सकारात्मक सोच रखनी चाहिए।

समग्र रूप से देखा जाए तो, ज्योतिष एक ऐसा ज्ञान है जो प्रकृति, ब्रह्मांड और मानव जीवन के बीच के गहरे संबंध को उजागर करता है। यह हमें यह समझने में मदद करता है कि हमारे जीवन में आने वाले सुख-दुख, सफलता-असफलता, स्वास्थ्य या वित्तीय स्थिति, इन सब का एक निर्धारित क्रम होता है।

हमें यह भी पता चलता है कि हमारे जीवन में चुनौतियाँ क्यों आती हैं और कैसे हम उन्हें पार कर सकते हैं। ज्योतिष के माध्यम से हम अपने जीवन की राह को समझ सकते हैं, अपने भविष्य की योजना बना सकते हैं, और अपने अंदर की शक्ति को पहचानकर अपने भाग्य का निर्माण कर सकते हैं।

अंततः, ज्योतिष के मूलभूत सिद्धांत सरल भाषा में यह कहने का प्रयास करते हैं कि हमारे जीवन में सब कुछ एक निश्चित क्रम में होता है। ग्रहों की चाल, राशियों के गुण, भावों का अर्थ, दशाएँ और योग – ये सभी मिलकर हमारे जीवन के नक्शे को निर्धारित करते हैं।

जब हम इन सिद्धांतों को समझकर अपनाते हैं, तो हम न केवल अपनी व्यक्तिगत समस्याओं का समाधान कर सकते हैं, बल्कि समाज में भी एक सकारात्मक बदलाव ला सकते हैं। यह विधा हमें यह सिखाती है कि ज्ञान, आत्म-जागरूकता और उचित साधना के माध्यम से हम अपने जीवन के सभी पहलुओं को संतुलित कर सकते हैं, और अंततः अपने भाग्य के निर्माता स्वयं बन सकते हैं।

क्वांटम फिजिक्स और ज्योतिष (Quantum Physics and Astrology)

क्वांटम फिजिक्स और ज्योतिष दो अलग-अलग विषय लगते हैं, लेकिन अगर गहराई से देखा जाए, तो दोनों में कुछ गहरा संबंध है। दोनों ही यह मानते हैं कि ब्रह्मांड में हर चीज ऊर्जा से बनी है और हर कण एक-दूसरे से जुड़ा हुआ है। जहां ज्योतिष यह कहता है कि ग्रहों और तारों की ऊर्जा का प्रभाव हमारे जीवन पर पड़ता है, वहीं क्वांटम फिजिक्स यह सिद्ध करती है कि हर कण ऊर्जा से बना है और पूरे ब्रह्मांड में हर चीज़ आपस में जुड़ी हुई है।

क्वांटम ऊर्जा और ज्योतिष (Quantum Energy and Astrology)

क्वांटम फिजिक्स कहती है कि ऊर्जा कभी नष्ट नहीं होती, बल्कि वह एक रूप से दूसरे रूप में बदलती रहती है। इसी तरह, ज्योतिष में भी यह माना जाता है कि आत्मा अमर है और जन्म-मृत्यु का चक्र चलता रहता है। यह ऊर्जा का एक निरंतर प्रवाह है, जो अलग-अलग रूपों में हमें प्रभावित करता है।

क्वांटम फिजिक्स का सिद्धांत: (Principles of Quantum Physics)

क्वांटम फिजिक्स आधुनिक विज्ञान की वह शाखा है, जो यह बताती है कि ब्रह्मांड में हर चीज कणों और ऊर्जा तरंगों से बनी है। इसका एक प्रमुख सिद्धांत "क्वांटम एंटैंगलमेंट" कहता है कि अगर दो कण आपस में जुड़े होते हैं, तो वे कितनी भी दूरी पर हों, वे एक-दूसरे को प्रभावित कर सकते हैं। इसका मतलब यह हुआ कि पूरे ब्रह्मांड में हर चीज़ एक-दूसरे से जुड़ी हुई है।

ज्योतिष में भी यही मान्यता है कि जब कोई व्यक्ति जन्म लेता है, तो उस समय ग्रहों की स्थिति उसके जीवन पर प्रभाव डालती है। इसका कारण यह हो सकता है कि जब कोई ग्रह एक विशेष

स्थान पर होता है, तो उसकी ऊर्जा पृथ्वी पर एक विशेष प्रभाव डालती है, जो व्यक्ति की कुंडली में दर्ज हो जाता है।

वेव-पार्टिकल डुअलिटी (Wave-Particle Duality)

क्वांटम फिजिक्स का यह सिद्धांत कहता है कि एक ही चीज़ कभी कण की तरह और कभी तरंग की तरह व्यवहार कर सकती है। इसका मतलब है कि चीजें स्थिर नहीं हैं, बल्कि वे लगातार परिवर्तनशील हैं।

ज्योतिष में भी यह माना जाता है कि ग्रहों की ऊर्जा कभी सकारात्मक और कभी नकारात्मक रूप में असर डाल सकती है। यह व्यक्ति के कर्म और ग्रहों की स्थिति पर निर्भर करता है। अगर किसी व्यक्ति के जीवन में कठिन समय चल रहा है, तो उसे अच्छे कर्म करने से सकारात्मक ऊर्जा मिल सकती है, जिससे उसका भाग्य बदल सकता है।

कर्म और संभाव्यता (Karma and Probability)

क्वांटम फिजिक्स कहती है कि किसी भी कण की स्थिति पहले से तय नहीं होती, बल्कि वह संभावनाओं पर आधारित होती है। इसी तरह, ज्योतिष भी यह कहता है कि ग्रहों की स्थिति हमारे जीवन की संभावनाओं को दर्शाती है, लेकिन हमारा भविष्य पूरी तरह से तय नहीं होता। हमारा जीवन हमारे कर्मों पर भी निर्भर करता है।

ग्रहों और मनुष्य के डीएनए का संबंध
(The Connection Between Planets and Human DNA)

ग्रहों और मनुष्य के डीएनए का गहरा संबंध है। जहां ज्योतिष यह मानता है कि ग्रहों की ऊर्जा हमारे जीवन को प्रभावित करती है, वहीं विज्ञान कहता है कि डीएनए हमारे शरीर की संपूर्ण संरचना और व्यवहार को नियंत्रित करता है। यदि इन दोनों सिद्धांतों को साथ में देखा जाए, तो यह समझा जा सकता है कि ग्रहों की ऊर्जा हमारे डीएनए पर असर डाल सकती है और यह प्रभाव हमारे व्यक्तित्व, स्वास्थ्य और सोचने-समझने की क्षमता पर पड़ सकता है।

डीएनए एक अनुवांशिक कोड है, जो माता-पिता से संतानों में स्थानांतरित होता है। यह हमारे शरीर की हर छोटी से छोटी जानकारी को संजोकर रखता है, जैसे कि हमारी त्वचा का रंग, बालों की बनावट, स्वभाव और बीमारियों की संभावना। विज्ञान इस बात को स्वीकार करता है कि डीएनए भी बाहरी ऊर्जा और कंपन से प्रभावित हो सकता है। ग्रह भी अपने आसपास ऊर्जा पैदा

करते हैं, जो पृथ्वी और जीवों पर असर डाल सकती है। जब कोई ग्रह विशेष स्थिति में होता है, तो उसकी तरंगें पृथ्वी तक पहुंचती हैं, और संभव है कि वे हमारे डीएनए के कार्य करने के तरीके को भी प्रभावित करें।

सूर्य ऊर्जा और जीवन का स्रोत है। वैज्ञानिक रूप से देखा जाए तो सूर्य की किरणें शरीर में विटामिन डी का निर्माण करती हैं, जो हमारी हड्डियों को मजबूत बनाता है। सूर्य से निकलने वाली सौर ऊर्जा डीएनए की मरम्मत में सहायक होती है। चंद्रमा का जल तत्व से गहरा संबंध है, और हमारा शरीर 70% जल से बना है।

वैज्ञानिक शोध बताते हैं कि चंद्रमा का प्रभाव समुद्र की लहरों पर पड़ता है, तो यह संभव है कि इसका असर हमारे शरीर की कोशिकाओं और डीएनए पर भी हो सकता है। शनि को अनुशासन और धैर्य का ग्रह माना जाता है। विज्ञान भी यह मानता है कि दीर्घकालिक बाहरी परिस्थितियां डीएनए में परिवर्तन ला सकती हैं, जिससे व्यक्ति की मानसिकता और स्वभाव पर प्रभाव पड़ सकता है। मंगल ग्रह को ऊर्जा और शक्ति का प्रतीक माना जाता है और यह शरीर की रोग प्रतिरोधक क्षमता को प्रभावित कर सकता है।

आधुनिक विज्ञान "एपिजेनेटिक्स" नामक एक सिद्धांत को मानता है, जो यह कहता है कि हमारे आसपास का वातावरण और ऊर्जा हमारे डीएनए की अभिव्यक्ति को प्रभावित कर सकते हैं। यह सिद्धांत ग्रहों के प्रभाव से मेल खाता है, क्योंकि ग्रह भी निरंतर ऊर्जा विकीर्ण करते हैं, जो हमारी मानसिक और शारीरिक स्थिति को प्रभावित कर सकते हैं।

ग्रहों और डीएनए का संबंध ऊर्जा और तरंगों पर आधारित है। विज्ञान धीरे-धीरे इस तथ्य को स्वीकार कर रहा है कि बाहरी ब्रह्मांडीय शक्तियां हमारे डीएनए और जीवन पर प्रभाव डाल सकती हैं। ज्योतिष हजारों वर्षों से यह कहता आ रहा है कि ग्रहों की स्थिति हमारे भाग्य, स्वभाव और स्वास्थ्य को नियंत्रित करती है। यह संभव है कि भविष्य में विज्ञान इस संबंध को और गहराई से समझ सकेगा और यह साबित कर सकेगा कि ग्रहों की ऊर्जा हमारे डीएनए पर किस प्रकार असर डालती है।

सारांश (Summary): प्राचीन ऋषियों और आधुनिक वैज्ञानिकों की दृष्टि में ज्योतिष को देखने के तरीके अलग हो सकते हैं, लेकिन दोनों इस बात से सहमत हैं कि ग्रह-नक्षत्रों की ऊर्जा का पृथ्वी और जीवों पर प्रभाव पड़ता है। जहाँ ऋषि-मुनियों ने इसे आध्यात्मिक और कर्म सिद्धांत से जोड़ा, वहीं वैज्ञानिक इसे ब्रह्मांडीय ऊर्जा और खगोलशास्त्र के माध्यम से समझने की कोशिश

कर रहे हैं। ज्योतिष का रहस्य अभी भी पूरी तरह से नहीं खुला है, लेकिन यह निश्चित है कि इसमें विज्ञान और आध्यात्म का गहरा संबंध है।

निष्कर्ष (Conclusion): "ज्योतिष विज्ञान है या अंधविश्वास – यह सवाल सदियों से बहस का विषय बना हुआ है। लेकिन इससे कोई इनकार नहीं कर सकता कि यह व्यक्ति की सोच, निर्णय और पूरे समाज को प्रभावित करता है। क्या ग्रह-नक्षत्रों की चाल वास्तव में हमारे भाग्य का फैसला करती है, या यह सिर्फ मनोवैज्ञानिक खेल है? अगर ज्योतिष शुद्ध विज्ञान है, तो इसकी भविष्यवाणियाँ हर बार सटीक क्यों नहीं होतीं? और अगर यह महज अंधविश्वास है, तो फिर क्यों बड़े वैज्ञानिक, उद्योगपति और राजनेता तक इसे अपनाते हैं? क्या यह एक गूढ़ रहस्य है जिसे विज्ञान अभी तक पूरी तरह समझ नहीं पाया, या फिर यह सिर्फ उम्मीदों और डर के आधार पर चलने वाला एक सुनियोजित व्यापार है? असली सवाल यह नहीं कि ज्योतिष सच है या झूठ, बल्कि यह है कि हम इसे आंख मूंदकर स्वीकार करेंगे या तर्क और प्रमाण की कसौटी पर परखेंगे!"

सोचने योग्य प्रश्न: "क्या आधुनिक वैज्ञानिक तकनीकों से भविष्यवाणी करना संभव है, या ज्योतिष सिर्फ एक सांस्कृतिक विश्वास भर है?"

अध्याय 2

सपनों का रहस्य
(THE MYSTERY OF DREAMS)

हम सभी सपने देखते हैं, लेकिन यह सवाल हमेशा बना रहता है कि सपने क्यों आते हैं? क्या ये सिर्फ दिमाग का खेल हैं, या इनका कोई गहरा मतलब होता है? वैज्ञानिक और आध्यात्मिक दोनों दृष्टिकोण से सपनों को समझने की कोशिश की गई है, लेकिन यह विषय आज भी रहस्यमयी बना हुआ है।

विज्ञान के अनुसार, जब हम सोते हैं, तो हमारा दिमाग पूरी तरह से बंद नहीं होता। मस्तिष्क के कुछ हिस्से तब भी सक्रिय रहते हैं, और यही कारण है कि हम सपने देखते हैं। नींद के दौरान हमारा दिमाग दिनभर की घटनाओं को प्रोसेस करता है और अनावश्यक जानकारियों को मिटाकर जरूरी बातों को याददाश्त में संचित करता है। इस प्रक्रिया के दौरान विभिन्न यादें, भावनाएँ और विचार मिलकर सपनों का रूप ले लेते हैं। इसे न्यूरोसाइंटिस्ट "REM (Rapid Eye Movement) Sleep" से जोड़कर देखते हैं, जो नींद का वह चरण होता है जब सपने सबसे ज्यादा आते हैं।

कुछ वैज्ञानिक यह भी मानते हैं कि सपने सिर्फ दिमाग का एक रैंडम इलेक्ट्रिकल सिग्नल हैं, जिनका कोई विशेष अर्थ नहीं होता। वहीं, दूसरी ओर, मनोवैज्ञानिकों का कहना है कि सपने हमारे अवचेतन मन की अभिव्यक्ति होते हैं। जो बातें हम जागते समय नहीं सोच पाते या जिन्हें हम दबा देते हैं, वे सपनों के रूप में सामने आ सकती हैं। सिगमंड फ्रायड जैसे मनोवैज्ञानिकों ने कहा कि सपने हमारी इच्छाओं और डर को दर्शाते हैं।

आध्यात्मिक और ज्योतिषीय दृष्टि से देखा जाए तो सपनों को भविष्य के संकेत, पूर्वजन्म की झलक या किसी दैवीय चेतावनी के रूप में भी माना जाता है। कई बार लोग अपने सपनों में ऐसी

घटनाएँ देखते हैं, जो बाद में सच हो जाती हैं। कुछ लोग मानते हैं कि सपनों में हमें दूसरी दुनिया या भूतकाल से जुड़े रहस्यों की झलक मिल सकती है।

सपनों का सही अर्थ क्या है, यह अब भी एक रहस्य है। लेकिन यह स्पष्ट है कि सपने केवल दिमाग की एक प्रक्रिया नहीं, बल्कि हमारे मन, भावनाओं और अनुभवों का गहरा प्रतिबिंब भी हैं।

क्या सपनों में भविष्य देखने की क्षमता होती है?

सपने हमेशा से इंसान के लिए एक रहस्य बने रहे हैं। कई लोग मानते हैं कि सपनों में हमें भविष्य की झलक मिल सकती है। इतिहास में ऐसे कई उदाहरण हैं, जब लोगों ने सपनों में कोई घटना देखी और बाद में वह हकीकत में बदल गई। लेकिन क्या वास्तव में हमारे सपनों में भविष्य देखने की शक्ति होती है, या यह सिर्फ हमारे दिमाग का एक खेल है?

वैज्ञानिक दृष्टिकोण से देखा जाए तो सपने हमारे अवचेतन मन में चल रहे विचारों, भावनाओं और यादों का मिश्रण होते हैं। कई बार हम अपने आसपास की चीजों को अनजाने में नोटिस कर लेते हैं और हमारा दिमाग इन संकेतों को जोड़कर एक संभावित भविष्य की कल्पना करता है। जब यह सपना सच होता है, तो हमें लगता है कि हमने भविष्य देख लिया था। इसे "Déjà vu" (Déjà vu एक फ्रेंच शब्द है, जिसका अर्थ होता है "पहले से देखा हुआ") कहा जाता है।

मनोवैज्ञानिकों का मानना है कि हमारा दिमाग अनजाने में बहुत सारी सूचनाएँ ग्रहण करता है, जिनका हम जाग्रत अवस्था में विश्लेषण नहीं कर पाते। ये सूचनाएँ हमारे सपनों में प्रकट हो सकती हैं और कभी-कभी सच भी साबित हो जाती हैं। उदाहरण के लिए, अगर कोई व्यक्ति लगातार बीमार रहता है, तो हमारा अवचेतन मन अनुमान लगा सकता है कि वह अस्पताल जा सकता है, और जब ऐसा होता है, तो हमें लगता है कि हमने भविष्य देख लिया था।

दूसरी ओर, आध्यात्मिक और ज्योतिषीय दृष्टिकोण से, यह माना जाता है कि जब हम सोते हैं, तो हमारी आत्मा ब्रह्मांड की ऊर्जाओं से जुड़ती है और हमें आने वाली घटनाओं की झलक मिल सकती है। कई धार्मिक ग्रंथों में भी भविष्यसूचक सपनों का उल्लेख किया गया है।

ऐतिहासिक रूप से, कई प्रसिद्ध लोगों ने भविष्यसूचक सपने देखने का दावा किया है। अब्राहम लिंकन ने अपनी हत्या से पहले खुद को एक ताबूत में देखने का सपना देखा था। टाइटैनिक के डूबने से पहले भी कुछ लोगों ने इसके डूबने का सपना देखा था।

हालांकि, वैज्ञानिक रूप से यह साबित नहीं किया जा सकता कि सपनों में भविष्य देखने की कोई विशेष शक्ति होती है। यह अधिकतर हमारे अवचेतन मन की गणना, संयोग या हमारी

भावनाओं का खेल हो सकता है। लेकिन जब कोई सपना सच हो जाता है, तो यह हमें सोचने पर मजबूर जरूर कर देता है कि क्या वास्तव में सपने भविष्य की झलक दे सकते हैं?

वैज्ञानिक रिसर्च और प्राचीन ग्रंथों में सपनों की व्याख्या।

सपनों को लेकर हजारों वर्षों से दुनिया भर में अध्ययन और शोध किए जा रहे हैं। जहां एक ओर आधुनिक विज्ञान इसे मस्तिष्क की प्रक्रिया मानता है, वहीं प्राचीन ग्रंथों में सपनों को भविष्य की झलक, ईश्वरीय संकेत और आत्मा की यात्रा से जोड़ा गया है।

आइए देखें कि वैज्ञानिक रिसर्च और प्राचीन ग्रंथों में सपनों की व्याख्या कैसे की गई है।

सपनों का न्यूरोलॉजिकल और मनोवैज्ञानिक विश्लेषण

आधुनिक विज्ञान के अनुसार, जब हम सोते हैं, तो हमारा मस्तिष्क दिनभर की घटनाओं को प्रोसेस करता है। इस दौरान मस्तिष्क का कुछ हिस्सा सक्रिय रहता है और विभिन्न यादों, भावनाओं और अनुभवों को जोड़कर सपनों का निर्माण करता है।

मशहूर न्यूरोसाइंटिस्ट सिगमंड फ्रायड (Sigmund Freud) ने अपनी किताब *"The Interpretation of Dreams"* (1899) में कहा कि सपने हमारे अवचेतन मन की इच्छाओं और दबी हुई भावनाओं का प्रतिबिंब होते हैं। उन्होंने बताया कि जिन भावनाओं और विचारों को हम जाग्रत अवस्था में दबा देते हैं, वे सपनों के रूप में सामने आते हैं।

वहीं, कार्ल जंग (Carl Jung) ने सपनों को सिर्फ अवचेतन मन की कल्पना न मानकर एक गहरी मनोवैज्ञानिक प्रक्रिया बताया। उनके अनुसार, सपने हमारे अवचेतन मन में छिपे संकेत होते हैं, जो हमें अपने जीवन को समझने और सुधारने में मदद करते हैं।

कुछ वैज्ञानिक शोधों में यह भी पाया गया कि सपने भविष्य की संभावनाओं का अनुमान लगाने में मदद कर सकते हैं। डॉ. स्टैनली क्रिप्नर (Dr. Stanley Krippner) और उनकी टीम ने ऐसे कई लोगों पर रिसर्च की, जिन्होंने सपनों में देखी गई घटनाओं को बाद में हकीकत में घटते हुए पाया। इसे पूर्वज्ञानात्मक सपने कहा जाता है।

प्राचीन ग्रंथों में सपनों की व्याख्या

वेदों, पुराणों और कई अन्य प्राचीन ग्रंथों में सपनों को एक महत्वपूर्ण संकेत माना गया है। बृहदरण्यक उपनिषद और गर्भोपनिषद में कहा गया है कि जब हम सोते हैं, तो आत्मा स्थूल शरीर से अलग होकर सूक्ष्म जगत में विचरण करती है और वहां के अनुभवों को सपनों के रूप में प्रकट करती है।

योगवासिष्ठ ग्रंथ में यह वर्णन मिलता है कि सपनों में आने वाली घटनाएँ हमारे पिछले कर्मों और आने वाले भविष्य से जुड़ी हो सकती हैं। यह ग्रंथ बताता है कि हमारे अवचेतन मन में संचित संस्कार और कर्मों के प्रभाव से सपनों का निर्माण होता है।

जब हम सोते हैं, तब हमारी इंद्रियाँ निष्क्रिय हो जाती हैं, लेकिन मन सक्रिय रहता है और वह उन अनुभवों को चित्रित करता है जो या तो हमारे अतीत से जुड़े होते हैं या भविष्य की संभावनाओं को संकेत देते हैं।

योगवासिष्ठ में यह भी कहा गया है कि कुछ सपने केवल मन की कल्पना होते हैं, जबकि कुछ विशिष्ट सपने व्यक्ति के जीवन पर गहरा प्रभाव डाल सकते हैं और भविष्य में होने वाली घटनाओं का संकेत भी दे सकते हैं। इसे ज्योतिष और अध्यात्म में दिव्य दृष्टि या पूर्वाभास कहा जाता है, जहाँ व्यक्ति को भविष्य की झलक अपने सपनों में मिल सकती है।

वैज्ञानिक दृष्टिकोण से देखा जाए तो सपने अवचेतन मन की अभिव्यक्ति होते हैं, जो दिनभर की घटनाओं और भावनाओं को अलग-अलग प्रतीकों में प्रस्तुत करते हैं। हालाँकि, योगवासिष्ठ ग्रंथ के अनुसार, कुछ विशेष सपने आत्मा की उच्च अवस्था और सूक्ष्म लोकों से जुड़े हो सकते हैं, जिससे व्यक्ति को अपने जीवन के गहरे रहस्यों की झलक मिलती है। यही कारण है कि सपनों का विश्लेषण प्राचीन काल से किया जाता रहा है, ताकि मनुष्य अपने जीवन के संकेतों को समझ सके और सही मार्ग पर चल सके।

रामायण और महाभारत में भी सपनों का विशेष उल्लेख मिलता है। रामायण और महाभारत में सपनों का विशेष महत्व बताया गया है। ये सपने भविष्य की घटनाओं के संकेत देने वाले माने जाते थे। रामायण में, रावण की पत्नी मंदोदरी ने एक भयानक सपना देखा था, जिसमें लंका के विनाश का संकेत मिला था। उसने रावण को यह सपना बताया और उसे श्रीराम से युद्ध न करने की सलाह दी, लेकिन अहंकारी रावण ने इसे नजरअंदाज कर दिया। बाद में, मंदोदरी का सपना सत्य साबित हुआ, और लंका का विनाश हो गया।

इसी तरह, महाभारत में भी कई बार सपनों का उल्लेख मिलता है। माता कुंती ने एक सपना देखा था, जिसमें उन्होंने अपने पुत्रों के लिए बड़े संघर्ष की भविष्यवाणी की थी। इसके अलावा, दुर्योधन के कुछ सेनानायकों ने भी युद्ध से पहले अशुभ सपने देखे थे, जिनमें विनाश और पराजय के संकेत थे।

स्कंद पुराण और भविष्य पुराण में सपनों की अलग-अलग व्याख्याएँ दी गई हैं। स्कंद पुराण और भविष्य पुराण में सपनों की अलग-अलग व्याख्याएँ दी गई हैं, जो हमारे जीवन, भविष्य

और कर्मों से जुड़े रहस्यों को उजागर करने का प्रयास करती हैं। स्कंद पुराण के अनुसार, सपने देवताओं, पितरों और ब्रह्मांडीय ऊर्जाओं से जुड़े संकेत हो सकते हैं, जो व्यक्ति के शुभ-अशुभ कर्मों के अनुसार विभिन्न रूपों में प्रकट होते हैं। इसमें कहा गया है कि यदि कोई व्यक्ति सपने में देवताओं, मंदिर, बहते हुए जल या स्वर्ण आभूषण देखता है, तो यह शुभ फलदायी माना जाता है और उसे जीवन में सुख-समृद्धि प्राप्त होने के संकेत मिलते हैं। इसके विपरीत, यदि कोई व्यक्ति स्वयं को अंधकार में, गिरते हुए या किसी भयावह परिस्थिति में देखता है, तो यह अशुभ संकेत देता है और उसे अपने कर्म सुधारने की सलाह दी जाती है।

वहीं, भविष्य पुराण में सपनों को चार प्रमुख श्रेणियों में बाँटा गया है – दैविक, आत्मिक, मानसिक और सांसारिक। यह ग्रंथ बताता है कि कुछ सपने भविष्य में होने वाली घटनाओं की पूर्वसूचना होते हैं, जिन्हें 'दिव्य दृष्टि' या 'पूर्वाभास' कहा जाता है। यदि व्यक्ति सपने में आकाश में उड़ता हुआ दिखे, तो यह आध्यात्मिक उन्नति का संकेत हो सकता है, जबकि यदि कोई व्यक्ति मृत व्यक्ति को देखता है, तो यह पितरों के संदेश की ओर इशारा कर सकता है। इसी तरह, कुछ सपने केवल हमारे अवचेतन मन की उपज होते हैं और उनका कोई वास्तविक अर्थ नहीं होता। इन पुराणों में यह भी उल्लेख मिलता है कि ब्रह्म मुहूर्त में देखे गए सपने प्रायः सत्य होते हैं, जबकि दिन के समय देखे गए सपनों का कोई विशेष महत्व नहीं होता। इसलिए, हिंदू धर्मग्रंथों में सपनों की गूढ़ व्याख्या के माध्यम से व्यक्ति को अपने जीवन को सही दिशा देने और शुभ-अशुभ संकेतों को समझने की प्रेरणा दी जाती है।

कुछ चौंकाने वाले वास्तविक सपनों की कहानियाँ।

सपने हमेशा से ही रहस्यमयी रहे हैं। कुछ लोग उन्हें केवल दिमाग का खेल मानते हैं, तो कुछ का मानना है कि ये भविष्य की झलक होते हैं। इतिहास में कई ऐसे मामले सामने आए हैं, जहाँ लोगों ने सपनों में जो देखा, वह बाद में सच साबित हुआ।

आइए कुछ चौंकाने वाले और वास्तविक सपनों की कहानियाँ जानते हैं।

1. **अब्राहम लिंकन का भविष्यवाणी वाला सपना:** अमेरिका के राष्ट्रपति अब्राहम लिंकन ने अपने कुछ करीबियों को बताया था कि उन्होंने एक अजीब सपना देखा है। उन्होंने सपने में व्हाइट हाउस के भीतर एक शव को रखा हुआ देखा, जिसके पास एक सैनिक खड़ा था। जब उन्होंने सैनिक से पूछा कि यह किसका शव है, तो सैनिक ने जवाब दिया – "अमेरिका के राष्ट्रपति का।" इस सपने के कुछ दिनों बाद ही 14 अप्रैल 1865 को

लिंकन की हत्या कर दी गई। यह सपना भविष्य में होने वाली घटना का संकेत था, लेकिन अफसोस कि इसे गंभीरता से नहीं लिया गया।

2. **टाइटैनिक के डूबने की भविष्यवाणी: 1898 में मॉर्गन रॉबर्टसन** नामक एक लेखक ने *"Futility or The Wreck of the Titan"* नाम की एक किताब लिखी थी। इस किताब में एक जहाज "टाइटन" के डूबने की कहानी थी, जिसमें बताया गया था कि यह जहाज एक हिमखंड (आइसबर्ग) से टकराकर डूब जाता है। आश्चर्य की बात यह है कि 14 साल बाद 1912 में टाइटैनिक जहाज ठीक इसी तरह डूब गया। कई यात्रियों ने बाद में बताया कि उन्हें सफर से पहले अजीब सपने आए थे, जिसमें वे खुद को डूबते हुए देख रहे थे।

3. **मार्क ट्वेन और उनके भाई की मौत का सपना:** प्रसिद्ध लेखक मार्क ट्वेन ने एक बार सपना देखा कि उनके छोटे भाई हेनरी एक ताबूत में लेटे हुए हैं, और उनके सीने पर एक सफेद फूल रखा हुआ है। यह सपना देखने के कुछ ही दिनों बाद, हेनरी एक जहाज दुर्घटना में मारे गए। जब मार्क ट्वेन उनके अंतिम संस्कार में पहुंचे, तो वे यह देखकर हैरान रह गए कि हेनरी के सीने पर सचमुच वही सफेद फूल रखा हुआ था, जैसा उन्होंने अपने सपने में देखा था।

4. **9/11 हमले की पूर्व चेतावनी:** 11 सितंबर 2001 को वर्ल्ड ट्रेड सेंटर पर हुए आतंकी हमले से पहले कई लोगों ने इस घटना से जुड़े सपने देखे थे। डॉ. जूलिया मॉसब्रिज नामक एक शोधकर्ता ने बताया कि कई लोगों ने सपनों में जलते हुए टावर, धुआं और हवाई जहाजों को क्रैश होते देखा था। एक महिला ने सपने में देखा कि लोग इमारत से कूद रहे हैं, और यह दृश्य बिल्कुल वैसा ही था जैसा बाद में न्यूयॉर्क में हुआ।

5. **खुद की मौत का सपना और बच जाना:** 1980 के दशक में इंग्लैंड के एक व्यक्ति डेविड बूथ ने सपने में देखा कि एक हवाई जहाज रनवे पर टेक-ऑफ के दौरान दुर्घटनाग्रस्त हो जाता है और उसमें आग लग जाती है। यह सपना उन्हें लगातार 10 दिनों तक आता रहा। उन्होंने इस बारे में एयरलाइन कंपनी को बताया, लेकिन किसी ने उनकी बात को गंभीरता से नहीं लिया। कुछ दिनों बाद, 22 मई 1979 को अमेरिकन एयरलाइंस की फ्लाइट 191 उड़ान भरते ही दुर्घटनाग्रस्त हो गई और उसमें आग लग गई। यह वही दृश्य था, जिसे डेविड बूथ ने सपने में देखा था।

6. **1976 के भूकंप की भविष्यवाणी:** 1976 में चीन के तांगशान शहर में एक भीषण भूकंप आया था, जिसमें करीब 2.4 लाख लोग मारे गए। भूकंप से कुछ दिन पहले, शहर के कई लोगों ने सपने में धरती फटते और इमारतें गिरते हुए देखी थीं। कुछ लोगों ने तो

सरकारी अधिकारियों को इसकी सूचना भी दी थी, लेकिन इसे अनदेखा कर दिया गया। जब असली भूकंप आया, तो यह सपने में देखे गए दृश्यों से बिल्कुल मिलता-जुलता था।

7. **सपना जिसने एक महिला को लॉटरी जितवा दी:** दुनिया में कई बार ऐसे घटनाएँ हुई हैं, जब लोगों ने सपनों में देखी चीज़ों को सच होते पाया है। ऐसा ही एक चौंकाने वाला मामला एक महिला के साथ हुआ, जिसने अपने सपने में लॉटरी नंबर देखा और उसे खेलने का फैसला किया।

अमेरिका की रहने वाली इस महिला ने सपने में देखा कि वह एक विशेष लॉटरी नंबर खरीद रही है। जागने के बाद उसे यह सपना इतना असली लगा कि उसने इसे नजरअंदाज करने के बजाय उस नंबर पर लॉटरी टिकट खरीद ली। उसने पहले तो इसे महज एक संयोग माना, लेकिन जब लॉटरी के परिणाम घोषित हुए, तो वह हैरान रह गई – वही नंबर विजेता घोषित हुआ था! चौंकाने वाली बात यह थी कि उसने 13 मिलियन पाउंड (करीब 140 करोड़ रुपये) की लॉटरी जीत ली।

यह घटना मनोविज्ञान और ज्योतिष के दृष्टिकोण से भी बेहद रोचक है, क्योंकि कई लोग मानते हैं कि सपने केवल हमारे अवचेतन मन की उपज होते हैं, लेकिन कुछ मामलों में यह भविष्य के संकेत भी हो सकते हैं।

कुछ विशेषज्ञ इसे 'सिंक्रोनिसिटी' यानी संयोगों की गूढ़ घटना मानते हैं, जबकि अन्य इसे केवल किस्मत का खेल बताते हैं।

भविष्य पुराण और योगवासिष्ठ जैसे प्राचीन ग्रंथों में भी कहा गया है कि कुछ सपने हमारे पिछले कर्मों और ब्रह्मांडीय ऊर्जा से जुड़े होते हैं, जो हमें आने वाले समय के प्रति संकेत देते हैं।

वैज्ञानिक भले ही इसे महज संयोग कहें, लेकिन ऐसी सच्ची घटनाएँ हमें यह सोचने पर मजबूर कर देती हैं कि क्या वास्तव में कुछ सपनों में भविष्य देखने की शक्ति होती है?

सपनों का वैज्ञानिक और मनोवैज्ञानिक विश्लेषण

सपने हमेशा से मनुष्य के लिए रहस्य बने रहे हैं। कुछ लोग सपनों को भविष्य की झलक मानते हैं, तो कुछ इन्हें दिमाग का खेल समझते हैं।

विज्ञान और मनोविज्ञान दोनों ही दृष्टिकोण से सपनों का गहराई से अध्ययन किया गया है, और यह पाया गया है कि सपने केवल काल्पनिक घटनाएँ नहीं होतीं, बल्कि यह हमारे अवचेतन मन और दिमाग की प्रक्रियाओं से जुड़े होते हैं।

वैज्ञानिक दृष्टिकोण से सपने Dreams from a Scientific Perspective

विज्ञान के अनुसार, सपने हमारे मस्तिष्क की न्यूरोलॉजिकल गतिविधियों का परिणाम होते हैं। जब हम सोते हैं, तो हमारा दिमाग पूरी तरह से बंद नहीं होता, बल्कि यह विभिन्न चरणों में काम करता रहता है।

सपने कैसे बनते हैं? How Are Dreams Formed?

सपने मस्तिष्क की जटिल न्यूरोलॉजिकल प्रक्रियाओं का परिणाम होते हैं, जो नींद के दौरान हमारी अवचेतन मनःस्थिति को प्रकट करते हैं। वैज्ञानिक रूप से, सपने मुख्य रूप से REM (Rapid Eye Movement) स्लीप के दौरान बनते हैं, जब मस्तिष्क अत्यधिक सक्रिय होता है, लेकिन शरीर निष्क्रिय रहता है। इस चरण में न्यूरॉन्स तेजी से कार्य करते हैं, और दिमाग दिनभर की यादों, भावनाओं और अनुभवों को व्यवस्थित करता है।

मनोवैज्ञानिक दृष्टिकोण से, सपने अवचेतन मन की इच्छाओं, डर, और दबी हुई भावनाओं का प्रतिबिंब हो सकते हैं, जैसा कि सिगमंड फ्रायड के सिद्धांत बताते हैं। वहीं, न्यूरोसाइंस के अनुसार, यह सिर्फ मस्तिष्क में यादों और अनुभवों की पुनरावृत्ति का एक सहज तंत्र है।

कुछ शोधों के अनुसार, सपने भविष्य की घटनाओं की योजना बनाने, नई संभावनाओं को सोचने, या अनसुलझे मानसिक संघर्षों को व्यक्त करने का तरीका भी हो सकते हैं। आध्यात्मिक दृष्टि से, कई लोग मानते हैं कि सपने ब्रह्मांडीय ऊर्जा, पूर्वजन्म, या दिव्य संकेतों से जुड़े हो सकते हैं।

हालांकि, अब तक कोई भी सिद्धांत पूरी तरह से यह साबित नहीं कर पाया है कि सपने क्यों आते हैं और क्या वे वास्तव में कोई भविष्यवाणी कर सकते हैं।

मनोवैज्ञानिक दृष्टिकोण से सपने

मनोविज्ञान के अनुसार, सपने हमारे अवचेतन मन का प्रतिबिंब होते हैं। प्रसिद्ध मनोवैज्ञानिक सिगमंड फ्रायड का मानना था कि सपने हमारी दबाई गई इच्छाओं, भावनाओं और चिंताओं को दर्शाते हैं। उन्होंने कहा कि हमारे मन में कई इच्छाएँ और डर ऐसे होते हैं जिन्हें हम जाग्रत अवस्था में स्वीकार नहीं कर पाते, लेकिन ये हमारे सपनों में प्रकट हो जाते हैं।

सपनों के प्रकार और उनका विश्लेषण
(Types of Dreams and Their Analysis)

मनोवैज्ञानिकों ने सपनों को कई प्रकारों में विभाजित किया है: नीचे सभी प्रकार के सपनों की सूची दी गई है:

सामान्य सपने (Normal Dreams): सामान्य सपने वे होते हैं, जो हमारे दैनिक जीवन से जुड़े होते हैं। ये सपने हमारी यादों, भावनाओं और दिनभर की घटनाओं का प्रतिबिंब होते हैं। जब हम कोई खास बात बार-बार सोचते हैं या कोई गहरी छाप छोड़ने वाली घटना का अनुभव करते हैं, तो वही चीजें हमारे सपनों में दिखाई देने लगती हैं।

उदाहरण के लिए, अगर कोई व्यक्ति दिनभर परीक्षा की तैयारी कर रहा है, तो उसे परीक्षा से जुड़े सपने आने की संभावना होती है। वैज्ञानिकों के अनुसार, सामान्य सपने हमारे अवचेतन मन की गतिविधियों और विचारों का परिणाम होते हैं, जो दिमाग में छिपी यादों को दर्शाति हैं।

डरावने सपने / दुःस्वप्न (Nightmares): डरावने सपने या दुःस्वप्न ऐसे सपने होते हैं, जो डर, चिंता या तनाव से जुड़े होते हैं। इनमें अक्सर भूत-प्रेत, किसी का पीछा करना, ऊँचाई से गिरना, डूबना या किसी दुर्घटना का अनुभव शामिल होता है। ये सपने भावनात्मक अस्थिरता, मानसिक तनाव, बुरे अनुभवों या डरावनी कहानियों से प्रभावित हो सकते हैं। कई बार ये नींद में बेचैनी पैदा करते हैं और व्यक्ति घबराकर जाग सकता है।

मनोवैज्ञानिकों के अनुसार, दुःस्वप्न अवचेतन मन में छिपे भय और चिंताओं का प्रतिबिंब होते हैं। इन्हें कम करने के लिए सकारात्मक सोच, ध्यान और अच्छी दिनचर्या अपनाना फायदेमंद हो सकता है।

शुभ सपने (Pleasant Dreams): शुभ सपने वे होते हैं, जो हमें आनंद, शांति और सकारात्मक ऊर्जा का अनुभव कराते हैं। इन सपनों में व्यक्ति खुद को सुखद परिस्थितियों में पाता है, जिससे वह जागने के बाद भी खुशी महसूस करता है। उदाहरण के लिए, सपने में हरा-भरा बगीचा देखना, बहता पानी, उड़ना, मंदिर या देवता के दर्शन, सोना-चाँदी पाना आदि शुभ संकेत माने जाते हैं। ऐसे सपने आमतौर पर मानसिक शांति, अच्छे विचार और सकारात्मक सोच का परिणाम होते हैं।

मनोवैज्ञानिकों के अनुसार, शुभ सपने अवचेतन मन की खुशहाल भावनाओं और इच्छाओं का प्रतिबिंब होते हैं। वहीं, आध्यात्मिक दृष्टि से, इन्हें भविष्य में आने वाली खुशियों और सफलता का संकेत माना जाता है। कई बार ये सपने किसी मनोकामना की पूर्ति या जीवन में आने वाले अच्छे बदलावों की ओर इशारा करते हैं। शुभ सपनों से व्यक्ति को आत्मविश्वास और नई ऊर्जा मिलती है, जिससे उसका दिन भी सकारात्मक तरीके से बीतता है।

भविष्यसूचक सपने / पूर्वाभास सपने (Prophetic Dreams)

भविष्यसूचक सपने वे होते हैं, जिनमें व्यक्ति को आने वाली घटनाओं के संकेत या पूर्वाभास मिलता है। ये सपने किसी चेतावनी, अवसर या महत्वपूर्ण घटना का संकेत दे सकते हैं। कई बार लोग

सपने में जो देखते हैं, वह कुछ समय बाद हकीकत में घटित हो जाता है। उदाहरण के लिए, किसी प्रियजन की परेशानी या किसी दुर्घटना का पूर्वाभास सपने के माध्यम से हो सकता है।

मनोवैज्ञानिकों के अनुसार, यह हमारे अवचेतन मन की गहरी समझ और विश्लेषण क्षमता का परिणाम हो सकता है, जो कुछ संकेतों को पहले ही पहचान लेता है। वहीं, आध्यात्मिक दृष्टि से, भविष्यसूचक सपनों को ईश्वरीय चेतावनी या दैवीय संकेत माना जाता है।

कई धार्मिक और ऐतिहासिक घटनाओं में ऐसे सपनों का उल्लेख मिलता है। हालांकि, हर सपना भविष्य की सटीक भविष्यवाणी नहीं करता, लेकिन कुछ सपने हमें जीवन में सावधानी बरतने या सही दिशा में आगे बढ़ने का संकेत अवश्य देते हैं।

आवर्ती सपने / बार-बार आने वाले सपने (Recurring Dreams): आवर्ती सपने वे सपने होते हैं, जो बार-बार आते हैं और लगभग समान घटनाओं या परिस्थितियों को दर्शाते हैं। ये सपने किसी अधूरी इच्छा, दबी हुई भावनाओं, अनसुलझी समस्याओं या गहरे डर का संकेत हो सकते हैं।

उदाहरण के लिए, परीक्षा में फेल होना, ऊँचाई से गिरना, किसी का पीछा किया जाना या रास्तों में भटकना जैसे सपने अक्सर लोगों को बार-बार आते हैं।

मनोवैज्ञानिकों के अनुसार, ऐसे सपने अवचेतन मन की उन भावनाओं को प्रकट करते हैं, जिन्हें व्यक्ति जाग्रत अवस्था में नजरअंदाज कर देता है। ये हमें उन अनसुलझे मुद्दों पर ध्यान देने के लिए प्रेरित करते हैं, जो हमारे मानसिक और भावनात्मक स्वास्थ्य से जुड़े होते हैं।

आध्यात्मिक दृष्टि से, इन्हें चेतावनी या आत्मज्ञान का संकेत माना जाता है। यदि कोई सपना लगातार परेशान कर रहा है, तो उसकी गहराई से समझ और समाधान ढूँढना आवश्यक हो सकता है, ताकि मन को शांति मिल सके।

आध्यात्मिक सपने (Spiritual Dreams): आध्यात्मिक सपने वे होते हैं, जो व्यक्ति को गहरे आत्मिक अनुभव कराते हैं और आध्यात्मिक जागरूकता को बढ़ाते हैं। इन सपनों में अक्सर देवता, संत, प्रकाश, मंत्र, किसी पवित्र स्थान का दर्शन या दिव्य संदेश प्राप्त होने का अनुभव होता है। कई लोग ऐसे सपनों को अपने जीवन में मार्गदर्शन, चेतावनी या किसी विशेष आध्यात्मिक संकेत के रूप में देखते हैं।

मनोवैज्ञानिकों के अनुसार, ये सपने हमारे भीतर छिपी आध्यात्मिक जिज्ञासा और गहरी भावनाओं से जुड़े होते हैं। वहीं, धार्मिक दृष्टि से, इन्हें दैवीय संकेत, आशीर्वाद या चेतावनी माना जाता है। कई संत-महात्माओं ने अपने अनुभवों में ऐसे सपनों का उल्लेख किया है, जो जीवन में महत्वपूर्ण परिवर्तन लाने का कारण बने।

आध्यात्मिक सपने व्यक्ति को सकारात्मक ऊर्जा, शांति और आत्मविश्वास प्रदान करते हैं। इन्हें गहराई से समझने और इनसे प्रेरणा लेकर जीवन को सही दिशा में ले जाने की सलाह दी जाती है।

स्पष्ट सपने (Lucid Dreams): लूसिड ड्रीमिंग वह अवस्था होती है, जब व्यक्ति को सपने के दौरान यह अहसास होता है कि वह सपना देख रहा है। इस स्थिति में, व्यक्ति अपने सपनों को नियंत्रित कर सकता है और अपनी इच्छानुसार सपने के घटनाक्रम को बदल सकता है। उदाहरण के लिए, कोई व्यक्ति उड़ना चाहता है या किसी विशेष स्थान पर जाना चाहता है, तो वह लूसिड ड्रीम में ऐसा कर सकता है।

मनोवैज्ञानिकों के अनुसार, लूसिड ड्रीमिंग हमारे अवचेतन मन की जागरूकता को दर्शाता है और यह तब होता है जब मस्तिष्क की कुछ भाग सक्रिय रहते हैं। इसे मानसिक विकास, आत्म-जागरूकता और रचनात्मकता को बढ़ाने के लिए उपयोग किया जा सकता है। कुछ लोग लूसिड ड्रीमिंग की कला सीखने के लिए विशेष तकनीकों का अभ्यास भी करते हैं, जैसे रियलिटी चेक और ध्यान। आध्यात्मिक दृष्टि से, इसे आत्मज्ञान और गहरे मानसिक अनुभवों की एक महत्वपूर्ण अवस्था माना जाता है।

मानसिक तनाव से जुड़े सपने (Stress-Related Dreams): तनाव से जुड़े सपने आमतौर पर उन चिंताओं, डर और दबावों को दर्शाते हैं, जिनका व्यक्ति अपने दैनिक जीवन में सामना कर रहा होता है। ऐसे सपनों में परीक्षा में फेल होना, किसी जरूरी काम को भूल जाना, ऊँचाई से गिरना, पीछा किया जाना या खतरे में फँस जाना जैसी स्थितियाँ हो सकती हैं। ये सपने व्यक्ति के भीतर दबी हुई चिंताओं और अनसुलझे मुद्दों को प्रकट करते हैं।

मनोवैज्ञानिकों के अनुसार, जब मस्तिष्क दिनभर के तनाव को प्रोसेस करता है, तो ये भावनाएँ सपनों के रूप में प्रकट होती हैं। ऐसे सपने व्यक्ति को संकेत देते हैं कि उसे अपने तनाव को कम करने और मानसिक शांति बनाए रखने के लिए कदम उठाने की जरूरत है। योग, ध्यान और सकारात्मक सोच से ऐसे सपनों की तीव्रता को कम किया जा सकता है। मानसिक स्वास्थ्य को संतुलित रखना तनावपूर्ण सपनों को रोकने में सहायक हो सकता है।

चेतावनी देने वाले सपने (Warning Dreams): चेतावनी देने वाले सपने वे होते हैं, जो किसी आने वाले खतरे, समस्या या महत्वपूर्ण घटना का संकेत देते हैं। ये सपने व्यक्ति को सचेत करने के लिए आते हैं और अक्सर बहुत स्पष्ट या प्रतीकात्मक रूप में होते हैं।

उदाहरण के लिए, किसी दुर्घटना, बीमारी, प्राकृतिक आपदा या किसी महत्वपूर्ण निर्णय में गलती करने का सपना आ सकता है। कभी-कभी ये सपने किसी नकारात्मक परिस्थिति से बचने के लिए पूर्व संकेत भी देते हैं।

मनोवैज्ञानिकों के अनुसार, ये सपने हमारे अवचेतन मन द्वारा उत्पन्न होते हैं, जो अनदेखे खतरों को पहले ही भाँप लेता है। वहीं, आध्यात्मिक दृष्टि से, इन्हें दिव्य संदेश या पूर्वाभास माना जाता है, जो व्यक्ति को सही निर्णय लेने और सतर्क रहने की सलाह देते हैं। यदि कोई सपना बार-बार चेतावनी दे रहा हो, तो उस पर ध्यान देना और अपने जीवन में आवश्यक सुधार करना फायदेमंद हो सकता है।

इच्छापूर्ति वाले सपने (Wish-Fulfillment Dreams): इच्छापूर्ति वाले सपने वे होते हैं, जिनमें व्यक्ति अपनी अधूरी इच्छाओं या सपनों को पूरा होते हुए देखता है। ये सपने अवचेतन मन की गहरी लालसाओं और इच्छाओं का प्रतिबिंब होते हैं, जो जाग्रत अवस्था में संभव नहीं हो पाते। उदाहरण के लिए, कोई व्यक्ति धनवान बनने, प्रसिद्धि पाने, किसी प्रियजन से मिलने या कोई असंभव कार्य करने का सपना देख सकता है।

मनोवैज्ञानिक सिगमंड फ्रायड के अनुसार, ये सपने हमारे दिमाग में छिपी इच्छाओं को व्यक्त करने का तरीका हैं, जो दिन के समय दबी रह जाती हैं। ऐसे सपने कभी सुखद होते हैं और कभी प्रतीकात्मक रूप में हमें संकेत देते हैं कि हम अपने लक्ष्य की ओर बढ़ें। आध्यात्मिक दृष्टि से, इन्हें आत्म-जागरूकता और प्रेरणा का स्रोत माना जाता है। यदि कोई इच्छा बार-बार सपनों में आती है, तो यह संकेत हो सकता है कि व्यक्ति को उस दिशा में प्रयास करना चाहिए।

दार्शनिक या प्रतीकात्मक सपने (Symbolic Dreams): प्रतीकात्मक सपने वे होते हैं, जो सीधे अर्थ नहीं देते बल्कि किसी गहरे संदेश या छिपे हुए संकेत को दर्शाते हैं। इन सपनों में अक्सर कोई वस्तु, व्यक्ति, स्थान या घटना प्रतीक के रूप में प्रकट होती है, जिसका संबंध व्यक्ति के जीवन, भावनाओं या भविष्य की घटनाओं से हो सकता है। उदाहरण के लिए, पानी देखना भावनात्मक स्थिति का प्रतीक हो सकता है, साँप देखना परिवर्तन या खतरे का संकेत दे सकता है, और उड़ना स्वतंत्रता की भावना को दर्शा सकता है।

मनोवैज्ञानिकों के अनुसार, ये सपने अवचेतन मन की गहरी सोच और चिंताओं का परिणाम होते हैं। सिगमंड फ्रायड और कार्ल जंग जैसे विशेषज्ञों ने इन सपनों के विश्लेषण पर गहराई से अध्ययन किया है।

आध्यात्मिक दृष्टि से, इन्हें ब्रह्मांडीय संकेत या आत्मिक जागरूकता का माध्यम माना जाता है। यदि कोई प्रतीक बार-बार सपनों में आता है, तो उसका अर्थ समझकर जीवन में सही दिशा में आगे बढ़ना लाभदायक हो सकता है।

चिकित्सीय सपने (Healing Dreams): हीलिंग ड्रीम्स वे सपने होते हैं, जो शारीरिक, मानसिक या भावनात्मक रूप से व्यक्ति को उपचार और राहत प्रदान करते हैं। ये सपने किसी बीमारी के संकेत दे सकते हैं, मानसिक तनाव को कम कर सकते हैं या भावनात्मक घावों को भरने में मदद कर सकते हैं। उदाहरण के लिए, किसी को सपने में अपनी बीमारी का समाधान मिलता है, किसी प्रियजन से मिलकर दुख कम होता है, या कोई दिव्य शक्ति उसे सांत्वना देती है।

मनोवैज्ञानिकों का मानना है कि ये सपने आत्म-चिकित्सा की प्रक्रिया का हिस्सा होते हैं, जो अवचेतन मन द्वारा मानसिक और शारीरिक समस्याओं को पहचानने और ठीक करने का संकेत देते हैं।

आध्यात्मिक दृष्टि से, इन्हें ईश्वरीय आशीर्वाद या आत्मा की गहरी शक्ति माना जाता है। ध्यान, सकारात्मक सोच और आंतरिक विश्वास से हीलिंग ड्रीम्स की ऊर्जा को बढ़ाया जा सकता है, जिससे व्यक्ति अपने जीवन में संतुलन और शांति पा सकता है।

परालौकिक सपने / सुपरनेचुरल ड्रीम्स (Paranormal Dreams): परालौकिक सपने वे होते हैं, जो सामान्य तर्क और विज्ञान से परे होते हैं और रहस्यमयी या अलौकिक अनुभव कराते हैं। इन सपनों में अक्सर किसी दिवंगत व्यक्ति से बातचीत, आत्माओं या अज्ञात शक्तियों की उपस्थिति, भविष्य की घटनाओं की झलक, या अन्य अदृश्य शक्तियों का अनुभव हो सकता है। कई लोग इन सपनों में किसी अदृश्य शक्ति से संदेश प्राप्त करने या चेतावनी मिलने की बात कहते हैं।

मनोवैज्ञानिक दृष्टि से, ये सपने अवचेतन मन की गहरी भावनाओं और डर का परिणाम हो सकते हैं।

लेकिन आध्यात्मिक मान्यताओं के अनुसार, इन्हें आत्माओं, ब्रह्मांडीय ऊर्जा या दैवीय संकेतों से जोड़ा जाता है। कई लोग मानते हैं कि ऐसे सपने हमें किसी अनसुलझी गुत्थी को समझने या चेतावनी देने के लिए आते हैं। यदि कोई परालौकिक सपना बार-बार आता है, तो उसे ध्यान से समझकर, अपनी भावनाओं और परिस्थितियों का विश्लेषण करना उपयोगी हो सकता है।

नींद में जगे रहने के सपने (Hypnagogic Dreams): हाइपनागॉगिक सपने वे होते हैं, जो तब आते हैं जब व्यक्ति गहरी नींद में जाने की प्रक्रिया में होता है, लेकिन पूरी तरह सोया नहीं होता।

यह नींद और जाग्रति के बीच की स्थिति होती है, जिसमें व्यक्ति को असली और सपने के बीच का अंतर समझना मुश्किल हो सकता है।

इन सपनों में अक्सर चमकदार रोशनी, आवाजें, असामान्य दृश्य या अचानक झटके का अनुभव हो सकता है। कई बार ऐसा लगता है कि कोई बुला रहा है या शरीर हिल नहीं पा रहा।

मनोवैज्ञानिकों के अनुसार, यह अवस्था मस्तिष्क की बदलती तरंगों और अवचेतन मन की गहरी गतिविधियों का परिणाम होती है। कई कलाकार और वैज्ञानिक इस स्थिति में रचनात्मक विचारों को प्राप्त करते हैं।

आध्यात्मिक दृष्टि से, इसे उच्च चेतना और गहरी मानसिक जागरूकता का संकेत माना जाता है। यदि ये सपने डरावने लगें, तो ध्यान और रिलैक्सेशन तकनीकों से इन्हें नियंत्रित किया जा सकता है।

गिरने और उड़ने के सपने (Falling & Flying Dreams): गिरने और उड़ने के सपने बहुत आम होते हैं और इनका गहरा मनोवैज्ञानिक और आध्यात्मिक अर्थ होता है। गिरने के सपने अक्सर असुरक्षा, चिंता या नियंत्रण खोने की भावना से जुड़े होते हैं। जब कोई व्यक्ति जीवन में किसी डर, तनाव या अनिश्चितता से गुजर रहा होता है, तो उसे गिरने के सपने आ सकते हैं। यह संकेत देता है कि व्यक्ति को आत्मविश्वास बढ़ाने और अपनी स्थिति पर नियंत्रण पाने की जरूरत है।

वहीं, उड़ने के सपने स्वतंत्रता, आत्मविश्वास और सफलता का प्रतीक होते हैं। जब व्यक्ति अपने जीवन में किसी उपलब्धि को पाने के करीब होता है या मानसिक रूप से मजबूत महसूस करता है, तो उसे उड़ने का सपना आ सकता है।

आध्यात्मिक दृष्टि से, उड़ना आत्मा की ऊँचाई और आध्यात्मिक प्रगति का संकेत हो सकता है। इन सपनों का विश्लेषण करके व्यक्ति अपने मन की गहरी भावनाओं को समझ सकता है और अपने जीवन में सुधार कर सकता है।

जीवन परिवर्तन वाले सपने (Life-Changing Dreams): जीवन परिवर्तन वाले सपने वे होते हैं, जो व्यक्ति के विचारों, भावनाओं और निर्णयों पर गहरा प्रभाव डालते हैं। ऐसे सपने किसी विशेष संदेश, चेतावनी या मार्गदर्शन के रूप में आते हैं और व्यक्ति को जीवन में कोई बड़ा बदलाव करने की प्रेरणा दे सकते हैं। उदाहरण के लिए, कोई सपना किसी नए लक्ष्य की ओर इशारा कर सकता है, किसी खतरे से आगाह कर सकता है या जीवन की दिशा बदलने में मदद कर सकता है।

मनोवैज्ञानिकों के अनुसार, ये सपने अवचेतन मन की गहरी सोच और इच्छाओं का प्रतिबिंब होते हैं, जो हमारे वर्तमान जीवन की स्थितियों से जुड़े होते हैं।

आध्यात्मिक रूप से, इन्हें ईश्वरीय संकेत या आत्मिक जागरूकता का प्रतीक माना जाता है। कई महान व्यक्तियों ने ऐसे सपनों का अनुभव किया है, जिसने उनके जीवन को नई दिशा दी। यदि कोई सपना गहरा प्रभाव छोड़ता है, तो उसे समझकर सही निर्णय लेना फायदेमंद हो सकता है।

सपने हमारे मूड को कैसे प्रभावित करते हैं?

सपने हमारे अवचेतन मन का हिस्सा होते हैं और यह हमारे भावनात्मक और मानसिक स्थिति पर गहरा प्रभाव डाल सकते हैं। जब हम कोई अच्छा सपना देखते हैं, तो हम सुबह उठते ही हल्कापन, खुशी और सकारात्मक ऊर्जा महसूस करते हैं।

उदाहरण के लिए, यदि कोई व्यक्ति सपने में अपने लक्ष्य को हासिल करता हुआ देखता है, तो वह दिनभर आत्मविश्वास से भरा रहेगा। वहीं, बुरे सपने या डरावने सपने तनाव और चिंता को बढ़ा सकते हैं।

यदि कोई व्यक्ति सपने में गिरने, खो जाने या किसी दुर्घटना को देखता है, तो वह बेचैनी और भय महसूस कर सकता है। यह मनोदशा पूरे दिन नकारात्मक सोच और चिड़चिड़ेपन को बढ़ा सकती है। बार-बार एक ही प्रकार का बुरा सपना आना मानसिक तनाव या किसी अनसुलझी चिंता का संकेत हो सकता है।

कई बार सपने हमें अजीब, भावनात्मक या उलझन भरे विचारों से भर देते हैं, जिससे हमारा मूड अप्रत्याशित रूप से बदल सकता है। इसलिए, अच्छे मानसिक स्वास्थ्य के लिए यह जरूरी है कि हम अपनी नींद की गुणवत्ता सुधारें और यदि बुरे सपने बार-बार आते हैं, तो उनके पीछे छिपे मानसिक कारणों को समझने का प्रयास करें।

शुभ सपनों के संकेत - (Signs of Auspicious Dreams)

सपनों को हमारे अवचेतन मन का दर्पण माना जाता है। कई बार सपने हमें भविष्य की चेतावनी देते हैं या हमारी मानसिक स्थिति का संकेत होते हैं। हिंदू शास्त्रों, ज्योतिष और मनोविज्ञान के अनुसार, कुछ सपने शुभ होते हैं और कुछ अशुभ संकेत देते हैं।

1. **जल से जुड़े शुभ सपने:** साफ पानी देखना – शांति, समृद्धि और अच्छे स्वास्थ्य का संकेत। झरना या नदी देखना – जीवन में खुशियाँ और सफलता की ओर बढ़ने का

प्रतीक। समुद्र का शांत रूप देखना – मन की शांति और आर्थिक उन्नति। बारिश में भीगना – नए अवसर और पुराने कष्टों से मुक्ति।

2.   **देवी-देवताओं और पूजा से जुड़े शुभ सपने:** मंदिर देखना – शुभ कार्यों में सफलता और आध्यात्मिक उन्नति। पूजा करते देखना – इच्छाओं की पूर्ति और सौभाग्य प्राप्ति। भगवान विष्णु, शिव, गणेश या माँ लक्ष्मी के दर्शन – सभी बाधाओं का अंत और अचानक धन लाभ। दीपक जलता हुआ देखना – जीवन में उज्ज्वल भविष्य और सकारात्मक ऊर्जा।

3.   **प्रकृति और पशु-पक्षियों से जुड़े शुभ सपने:** हरी-भरी फसल देखना – धन, और अच्छे स्वास्थ्य का प्रतीक। फूलों का बगीचा देखना – खुशहाली, प्रेम और सफलता का संकेत। गाय देखना – सुख-समृद्धि और पारिवारिक खुशहाली। हाथी देखना – बुद्धिमत्ता, शक्ति और उन्नति का प्रतीक। मछली देखना – सौभाग्य और धन लाभ का संकेत। मोर या तोता देखना – खुशखबरी और प्रेम संबंधों में सफलता।

4.   **यात्रा और नई शुरुआत से जुड़े सपने:** साफ और सुंदर रास्ता देखना – सफलता की ओर बढ़ने का संकेत। नाव में बैठकर यात्रा करना – जीवन में स्थिरता और सफलता। हवाई जहाज या ट्रेन में बैठना – उन्नति और नई उपलब्धियों का संकेत। सीढ़ियाँ चढ़ते देखना – तरक्की और मान-सम्मान में वृद्धि।

5.   **धन और सफलता से जुड़े शुभ सपने:** सोना, चाँदी या आभूषण देखना – अचानक धन लाभ और आर्थिक उन्नति। सुनहरे रंग की वस्तुएँ देखना – सफलता और शुभ समय का संकेत। स्वयं को ऊँचाई पर देखना – जीवन में तरक्की और मान-सम्मान बढ़ना।

6.   **शरीर और पोशाक से जुड़े शुभ सपने:** साफ-सुथरे, सुंदर कपड़े पहनना – जीवन में खुशहाली और नए अवसर। स्वयं को स्वस्थ और सुंदर देखना – अच्छे स्वास्थ्य और सकारात्मक ऊर्जा का प्रतीक।

अशुभ सपनों के संकेत (Signs of Inauspicious Dreams)

सपने कभी-कभी हमें चेतावनी भी देते हैं। कुछ सपने नकारात्मक संकेत देते हैं, जो जीवन में परेशानी, कठिनाई या किसी आने वाले संकट का संकेत हो सकते हैं। ज्योतिष, शास्त्र और मनोविज्ञान के अनुसार, यदि कोई व्यक्ति बार-बार अशुभ सपने देखता है, तो उसे सतर्क रहना चाहिए और आवश्यक उपाय करने चाहिए।

अशुभ सपनों के संकेत और उनके अर्थ
(Omens of Inauspicious Dreams and Their Meanings)

1. **जल से जुड़े अशुभ सपने:** गंदे या ठहरे हुए पानी में गिरना – परेशानियों और मानसिक तनाव का संकेत। बाढ़ या पानी में डूबना – किसी बड़े संकट या भावनात्मक कष्ट का प्रतीक। पानी का अचानक सूख जाना – धन हानि या आर्थिक संकट का संकेत।

2. **आग और धुएँ से जुड़े अशुभ सपने:** घर या किसी वस्तु में आग लगना – जीवन में तनाव, विवाद या हानि का संकेत। धुआँ देखना – भ्रम, धोखा या किसी अनिश्चितता की ओर संकेत। आग में जलना – किसी बड़ी समस्या में फँसने या विपत्ति का संकेत।

3. **मृत्यु और दुर्घटनाओं से जुड़े अशुभ सपने:** स्वयं की मृत्यु देखना – जीवन में बड़ा परिवर्तन या परेशानी। किसी करीबी की मृत्यु देखना – परिवार में अनहोनी या चिंता का संकेत। सड़क दुर्घटना देखना – जीवन में बाधाएँ या नकारात्मक बदलाव।

4. **जानवरों से जुड़े अशुभ सपने: काला कुत्ता देखना** – शत्रुता, धोखा या विश्वासघात का संकेत। साँप द्वारा काटे जाना – शत्रु से नुकसान या गुप्त शत्रु का संकेत। बिच्छू देखना – अपमान, विवाद या मानसिक कष्ट का प्रतीक। गिद्ध या उल्लू देखना – किसी अनहोनी या नकारात्मक घटना का संकेत।

5. **लड़ाई-झगड़े और नकारात्मक स्थितियों से जुड़े अशुभ सपने:** किसी से झगड़ा करना – तनाव, नुकसान या विवाद की संभावना। खून देखना – दुर्घटना या मानसिक आघात का संकेत। खुद को रोते हुए देखना – जीवन में परेशानी, चिंता और दुःख।

6. **खोने और असफलता से जुड़े अशुभ सपने:** धन या गहने चोरी होते देखना – आर्थिक हानि या किसी योजना की असफलता।नंगे पैर चलना या कपड़े फट जाना – प्रतिष्ठा में कमी या आर्थिक परेशानी। रास्ता भटक जाना – जीवन में भ्रम और सही निर्णय न ले पाने का संकेत।

7. **मकान और वस्तुओं से जुड़े अशुभ सपने: घर गिरते देखना** – पारिवारिक संकट या आर्थिक परेशानी। शीशा टूटते देखना – रिश्तों में खटास या अपमान का संकेत। पुराना, टूटा-फूटा मकान देखना – जीवन में अस्थिरता और कठिनाइयाँ।

क्या कोई सपनों के माध्यम से संदेश भेज सकता है?

सपने एक रहस्यमयी दुनिया का हिस्सा होते हैं, और कई लोग मानते हैं कि इनके माध्यम से संदेश प्राप्त किए जा सकते हैं। कुछ वैज्ञानिक यह कहते हैं कि हमारा अवचेतन मन दिनभर की घटनाओं, भावनाओं और विचारों को सपनों के रूप में दिखाता है। लेकिन कई लोगों का मानना है कि सपने

केवल दिमाग की कल्पना नहीं, बल्कि किसी अदृश्य शक्ति का संकेत भी हो सकते हैं। कई बार लोग महसूस करते हैं कि कोई दिवंगत आत्मा, करीबी व्यक्ति, या कोई अदृश्य ऊर्जा उन्हें सपनों में संदेश भेज रही है।

कुछ अध्यात्मिक मान्यताओं के अनुसार, जब व्यक्ति गहरी नींद में होता है, तब उसकी आत्मा बाहरी ऊर्जाओं से जुड़ सकती है और कुछ विशेष संदेश प्राप्त कर सकती है। कई लोगों ने ऐसे अनुभव साझा किए हैं कि उन्हें किसी मृत परिजन ने सपने में आकर कोई जरूरी चेतावनी या सलाह दी, जो बाद में सच साबित हुई। इसके अलावा, कुछ लोग टेलीपैथी के माध्यम से सपनों में संदेश भेजने की बात भी करते हैं, जिसमें दो लोग मानसिक तरंगों से जुड़े होते हैं।

हालांकि, वैज्ञानिक रूप से इस बात का कोई ठोस प्रमाण नहीं है कि कोई व्यक्ति जानबूझकर किसी को सपनों के माध्यम से संदेश भेज सकता है, लेकिन बहुत से लोगों के व्यक्तिगत अनुभव इस रहस्य को और गहराई देते हैं।

क्या सपने सिर्फ कल्पना हैं या किसी और दुनिया की झलक?

सपने एक रहस्यमयी अनुभव होते हैं, जो कभी हकीकत जैसे लगते हैं तो कभी केवल कल्पना का हिस्सा प्रतीत होते हैं।

वैज्ञानिक दृष्टि से देखा जाए तो सपने हमारे अवचेतन मन में संचित विचारों, भावनाओं और यादों का मिश्रण होते हैं। हमारा दिमाग दिनभर की घटनाओं को प्रोसेस करता है और उन्हें सपनों के रूप में प्रकट करता है।

लेकिन कई बार लोग ऐसे सपने देखते हैं, जिनका उनके जीवन से कोई सीधा संबंध नहीं होता, जिससे यह सवाल उठता है कि क्या सपने किसी और दुनिया की झलक हो सकते हैं?

कुछ आध्यात्मिक मान्यताओं के अनुसार, जब हम सोते हैं, तो हमारी आत्मा एक अलग आयाम में प्रवेश कर सकती है, जहाँ वह नई जानकारियाँ प्राप्त कर सकती है। कई लोग यह भी मानते हैं कि कुछ सपने भविष्य की घटनाओं की झलक होते हैं, जिन्हें भविष्यसूचक सपने कहा जाता है। वहीं, कुछ लोग इसे पिछले जन्म या किसी अन्य ऊर्जा स्तर से जुड़ा हुआ मानते हैं।

हालाँकि, वैज्ञानिक रूप से यह साबित नहीं हुआ है कि सपने किसी और दुनिया की झलक हैं, लेकिन कई लोगों के अनुभव बताते हैं कि सपनों में कुछ ऐसा होता है, जो हमारी समझ से परे है। यही कारण है कि सपनों का रहस्य आज भी बना हुआ है।

सपनों के आधार पर निर्णय लेना – सही या गलत?

सपने हमारे अवचेतन मन का एक हिस्सा होते हैं, जो हमारी भावनाओं, विचारों और अनुभवों से जुड़े होते हैं। कई बार लोग सपनों में आने वाले संकेतों को सच मानकर उनके आधार पर निर्णय लेते हैं। लेकिन सवाल यह उठता है कि क्या सपनों के आधार पर कोई महत्वपूर्ण निर्णय लेना सही है या गलत?

विज्ञान के अनुसार, सपने केवल हमारी कल्पना और दिमाग में चल रहे विचारों का परिणाम होते हैं। वे वास्तविकता से सीधे जुड़े नहीं होते, इसलिए उनके आधार पर कोई बड़ा फैसला लेना तर्कसंगत नहीं माना जाता। हालाँकि, कई लोग मानते हैं कि कुछ सपने भविष्यसूचक होते हैं और वे किसी आने वाली घटना की पूर्व सूचना देते हैं। खासतौर पर धार्मिक और आध्यात्मिक दृष्टि से सपनों को भविष्य के संकेतों के रूप में देखा जाता है।

अगर कोई सपना बार-बार आता है और उससे जुड़ी भावनाएँ बहुत गहरी हैं, तो उसे अनदेखा नहीं करना चाहिए, लेकिन केवल सपनों के आधार पर निर्णय लेना जोखिम भरा हो सकता है। किसी भी निर्णय से पहले तार्किक सोच, अनुभव और वास्तविक तथ्यों को ध्यान में रखना जरूरी है। सपने केवल एक संकेत हो सकते हैं, लेकिन अंतिम निर्णय हमेशा सोच-समझकर ही लेना चाहिए।

क्या जानवर भी सपने देखते हैं? (Do Animals Also Dream?)

जी हाँ, जानवर भी सपने देखते हैं। वैज्ञानिक शोध बताते हैं कि इंसानों की तरह जानवरों का दिमाग भी नींद के दौरान सक्रिय रहता है और वे सपने देख सकते हैं। जब कोई जानवर गहरी नींद में होता है, तो उसके शरीर में हलचल देखी जा सकती है, जैसे पंजे हिलाना, कान फड़फड़ाना या हल्की आवाजें निकालना। यह दिखाता है कि वह किसी सपने का अनुभव कर रहा है।

शोधकर्ताओं ने खासतौर पर कुत्तों और बिल्लियों पर अध्ययन किया है और पाया कि जब वे गहरी नींद में होते हैं, तो उनकी आँखें तेजी से हिलती हैं, जिसे रैपिड आई मूवमेंट (REM) स्टेज कहा जाता है। यह वही अवस्था होती है, जिसमें इंसान सबसे अधिक सपने देखता है। कुछ वैज्ञानिकों का मानना है कि जानवर अपने दिनभर के अनुभवों या बीते घटनाक्रम को सपनों में दोबारा जीते हैं, जैसे शिकार करना, दौड़ना या खेलना।

हालाँकि, यह अभी तक स्पष्ट नहीं है कि जानवर सपनों को याद रख सकते हैं या नहीं। लेकिन शोधों से यह जरूर साबित हुआ है कि सपने देखना सिर्फ इंसानों तक सीमित नहीं है, बल्कि कई जीव-जंतु भी इस अद्भुत अनुभव का हिस्सा होते हैं।

सारांश: सपने सदियों से मानव सभ्यता के लिए रहस्य बने हुए हैं। मनोविज्ञान, धर्म, ज्योतिष, और विज्ञान—सभी ने सपनों की अलग-अलग व्याख्या की है। फ्रायड और जंग जैसे मनोवैज्ञानिकों ने सपनों को अवचेतन मन की अभिव्यक्ति बताया, जबकि योगवासिष्ठ, स्कंद पुराण और भविष्य पुराण जैसे प्राचीन ग्रंथों ने इन्हें आध्यात्मिक संकेतक माना है।

कुछ लोगों का मानना है कि सपने सिर्फ दिमाग में चल रही यादों और विचारों का मिश्रण होते हैं, जबकि कुछ घटनाएँ यह साबित करती हैं कि सपनों के जरिए भविष्य में झांका जा सकता है। इतिहास में ऐसे कई उदाहरण हैं जब किसी व्यक्ति ने सपने में देखी चीज़ को वास्तविक जीवन में अनुभव किया। कुछ लोगों ने सपनों में गूढ़ संकेत पाए, जो बाद में सच साबित हुए।

निष्कर्ष: सपने हमारे अवचेतन मन की खिड़की होते हैं और यह हमारे विचारों, भावनाओं और छिपी हुई इच्छाओं का प्रतिबिंब होते हैं। वैज्ञानिक दृष्टिकोण से, सपने मस्तिष्क की जटिल गतिविधियों और यादों के पुनर्गठन की प्रक्रिया का हिस्सा हैं। वहीं, मनोवैज्ञानिक दृष्टि से, यह हमारे गहरे डर, इच्छाओं और भावनाओं को प्रकट करने का एक तरीका है। सपनों को समझकर हम अपने मानसिक स्वास्थ्य को बेहतर बना सकते हैं और जीवन में सकारात्मक बदलाव ला सकते हैं।

इसलिए, सपनों को हल्के में न लें, बल्कि उन्हें समझने और उनके संदेशों को जानने का प्रयास करें, क्योंकि वे हमें अपने भीतर झांकने और अपने मन को बेहतर तरीके से समझने में मदद कर सकते हैं।

सोचने योग्य प्रश्न: क्या सपने केवल अवचेतन मन की कल्पना हैं, या वे हमारे भविष्य की घटनाओं की पूर्वसूचना दे सकते हैं?

अध्याय 3

जादू-टोना

(WITCHCRAFT)

जादू-टोना एक ऐसा विषय है, जो सदियों से लोगों के मन में डर और जिज्ञासा दोनों पैदा करता आया है। इसे आमतौर पर तंत्र-मंत्र, वशीकरण, भूत-प्रेत और ऊपरी हवा से जोड़ा जाता है। कई लोग मानते हैं कि कुछ तांत्रिक या ओझा विशेष मंत्रों और अनुष्ठानों के जरिए किसी व्यक्ति की किस्मत बदल सकते हैं, उसे नुकसान पहुँचा सकते हैं या उसके जीवन में बाधाएँ पैदा कर सकते हैं। लेकिन क्या सच में ऐसा होता है, या यह केवल मन का वहम होता है?

अगर हम इसे वैज्ञानिक दृष्टि से देखें, तो जादू-टोना का कोई ठोस प्रमाण नहीं मिलता है । मनोवैज्ञानिक रूप से, जब कोई व्यक्ति यह मान लेता है कि उस पर किसी ने टोना-टोटका किया है, तो उसका दिमाग खुद को कमजोर महसूस करने लगता है। इस डर के कारण उसे शारीरिक और मानसिक समस्याएँ होने लगती हैं, जिससे वह सच में बीमार पड़ सकता है। इसे "नोसीबो प्रभाव" कहते हैं, जिसमें व्यक्ति केवल नकारात्मक सोच के कारण खुद को नुकसान पहुँचा लेता है।

आध्यात्मिक रूप से देखें तो हर इंसान की ऊर्जा अलग होती है। यदि व्यक्ति का आत्मबल मजबूत हो और वह सकारात्मक सोच रखता हो, तो किसी भी नकारात्मक शक्ति का असर उस पर नहीं होता। लेकिन यदि वह मानसिक रूप से कमजोर है और हर चीज़ में डर महसूस करता है, तो उसे किसी भी छोटी बात का गहरा असर हो सकता है। इसी कारण, कई तांत्रिक और ओझा लोगों के डर का फायदा उठाकर उन्हें भ्रमित कर देते हैं और उनसे पैसे ऐंठते हैं।

ज्योतिषीय दृष्टि से, कुछ ग्रहों की दशा (जैसे राहु, केतु, शनि) जीवन में नकारात्मक प्रभाव डाल सकती है, जिससे लोगों को ऐसा लग सकता है कि उन पर जादू-टोना हुआ है। लेकिन वास्तव में यह एक ज्योतिषीय परिवर्तन होता है, जिसे सही उपायों से ठीक किया जा सकता है। यदि किसी को लगे कि वह जादू-टोने के प्रभाव में है, तो उसे घबराने की बजाय सकारात्मक सोच रखनी चाहिए, ध्यान और मंत्र जाप करना चाहिए, और अपने आत्मबल को मजबूत बनाना चाहिए।

असल में, जादू-टोना का असर केवल उन पर होता है जो इस पर विश्वास करते हैं। यदि आप खुद को मानसिक रूप से मजबूत बनाए रखते हैं और अंधविश्वास से दूर रहते हैं, तो कोई भी नकारात्मक शक्ति आपको नुकसान नहीं पहुँचा सकती।

जादू-टोना के प्रकार (Types of Witchcraft)

जादू-टोना को विभिन्न श्रेणियों में बाँटा जा सकता है। यह वर्गीकरण आमतौर पर इसके प्रभाव, उद्देश्यों और प्रयोग की विधियों के आधार पर किया जाता है। नीचे मुख्य प्रकारों की जानकारी दी गई है:

1. **काला जादू (Black Magic):** काला जादू एक प्राचीन तांत्रिक विधा है, जिसका उपयोग नकारात्मक उद्देश्यों के लिए किया जाता है। यह सबसे खतरनाक और नकारात्मक जादू माना जाता है। इसे आमतौर पर वशीकरण, उच्चाटन, मारण, और तांत्रिक अनुष्ठानों के रूप में प्रयोग किया जाता है। यह गुप्त शक्तियों, मंत्रों और विशेष तंत्र साधनाओं के माध्यम से क्रियान्वित किया जाता है।

   माना जाता है कि काले जादू के प्रभाव से व्यक्ति मानसिक, शारीरिक और आर्थिक रूप से प्रभावित हो सकता है। इसमें भूत-प्रेत साधना, शमशान अनुष्ठान, तंत्र-मंत्र सिद्धि और ऊर्जा नियंत्रण जैसी विधियाँ शामिल होती हैं। इससे बचने के लिए हनुमान चालीसा, महामृत्युंजय मंत्र, दुर्गा सप्तशती पाठ और सकारात्मक ऊर्जा साधना को प्रभावी माना जाता है। आत्मबल और ईश्वर में आस्था रखने से काले जादू का प्रभाव निष्फल हो सकता है। सही ज्योतिषीय उपायों और आध्यात्मिक शक्ति के द्वारा इससे सुरक्षित रहा जा सकता है।

2. **सफेद जादू (White Magic)** यह एक आध्यात्मिक और सकारात्मक जादू है, जिसका उद्देश्य जीवन में सुख, शांति और समृद्धि लाना होता है। यह प्राकृतिक ऊर्जा, मंत्र, यंत्र, हवन, ध्यान और प्रार्थना पर आधारित होता है। सफेद जादू का उपयोग रक्षा, उपचार, प्रेम, सफलता, आत्मिक शुद्धि और सौभाग्य बढ़ाने के लिए किया जाता है। इसमें प्रमुख

रूप से ग्रह शांति अनुष्ठान, रत्न धारण, ऊर्जा उपचार, हवन, योग और ध्यान जैसी विधियाँ शामिल होती हैं। यह नकारात्मक ऊर्जा को दूर कर सकारात्मक ऊर्जा को बढ़ाने में सहायक होता है।

माना जाता है कि सफेद जादू का प्रयोग बुरी नजर, नकारात्मक शक्तियों और मानसिक तनाव से बचाने में मदद करता है। इसमें किसी को नुकसान पहुँचाने के बजाय दूसरों की भलाई और आंतरिक शुद्धता पर जोर दिया जाता है। सही मार्गदर्शन में किया गया सफेद जादू जीवन में चमत्कारी बदलाव ला सकता है।

3. **तांत्रिक जादू (Tantric Magic):** तांत्रिक जादू एक प्राचीन विधा है, जो तंत्र-मंत्र और साधना पर आधारित होती है। यह ऊर्जा, देवी-देवताओं, ग्रहों और प्राकृतिक शक्तियों को साधने की प्रक्रिया है।

इसे दो भागों में बाँटा जाता है – सकारात्मक तंत्र (सफेद जादू), जो रक्षा, सुख-शांति और आध्यात्मिक उन्नति के लिए किया जाता है, और नकारात्मक तंत्र (काला जादू), जो दूसरों को प्रभावित करने या हानि पहुँचाने के लिए किया जाता है।

तांत्रिक जादू में मंत्र जाप, यंत्र प्रयोग, हवन, ध्यान और विशेष अनुष्ठान का उपयोग किया जाता है। इसमें शमशान साधना, ग्रह तंत्र, वशीकरण, उच्चाटन और मारण तंत्र जैसी प्रक्रियाएँ शामिल होती हैं।

यह विधा रहस्यमयी और शक्तिशाली मानी जाती है, इसलिए इसे सही मार्गदर्शन और अच्छे उद्देश्यों के साथ ही अपनाना चाहिए। सकारात्मक तांत्रिक साधना व्यक्ति के जीवन में समृद्धि, सुरक्षा और आत्मिक शांति ला सकती है।

4. **ज्योतिषीय जादू (Astrological Magic):** इस जादू में ग्रहों की ऊर्जा का उपयोग जीवन में सकारात्मक परिवर्तन लाने के लिए किया जाता है। यह ज्योतिष, तंत्र और मंत्र का मिश्रण है, जिससे व्यक्ति के भाग्य को प्रभावित किया जा सकता है। इसमें प्रमुख रूप से रत्न धारण, यंत्र प्रयोग, मंत्र जाप, हवन, ग्रह शांति अनुष्ठान और तांत्रिक उपाय शामिल होते हैं।

माना जाता है कि सूर्य, चंद्र, मंगल, बुध, गुरु, शुक्र, शनि, राहु और केतु ग्रहों की दशा जीवन पर गहरा प्रभाव डालती है। यदि कोई ग्रह अशुभ प्रभाव दे रहा हो, तो मंत्रों और ज्योतिषीय उपायों द्वारा उसे संतुलित किया जा सकता है। यह विधा जीवन में धन, स्वास्थ्य, करियर, प्रेम और सफलता प्राप्त करने में सहायक हो सकती

5. **प्राकृतिक जादू (Nature Magic):** प्राकृतिक जादू एक आध्यात्मिक और ऊर्जा-आधारित विद्या है, जिसमें प्रकृति की शक्तियों का उपयोग किया जाता है। यह सूर्य, चंद्रमा, ग्रह, जल, वायु, पृथ्वी, अग्नि, वनस्पतियों और खनिजों की ऊर्जा पर आधारित होता है।

प्राचीन काल से ऋषि-मुनि और तांत्रिक साधक प्राकृतिक तत्वों का उपयोग उपचार, सौभाग्य और आत्मिक शुद्धि लिए करते आए हैं। प्राकृतिक जादू में जड़ी-बूटियों, क्रिस्टल, हवन, जल उपचार, चंद्र साधना और पंचतत्व साधना का प्रयोग किया जाता है। इसे जीवन में सकारात्मकता, स्वास्थ्य, प्रेम, और मानसिक शांति लाने के लिए उपयोग किया जाता है।

यह काले जादू से अलग होता है क्योंकि इसमें हानि पहुँचाने की बजाय ऊर्जा संतुलन, ध्यान और प्रकृति से जुड़ाव पर ध्यान दिया जाता है। सही विधि से किया गया प्राकृतिक जादू जीवन में चमत्कारी परिवर्तन ला सकता है और व्यक्ति को आध्यात्मिक उन्नति की ओर ले जा सकता है।

6. **लोक जादू (Folk Magic):** लोक जादू एक पारंपरिक जादुई विधा है, जो विभिन्न संस्कृतियों और समाजों की लोक मान्यताओं पर आधारित होती है। यह पीढ़ी दर पीढ़ी प्रचलित है और इसमें साधारण घरेलू वस्तुओं, मंत्रों, टोटकों और प्राकृतिक तत्वों का उपयोग किया जाता है।

लोक जादू में नजर उतारना, झाड़-फूंक, हर्बल उपचार, ताबीज, लाल धागा बांधना, हवन, देवी-देवताओं की पूजा और स्थानीय रीति-रिवाजों का महत्व होता है। यह अधिकतर बुरी नजर से बचाने, सौभाग्य बढ़ाने, प्रेम-संबंध सुधारने, स्वास्थ्य लाभ और नकारात्मक ऊर्जाओं को दूर करने के लिए किया जाता है।

यह विज्ञान और परंपरा का अनोखा संगम है, जो लोगों की आस्था, संस्कृति और अनुभवों पर आधारित है। लोक जादू का प्रयोग सकारात्मक उद्देश्यों के लिए किया जाए, तो यह व्यक्ति के जीवन में सुख-समृद्धि और आत्मिक शांति ला सकता है।

7. **सम्मोहन जादू (Hypnotic Magic):** सम्मोहन जादू एक मानसिक और आध्यात्मिक विधा है, जिसमें व्यक्ति के मन और चेतना को नियंत्रित करने की क्षमता होती है। यह मंत्र, दृष्टि, संकेत, स्पर्श और मानसिक ऊर्जा के माध्यम से कार्य करता है। प्राचीन काल से ऋषि-मुनि और तांत्रिक साधक सम्मोहन शक्ति का उपयोग ज्ञान, उपचार और मनोवैज्ञानिक प्रभाव डालने के लिए करते आए हैं।

इसमें वशीकरण, प्रेरणात्मक संवाद, आत्म-सम्मोहन, ट्रांस अवस्था और गहरी ध्यान साधना जैसी तकनीकों का उपयोग किया जाता है। सम्मोहन जादू का प्रयोग नकारात्मक विचारों को हटाने, आत्मविश्वास बढ़ाने, आदतें बदलने, डर दूर करने और मानसिक शांति प्राप्त करने में किया जाता है।

हालांकि, यदि इसका दुरुपयोग किया जाए, तो यह हानिकारक हो सकता है। सही मार्गदर्शन और सकारात्मक उद्देश्यों के साथ सम्मोहन जादू व्यक्ति के जीवन में आध्यात्मिक उन्नति, मानसिक शक्ति और आत्म-नियंत्रण ला सकता है।

8. **वशीकरण टोना (Vashikaran Magic):** इस टोने का उद्देश्य किसी व्यक्ति को प्रभावित या नियंत्रित करना होता है। यह तंत्र-मंत्र, यंत्र और विशेष अनुष्ठानों के माध्यम से किया जाता है।

आमतौर पर इसका उपयोग प्रेम संबंध, व्यापार, पारिवारिक समस्याओं या समाज में प्रभाव बढ़ाने के लिए किया जाता है। वशीकरण के लिए कई प्रकार की विधियाँ अपनाई जाती हैं, जैसे मंत्र जाप, ताबीज, विशेष जड़ी-बूटियों का उपयोग और ध्यान साधना। इसमें व्यक्ति की मानसिकता पर प्रभाव डालने की कोशिश की जाती है, ताकि वह इच्छानुसार कार्य करे।

हालांकि, वैज्ञानिक दृष्टि से देखा जाए तो वशीकरण टोना एक मनोवैज्ञानिक प्रभाव मात्र है। आत्म-विश्वास, संचार कौशल और व्यक्ति की सोचने-समझने की शक्ति पर आधारित यह प्रक्रिया बिना किसी जादुई शक्ति के भी प्रभावी हो सकती है। अंधविश्वास और गलत मार्ग अपनाने से बचना चाहिए और जीवन की समस्याओं को तर्कसंगत दृष्टिकोण से हल करना चाहिए।

9. **नजर टोना: (Evil Eye):** नजर टोना या बुरी नजर का असर एक प्राचीन मान्यता है, जिसके अनुसार किसी व्यक्ति की नकारात्मक ऊर्जा या ईर्ष्या से दूसरों को नुकसान पहुँच सकता है। इसे आमतौर पर बच्चों, पशुओं, व्यवसाय, स्वास्थ्य और खुशहाल जीवन पर बुरा प्रभाव डालने वाला माना जाता है। ग्रामीण और पारंपरिक समाजों में इसे रोकने के लिए कई टोटके अपनाए जाते हैं, जैसे निम्बू-मिर्ची लटकाना, काला टीका लगाना, नजर उतारने के लिए झाड़-फूंक करना, हवन करना या ताबीज पहनना।

कुछ लोग इसे तांत्रिक शक्तियों से जोड़ते हैं, जबकि अन्य इसे मानसिक और भावनात्मक प्रभाव मानते हैं। वैज्ञानिक दृष्टि से नजर टोना प्लेसिबो इफेक्ट और मनोवैज्ञानिक प्रभाव का परिणाम हो सकता है। यदि कोई व्यक्ति बार-बार यह मान ले कि उसे बुरी नजर लग

गई है, तो वह मानसिक रूप से कमजोर महसूस करने लगता है। इसलिए, आत्म-विश्वास बनाए रखना और किसी भी अंधविश्वास से बचना महत्वपूर्ण है।

10. **शाबर टोना (Shabar Magic):** शाबर टोना एक खास प्रकार की तांत्रिक विधा मानी जाती है, जिसमें सरल लेकिन प्रभावी मंत्रों का प्रयोग किया जाता है। यह मुख्य रूप से भारत के ग्रामीण इलाकों में प्रचलित है और इसे लोक तांत्रिक विधा भी कहा जाता है।

माना जाता है कि ये मंत्र किसी विशेष गुरु परंपरा से जुड़े होते हैं और बोलचाल की भाषा में होते हैं, जिससे आम लोग भी इन्हें आसानी से समझ सकते हैं।

शाबर मंत्रों का उपयोग कई प्रकार के कार्यों के लिए किया जाता है, जैसे – बुरी नजर हटाना, डर दूर करना, बीमारी से बचाव, या किसी व्यक्ति को प्रभावित करना। कुछ लोग इसे सकारात्मक ऊर्जा के लिए उपयोग करते हैं, तो कुछ इसे काला जादू मानते हैं।

हालाँकि, वैज्ञानिक दृष्टिकोण से देखा जाए तो शाबर टोना केवल मनोवैज्ञानिक प्रभाव डालता है। जब कोई व्यक्ति किसी मंत्र या टोने में विश्वास करता है, तो उसका आत्मविश्वास बढ़ जाता है और वह सकारात्मक महसूस करने लगता है।

असल में, जीवन में बदलाव मेहनत, सही सोच और सही फैसलों से आता है, न कि किसी जादुई मंत्र से। इसलिए, शाबर टोना पर पूरी तरह निर्भर रहने के बजाय तर्क और समझदारी से काम लेना जरूरी है।

11. **प्रेम टोना (Love Magic):** प्रेम टोना एक ऐसी मान्यता है, जिसमें यह माना जाता है कि किसी पर जादू या टोटका करके उसे प्रेम में बाँधा जा सकता है। यह अवधारणा दुनिया के कई हिस्सों में मौजूद है, खासकर भारतीय, अफ्रीकी और पश्चिमी संस्कृति में इसे अलग-अलग नामों से जाना जाता है।

इसमें खास मंत्र, जड़ी-बूटियाँ या टोने-टोटके इस्तेमाल किए जाते हैं, ताकि कोई व्यक्ति किसी से प्यार करने लगे या उसका ध्यान आकर्षित हो जाए। लेकिन सवाल यह उठता है कि क्या प्रेम टोना सच में काम करता है या यह सिर्फ अंधविश्वास है?

विज्ञान के अनुसार, प्रेम टोना केवल मनोवैज्ञानिक प्रभाव डालता है। अगर कोई व्यक्ति यह मान ले कि उस पर प्रेम टोना किया गया है, तो उसका व्यवहार और सोच वैसी ही हो सकती है। इसे प्लेसिबो इफेक्ट कहा जाता है, जिसमें विश्वास से ही बदलाव महसूस होने लगता है।

सच्चे प्रेम की नींव भावनाओं, समझ और सम्मान पर टिकी होती है, न कि किसी टोने-टोटके पर। प्रेम में किसी को मजबूर करना नैतिक रूप से गलत है।

इसलिए, प्रेम टोना से बचना चाहिए और रिश्तों को प्राकृतिक तरीके से आगे बढ़ने देना चाहिए, ताकि वे सच्चे और मजबूत बने रहें।

12. पिशाच टोना (Demonic Magic): पिशाच टोना एक ऐसी धारणा है, जिसमें यह माना जाता है कि नकारात्मक शक्तियों, बुरी आत्माओं या दुष्ट ताकतों की सहायता से किसी व्यक्ति को हानि पहुँचाई जा सकती है। इसे काला जादू, शापित टोटका या तांत्रिक क्रिया के रूप में भी जाना जाता है।

कुछ लोग मानते हैं कि यह टोना किसी व्यक्ति को बीमार करने, मानसिक रूप से कमजोर करने या उसकी किस्मत बिगाड़ने के लिए किया जाता है।

हालाँकि, विज्ञान इस तरह के टोटकों को अंधविश्वास मानता है। किसी व्यक्ति पर पिशाच टोना होने का डर, उसका मानसिक तनाव बढ़ा सकता है, जिससे वह सच में बीमार महसूस करने लगता है। इसे नोसीबो इफेक्ट कहा जाता है, जिसमें नकारात्मक सोच व्यक्ति के शरीर और दिमाग को प्रभावित करती है। असली ताकत हमेशा आत्मविश्वास और सकारात्मक सोच में होती है। अ

गर कोई व्यक्ति यह मान ले कि कोई उस पर बुरा प्रभाव डाल रहा है, तो वह डर और भ्रम में फँस सकता है। लेकिन अगर वह खुद को मजबूत बनाए और डर से बाहर निकले, तो कोई भी नकारात्मक शक्ति उसे नुकसान नहीं पहुँचा सकती।

इसलिए, पिशाच टोना से बचने का सबसे अच्छा तरीका है – आत्मविश्वास, सकारात्मक सोच और तर्कसंगत दृष्टिकोण अपनाना।

13. भूत-प्रेत टोना (Ghost Magic): भूत-प्रेत टोना एक ऐसी मान्यता है, जिसमें यह माना जाता है कि भूत, आत्माएँ या नकारात्मक शक्तियाँ किसी व्यक्ति को नुकसान पहुँचा सकती हैं। इसे आमतौर पर तांत्रिक क्रियाओं, काले जादू या टोने-टोटकों से जोड़ा जाता है। बहुत से लोग मानते हैं कि कुछ विशेष मंत्रों या टोटकों से भूत-प्रेत को बुलाया या किसी पर छोड़ा जा सकता है।

हालाँकि, विज्ञान के अनुसार भूत-प्रेत टोना सिर्फ अंधविश्वास और मन का भ्रम है। जब कोई व्यक्ति डर जाता है, तो उसका दिमाग अलग तरह से काम करने लगता है और वह अनजानी चीज़ों को भूत-प्रेत समझने लगता है। कई बार, मानसिक तनाव, नींद की कमी या डरावनी कहानियों का असर भी लोगों को ऐसा महसूस करवा सकता है कि उन पर कोई भूत-प्रेत का साया है।

असल में, डर को बढ़ावा देने से भूत-प्रेत टोने की धारणा मजबूत होती है। अगर कोई व्यक्ति आत्मविश्वास रखे, सकारात्मक सोच अपनाए और अंधविश्वास से बचे, तो भूत-प्रेत टोने का कोई असर नहीं होता। इसलिए, जरूरी है कि हम हर चीज को तर्क और विज्ञान की नजर से देखें, न कि बिना कारण डरें।

14. **समृद्धि टोना (Prosperity Magic):** यह टोना एक ऐसी मान्यता है, जिसमें यह माना जाता है कि कुछ खास टोने-टोटके, मंत्र या तांत्रिक विधियाँ अपनाकर धन, सफलता और खुशहाली पाई जा सकती है। कई लोग सोचते हैं कि विशेष अनुष्ठान, लाल धागा बांधना, सिक्के रखना, यंत्र स्थापित करना या किसी तांत्रिक उपाय से आर्थिक स्थिति सुधारी जा सकती है।

हालाँकि, विज्ञान और तर्क की दृष्टि से देखा जाए तो समृद्धि टोना केवल एक मानसिक विश्वास है। असली सफलता मेहनत, सही निर्णय और समय प्रबंधन से आती है, न कि किसी चमत्कारी टोटके से।

जब कोई व्यक्ति किसी टोने-टोटके पर विश्वास करता है, तो उसका आत्मविश्वास बढ़ जाता है और वह ज्यादा सकारात्मक होकर काम करता है, जिससे सफलता मिलने की संभावना बढ़ जाती है। इसे प्लेसिबो इफेक्ट कहा जाता है। सच्ची समृद्धि मेहनत, ईमानदारी और सही योजना बनाने से आती है। टोने-टोटकों से ज्यादा जरूरी है अपने लक्ष्य पर ध्यान देना और सही दिशा में प्रयास करना। इसलिए, टोने-टोटकों के बजाय कर्म पर विश्वास करें और सफलता की ओर बढ़ें।

15. **रोग नाशक टोना (Healing Magic):** रोग नाशक टोना एक ऐसी मान्यता है, जिसमें यह विश्वास किया जाता है कि खास मंत्र, जड़ी-बूटियाँ, तांत्रिक विधियाँ या टोने-टोटके करके बीमारियों को दूर किया जा सकता है। कई लोग तांत्रिकों, ओझाओं या झाड़-फूंक करने वालों के पास जाते हैं, यह सोचकर कि उनके रोग किसी बुरी शक्ति या नकारात्मक ऊर्जा के कारण हुए हैं।

हालाँकि, विज्ञान के अनुसार बीमारियों का असली कारण बैक्टीरिया, वायरस, अनियमित दिनचर्या और कमजोर इम्यून सिस्टम होते हैं। केवल टोने-टोटकों से कोई बीमारी ठीक नहीं होती। कई बार, जब लोग किसी झाड़-फूंक वाले उपचार पर विश्वास कर लेते हैं, तो उनका दिमाग उन्हें बेहतर महसूस कराने लगता है। इसे प्लेसिबो इफेक्ट कहा जाता है, जिसमें विश्वास के कारण बीमारी के लक्षण कम होते हुए महसूस होते हैं, लेकिन असली इलाज नहीं होता।

टोटकों का मनोवैज्ञानिक प्रभाव

टोटके हमारे समाज में लंबे समय से प्रचलित हैं। ये छोटे-छोटे उपाय होते हैं जिन्हें लोग अपनी समस्याओं का समाधान मानते हैं। आमतौर पर लोग मानते हैं कि टोटकों से जीवन में सफलता, सुख-शांति या बुरी नजर से बचाव हो सकता है। लेकिन असल में टोटकों का प्रभाव ज्यादातर हमारे मनोविज्ञान पर आधारित होता है।

जब कोई व्यक्ति टोटका करता है, तो उसके मन में यह विश्वास पैदा हो जाता है कि अब सब कुछ ठीक हो जाएगा। यह विश्वास उसके सोचने और कार्य करने के तरीके को बदल देता है।

उदाहरण के लिए, अगर कोई व्यक्ति यह मान ले कि काले धागे बांधने से बुरी नजर नहीं लगेगी, तो वह मानसिक रूप से पहले से ही सुरक्षित महसूस करने लगता है। उसका डर कम हो जाता है और आत्मविश्वास बढ़ जाता है।

यह सकारात्मक सोच उसे बेहतर निर्णय लेने और अपने काम पर ध्यान केंद्रित करने में मदद करती है। इस तरह टोटका करने के बाद जो अच्छे परिणाम मिलते हैं, वे वास्तव में व्यक्ति के आत्मविश्वास और मानसिक शांति के कारण होते हैं, न कि टोटके की शक्ति के कारण।

इसके विपरीत, नकारात्मक टोटके का भी गहरा मनोवैज्ञानिक प्रभाव होता है। उदाहरण के लिए, यदि किसी व्यक्ति को यह विश्वास दिला दिया जाए कि उसके घर के बाहर नींबू-मिर्च मिलने का अर्थ है कि उसके साथ कुछ बुरा होने वाला है, तो वह व्यक्ति बेचैन रहने लगेगा। डर और चिंता के कारण उसकी सोचने-समझने की शक्ति प्रभावित हो सकती है। वह छोटी-छोटी परेशानियों को भी जादू-टोने का असर मानने लगेगा, जिससे उसका आत्मविश्वास कम हो सकता है।

टोटकों का प्रभाव प्लेसिबो प्रभाव से मिलता-जुलता होता है। प्लेसिबो का अर्थ है कि जब व्यक्ति किसी उपाय को प्रभावी मानकर उस पर भरोसा करता है, तो उसके दिमाग में सकारात्मक बदलाव आने लगते हैं। इसी तरह, टोटका करने से व्यक्ति को मानसिक रूप से राहत मिलती है, जिससे उसकी कार्यक्षमता और सोचने-समझने की क्षमता बेहतर हो जाती है।

हालांकि टोटके कभी-कभी मानसिक शांति का जरिया बन सकते हैं, लेकिन उन पर अंधविश्वास करना नुकसानदायक हो सकता है। अगर कोई व्यक्ति हर छोटी बात पर टोटकों का सहारा लेने लगे तो वह अपने आत्मविश्वास और समस्या सुलझाने की क्षमता को खो सकता है। इसलिए जरूरी है कि हम टोटकों के पीछे के मनोवैज्ञानिक प्रभाव को समझें और अपना आत्मविश्वास बनाए रखें।

अंत में, टोटके का असली प्रभाव व्यक्ति की मानसिक स्थिति पर निर्भर करता है। यदि व्यक्ति सकारात्मक सोच के साथ मेहनत करे और अपने डर पर काबू रखे, तो किसी भी टोटके की जरूरत नहीं होती। आत्मविश्वास, समझदारी और सही निर्णय ही जीवन में सफलता का सबसे बड़ा मंत्र है।

सामाजिक शोषण और जादू-टोना (Social Exploitation and Witchcraft)

जादू-टोना के नाम पर समाज में कई लोगों का शोषण किया जाता है। जब किसी व्यक्ति के जीवन में अचानक मुश्किलें आती हैं, जैसे बीमारी, आर्थिक नुकसान या पारिवारिक कलह, तो कई लोग इसे जादू-टोना का असर मानने लगते हैं।

इसी डर का फायदा उठाकर कुछ ठग खुद को तांत्रिक, ओझा या बाबा बताकर लोगों को डराते हैं। ये ठग बताते हैं कि उनके ऊपर किसी ने 'काला जादू' किया है और इसके लिए वे झाड़-फूंक, ताबीज या महंगी पूजा का सुझाव देते हैं। इसके बदले में वे लोगों से मोटी रकम वसूलते हैं।

कैसे होता है सामाजिक शोषण? (How Does Social Exploitation Occur?)

जादू-टोना का नाम सुनते ही कई लोगों के मन में डर और चिंता पैदा हो जाती है। समाज में बहुत से लोग यह मानते हैं कि जादू-टोना करने से किसी व्यक्ति के जीवन में दुख-दर्द, बीमारी या आर्थिक नुकसान हो सकता है। इसी डर और भ्रम का फायदा उठाकर कुछ चालाक लोग भोले-भाले लोगों को ठगने का काम करते हैं। इसे ही सामाजिक शोषण कहा जाता है।

जादू-टोना के नाम पर समाज में कई तरह के डर फैलाए जाते हैं। जब किसी के घर में बार-बार बीमारियां होती हैं, व्यापार में नुकसान होता है, घर के सदस्य मानसिक तनाव में आ जाते हैं या अचानक किसी की मृत्यु हो जाती है, तो लोग इसका कारण जादू-टोना मानने लगते हैं। इसी डर का फायदा उठाकर कुछ ढोंगी तांत्रिक, ओझा या बाबा लोगों को ठगने का काम करते हैं।

इन ठगों का पहला काम होता है डर पैदा करना। वे घर के बाहर नींबू, मिर्च, राख, काले धागे या अजीब चीजें फेंक देते हैं। जब लोग ये चीजें देखते हैं, तो वे सोचने लगते हैं कि किसी ने उन पर जादू-टोना कर दिया है। डर के मारे वे इन ढोंगी लोगों के पास जाते हैं, जो खुद को 'जादू-टोना हटाने का विशेषज्ञ' बताते हैं।

इसके बाद ये ठग लोगों को यह यकीन दिलाते हैं कि उनके घर में भूत-प्रेत का साया है, या किसी ने उन्हें नुकसान पहुंचाने के लिए टोटका किया है। फिर वे इसे हटाने के लिए महंगे ताबीज,

पूजा-पाठ, बलि या झाड़-फूंक करवाने के लिए बड़ी रकम मांगते हैं। कई बार ये ठग लोगों से गहने, जमीन या अन्य कीमती चीजें तक हड़प लेते हैं।

महिलाओं का शोषण (Exploitation of Women)

जादू-टोना के नाम पर महिलाओं को समाज में प्रताड़ित करने के कई मामले सामने आते हैं। खासकर ग्रामीण इलाकों में, जहां शिक्षा का अभाव है, वहां अक्सर किसी महिला पर 'डायन' होने का झूठा आरोप लगाया जाता है। कुछ लोग जानबूझकर महिलाओं को बदनाम करते हैं, ताकि उनकी जमीन या संपत्ति पर कब्जा कर सकें। कई मामलों में इन महिलाओं के साथ मारपीट, सामाजिक बहिष्कार और यहां तक कि हत्या तक कर दी जाती है।

धार्मिक आस्था का गलत फायदा (Misuse of Religious Beliefs)

कुछ ढोंगी लोग धर्म के नाम पर लोगों को ठगते हैं। वे कहते हैं कि खास मंत्र, पूजा या अनुष्ठान से जीवन की सभी समस्याएं खत्म हो जाएंगी। ऐसे लोग अपनी बातों में मासूम लोगों को फंसा लेते हैं और उनसे मोटी रकम वसूलते हैं।

क्या टोटके सच में प्रभावी होते हैं? (Do Totkas Really Work?)

टोटके सदियों से समाज में प्रचलित हैं, और लोग इन्हें अपनी समस्याओं के समाधान के रूप में अपनाते हैं। कभी नज़र उतारने के लिए नींबू-मिर्च लटकाना, तो कभी सफलता के लिए किसी खास रंग के कपड़े पहनना — ये सभी टोटकों का ही हिस्सा हैं।

लेकिन सवाल यह है कि क्या ये सच में असर करते हैं? वैज्ञानिक दृष्टिकोण से इसका उत्तर जानना बहुत जरूरी है।

विज्ञान के अनुसार, टोटकों का कोई वास्तविक आधार नहीं होता। इनका प्रभाव ज्यादातर व्यक्ति के मानसिक विश्वास और मनोवैज्ञानिक प्रभाव पर निर्भर करता है। इसे 'प्लेसीबो इफेक्ट' कहा जाता है। प्लेसीबो इफेक्ट का अर्थ है कि जब व्यक्ति को किसी चीज़ पर गहरा विश्वास होता है, तो उसका दिमाग उसी अनुसार प्रतिक्रिया देने लगता है।

उदाहरण के लिए, यदि कोई व्यक्ति यह मान ले कि उसकी समस्या किसी बुरी नज़र के कारण है और वह किसी पंडित या ओझा के कहे अनुसार कोई टोटका करता है, तो उसका मन इस विश्वास से हल्का हो जाता है। यही मानसिक शांति उसे बेहतर महसूस कराती है।

टोटकों का असर कई बार आत्मविश्वास बढ़ाने के कारण भी महसूस होता है। उदाहरण के लिए, परीक्षा देने से पहले कोई छात्र खास कलम या अंगूठी पहनकर खुद को भाग्यशाली मान लेता है। इस विश्वास के कारण उसका डर कम हो जाता है और वह बेहतर प्रदर्शन कर सकता है। असल में उस कलम या अंगूठी में कोई जादू नहीं होता, बल्कि उसका आत्मविश्वास ही उसकी सफलता का कारण बनता है।

इसके अलावा, कई बार टोटकों का असर सिर्फ संयोग होता है। उदाहरण के लिए, यदि कोई व्यक्ति किसी खास टोटके के बाद बीमारी से ठीक हो जाए, तो इसे लोग उस टोटके का असर मान सकते हैं, जबकि हकीकत में यह प्राकृतिक रूप से ठीक होने की प्रक्रिया होती है।

विज्ञान के अनुसार, टोटकों में कोई अलौकिक या चमत्कारी शक्ति नहीं होती। बल्कि ये व्यक्ति के मानसिक विश्वास, आत्मविश्वास और संयोग का परिणाम होते हैं। टोटकों के नाम पर कई बार लोग ठगी का शिकार भी हो जाते हैं, खासकर तब जब ढोंगी लोग डर और भ्रम का फायदा उठाकर लोगों से पैसा ऐंठते हैं।

ज्योतिषीय दृष्टिकोण से टोटकों की व्याख्या

ज्योतिषीय दृष्टिकोण से टोटके उन उपायों को कहा जाता है, जिनके माध्यम से नकारात्मक ऊर्जा को दूर करने और सकारात्मक ऊर्जा को आकर्षित करने का प्रयास किया जाता है। हालांकि, हर टोटका केवल अंधविश्वास नहीं होता, बल्कि कई टोटकों के पीछे ज्योतिषीय और वैज्ञानिक तर्क भी होते हैं। ज्योतिष के अनुसार, ग्रहों का प्रभाव व्यक्ति के स्वभाव, सोच और जीवन की घटनाओं पर पड़ता है।

जब कोई ग्रह कमजोर स्थिति में होता है या उसकी नकारात्मक ऊर्जा व्यक्ति के जीवन में बाधाएं पैदा करती है, तब विशेष उपाय करने की सलाह दी जाती है। इन्हीं उपायों को कई बार टोटका कहा जाता है।

उदाहरण के लिए, यदि किसी व्यक्ति की कुंडली में शनि ग्रह कमजोर हो, तो उसे लोहे की अंगूठी पहनने, काली चीज़ों का दान करने या पीपल के पेड़ की पूजा करने का सुझाव दिया जाता है। इन उपायों का उद्देश्य नकारात्मक ऊर्जा को शांत करना और सकारात्मक ऊर्जा को बढ़ावा देना होता है। इसी तरह, मंगल ग्रह के अशुभ प्रभाव को कम करने के लिए लाल वस्त्र पहनना, हनुमान जी की पूजा करना या मसूर दाल का दान करना बताया जाता है।

टोटकों में कई बार ऐसी क्रियाएं शामिल होती हैं, जो मानसिक रूप से व्यक्ति को शांति प्रदान करती हैं। जैसे कि नींबू-मिर्च को घर के बाहर लटकाना। ज्योतिषीय दृष्टिकोण से इसका अर्थ है कि यह टोटका नकारात्मक ऊर्जा को घर के अंदर प्रवेश करने से रोकने का प्रतीक है।

इसके अलावा, कई टोटके व्यक्ति के आत्मविश्वास को बढ़ाते हैं। उदाहरण के लिए, किसी विशेष अंगूठी, ताबीज़ या धागे को पहनने से व्यक्ति के मन में सुरक्षा का भाव पैदा होता है। इस विश्वास के कारण वह अधिक आत्मविश्वास के साथ काम करता है, जिससे उसके सफल होने की संभावना बढ़ जाती है।

हालांकि, ज्योतिषीय दृष्टिकोण में यह भी स्पष्ट किया गया है कि टोटके तभी प्रभावी होते हैं जब व्यक्ति के विचार सकारात्मक हों और वह मेहनत भी करे। केवल टोटकों के सहारे सफलता या समस्या का समाधान संभव नहीं है।

जादू-टोना और अंधविश्वास से बचने के उपाय

जादू-टोना, टोटके और अंधविश्वास के जाल में कई लोग फंस जाते हैं, खासकर तब जब वे किसी समस्या, डर या परेशानी में होते हैं। समाज में कई ठग और ढोंगी लोग इसी मानसिक स्थिति का फायदा उठाकर लोगों को धोखा देते हैं। ऐसे में यह जानना जरूरी है कि जादू-टोना और अंधविश्वास से कैसे बचा जा सकता है।

1. **सही जानकारी प्राप्त करें (Seek the Right Information):** सबसे पहले यह समझना जरूरी है कि किसी भी समस्या के समाधान के लिए ज्ञान और समझ सबसे बड़ा हथियार है। अंधविश्वास फैलाने वाले लोग अक्सर डर और भ्रम का सहारा लेते हैं। ऐसे में विज्ञान, ज्योतिष और मानसिक स्वास्थ्य के बारे में सही जानकारी हासिल करना बहुत जरूरी है। यदि किसी समस्या का कारण समझ में आएगा, तो उसका सही समाधान भी संभव होगा।

2. **डर पर काबू पाएं (Overcoming Fear):** जादू-टोना और टोटके का सबसे बड़ा आधार डर होता है, डर एक शक्तिशाली भावना है, जो अक्सर इंसान को बिना सोचे-समझे फैसले लेने पर मजबूर कर देती है।

   जब लोग किसी समस्या, बीमारी या परेशानी में होते हैं, तो वे जल्दी समाधान पाने के लिए टोटकों पर भरोसा करने लगते हैं। डर के कारण वे तर्कशील सोच को छोड़कर ऐसे उपायों को अपनाते हैं, जिनका कोई वैज्ञानिक आधार नहीं होता। अंधविश्वास फैलाने वाले लोग इसी डर का फायदा उठाकर भ्रम पैदा करते हैं।

असल में टोटकों का प्रभाव व्यक्ति के विश्वास पर निर्भर होता है। डर से बचने के लिए तर्कशील सोच और सही जानकारी बहुत जरूरी है। लोग डर के कारण बिना सोचे-समझे टोटकों पर विश्वास कर लेते हैं।

इसलिए डर को समझकर उस पर काबू पाना बेहद जरूरी है। अगर आपको लगे कि किसी ने आप पर जादू-टोना किया है, तो घबराने के बजाय शांत दिमाग से उसकी वास्तविकता को परखें।

3. **तार्किक सोच अपनाएं (Adopt Logical Thinking):** तर्क और वैज्ञानिक सोच ही आपको भ्रम और अंधविश्वास से बचा सकती है। जब हम किसी भी घटना या समस्या का विश्लेषण तर्क के आधार पर करते हैं, तो उसका वास्तविक कारण समझ में आता है। वैज्ञानिक सोच हमें हर चीज को प्रमाण और तथ्य के आधार पर परखने की शिक्षा देती है।

अंधविश्वास फैलाने वाले लोग अक्सर डर और भ्रम का सहारा लेते हैं, लेकिन यदि हम प्रश्न पूछने, शोध करने और सही जानकारी हासिल करने की आदत डालें, तो ठगी और धोखे से बच सकते हैं।

ज्ञान और समझ ही अंधविश्वास का सबसे कारगर इलाज है। यदि कोई व्यक्ति आपको किसी विशेष वस्तु या टोटके के असर का दावा करे, तो उससे उसके पीछे का तर्क पूछें। अगर वह ठोस जवाब नहीं दे सके, तो समझ लें कि यह अंधविश्वास है।

4. **विशेषज्ञ की सलाह लें (Seek Expert Advice):** अगर आप मानसिक तनाव, स्वास्थ्य समस्या या पारिवारिक परेशानी से जूझ रहे हैं, तो घबराने के बजाय किसी विश्वसनीय डॉक्टर, काउंसलर या विशेषज्ञ की मदद लेना सबसे सही उपाय है। अनुभवी विशेषज्ञ आपकी समस्या का कारण समझकर वैज्ञानिक और व्यावहारिक समाधान दे सकते हैं।

मानसिक तनाव के मामलों में काउंसलर आपकी भावनाओं को संतुलित करने में सहायता कर सकते हैं, जबकि स्वास्थ्य समस्याओं के लिए डॉक्टर सही जांच और इलाज करेंगे। परेशानी के समय बिना प्रमाण वाले टोटकों या अंधविश्वास पर भरोसा करने के बजाय विशेषज्ञ की सलाह लेना आपको सही समाधान की ओर ले जाता है। समस्या के वैज्ञानिक समाधान से ही वास्तविक राहत मिलेगी।

5. **आत्मविश्वास और सकारात्मक सोच बढ़ाएं (Boost Self-Confidence and Positive Thinking):** आत्मविश्वास की कमी अक्सर लोगों को अंधविश्वास के जाल में फंसा देती है। जब व्यक्ति अपने निर्णयों को लेकर असमंजस में होता है या जीवन में

बार-बार असफलताओं का सामना करता है, तो उसका विश्वास डगमगाने लगता है। ऐसे में वह आसान समाधान की तलाश में टोटकों, जादू-टोना या ढोंगी बाबाओं की बातों पर भरोसा करने लगता है।

आत्मविश्वास की कमी के कारण वह अपनी समस्याओं का सही विश्लेषण नहीं कर पाता और भ्रमित हो जाता है। आत्मविश्वास बढ़ाने के लिए व्यक्ति को सकारात्मक सोच अपनानी चाहिए, जिससे वह ठगी और अंधविश्वास से बच सके। अक्सर लोग आत्मविश्वास की कमी के कारण अंधविश्वास के जाल में फंस जाते हैं।

आत्मविश्वास बढ़ाने के लिए नियमित ध्यान, योग और सकारात्मक विचारों को अपनाएं। इससे आपके मन में आने वाला डर और असुरक्षा की भावना धीरे-धीरे कम होने लगेगी।

6.　**ठगों और ढोंगियों से सतर्क रहें (Stay Alert from Frauds and Charlatans):**
अंधविश्वास फैलाने वाले लोग अक्सर बड़ी-बड़ी बातें करके लोगों को डराते हैं और फिर महंगे टोटकों का सुझाव देते हैं। वे छोटी-छोटी समस्याओं को गंभीर रूप में प्रस्तुत कर व्यक्ति को यह यकीन दिलाते हैं कि उसकी परेशानी का कारण कोई नकारात्मक शक्ति या जादू-टोना है। इसके बाद वे डर का फायदा उठाकर महंगे टोटके, पूजा-पाठ या विशेष उपाय बेचने लगते हैं।

ऐसे लोग भावनात्मक रूप से कमजोर व्यक्ति को आसानी से शिकार बना लेते हैं। ऐसे जालसाजों से बचने के लिए तर्कशील सोच अपनाना, सटीक जानकारी प्राप्त करना और डर पर काबू पाना बेहद जरूरी है। इनसे बचने के लिए सतर्क रहें और कभी भी बिना ठोस प्रमाण के उनके झांसे में न आएं।

सारांश: जादू-टोना और टोटकों को लेकर दुनिया भर में अलग-अलग मान्यताएँ रही हैं। कुछ लोग इसे आत्मिक शक्तियों का उपयोग मानते हैं, तो कुछ इसे मात्र भ्रम और अंधविश्वास समझते हैं। वैज्ञानिक दृष्टिकोण से देखा जाए तो इसके कोई ठोस प्रमाण नहीं मिलते, लेकिन समाज में आज भी यह गहराई से जुड़ा हुआ है।

कई संस्कृतियों में इसे पारंपरिक ज्ञान और रहस्यमयी विधा का हिस्सा माना जाता है, जबकि आधुनिक विज्ञान इसे केवल मनोवैज्ञानिक प्रभाव करार देता है।

सवाल यह उठता है कि क्या यह सच में कार्य करता है, या यह केवल व्यक्ति की मानसिकता और भय का परिणाम है?

निष्कर्ष: जादू-टोना एक ऐसा विश्वास है जिसमें लोग मानते हैं कि कुछ विशेष क्रियाओं, मंत्रों या टोटकों के जरिए दूसरों के जीवन पर प्रभाव डाला जा सकता है। हालांकि इसका वैज्ञानिक आधार बहुत कमजोर है। अधिकतर मामलों में जादू-टोना का डर केवल मनोवैज्ञानिक प्रभाव होता है। जब व्यक्ति को विश्वास हो जाता है कि उस पर कुछ नकारात्मक शक्ति का प्रभाव डाला गया है, तो वह डर, तनाव और भ्रम का शिकार हो सकता है।

जादू-टोना के नाम पर कई बार ठगी और धोखाधड़ी भी होती है। ऐसे में जरूरी है कि व्यक्ति वैज्ञानिक दृष्टिकोण अपनाए, खुद को मानसिक रूप से मजबूत बनाए और भ्रम से बचे। आत्मविश्वास, सकारात्मक सोच और सही ज्ञान से किसी भी प्रकार के अंधविश्वास पर विजय पाई जा सकती है। आध्यात्मिक और वैज्ञानिक दृष्टि से इसका विश्लेषण करके इसे समझना आवश्यक है।

सोचने योग्य प्रश्न: क्या सरकारों और वैज्ञानिक संस्थानों को जादू-टोने की वास्तविकता की गहराई से जाँच करनी चाहिए?

अध्याय 4

भूत-प्रेत

(GHOSTS AND SPIRITS)

भूत-प्रेत की अवधारणा (Concept of Ghosts and Spirits)

भूत-प्रेत की अवधारणा का संबंध उन आत्माओं से है, जो मृत्यु के बाद भी किसी कारणवश इस दुनिया में भटकती रहती हैं। ऐसा माना जाता है कि अधूरी इच्छाएं, अचानक हुई मौत या उचित अंतिम संस्कार न होने के कारण आत्माएं शांति नहीं पा पातीं और भूत-प्रेत बन जाती हैं। कई लोग मानते हैं कि ये आत्माएं सुनसान स्थानों या शमशान के पास दिखाई देती हैं।

हालांकि, विज्ञान का मत है कि ऐसी घटनाएं आमतौर पर डर, मानसिक भ्रम या वातावरण में मौजूद नकारात्मक ऊर्जा का परिणाम होती हैं। भूत-प्रेत से बचाव के लिए सकारात्मक सोच और धार्मिक उपाय कारगर माने जाते हैं।

भूतों के प्रकार: (Types of Ghosts and Spirits)

भूतों के प्रकार अलग-अलग मान्यताओं और विश्वासों के आधार पर विभाजित किए गए हैं। भारतीय संस्कृति में भूतों के कई प्रकार बताए गए हैं, जिनमें से प्रमुख हैं:

1. **पिशाच "Pishach" (Vampires):** पिशाच को भूत-प्रेतों में सबसे खतरनाक माना जाता है। ऐसा कहा जाता है कि ये नकारात्मक ऊर्जा से भरी आत्माएं होती हैं, जो खासतौर पर रात के समय सक्रिय होती हैं।

मान्यता है कि पिशाच का संबंध उन लोगों से होता है, जो जीवन में बुरे कर्मों में लिप्त रहे हों या जिनकी मृत्यु पीड़ा व क्रोध के कारण हुई हो। इन्हें अक्सर शमशान, जंगल या सुनसान स्थानों में भटकते हुए बताया जाता है। पिशाच को रक्त और मांस खाने वाली आत्मा भी माना जाता है। इनसे बचाव के लिए हनुमान चालीसा, मंत्र-जाप और सकारात्मक ऊर्जा का सहारा लिया जाता है।

2.   **चुड़ैल "Chudail" – (The Mysterious Female Spirit in Folklore):** चुड़ैल के बारे में मान्यता है कि ये ऐसी स्त्री की आत्मा होती है, जिसकी मृत्यु अत्यधिक पीड़ा, अन्याय या क्रोध के कारण हुई हो। ऐसा माना जाता है कि चुड़ैल अक्सर रात के समय सक्रिय होती है और सुनसान स्थानों, जंगलों या वीरान घरों में दिखाई देती है। कई कथाओं में चुड़ैल को सुंदर स्त्री के रूप में वर्णित किया गया है, जो लोगों को भ्रमित कर उनका नुकसान कर सकती है। चुड़ैल के पैरों के उलटे होने की मान्यता भी प्रचलित है। डर से बचने के लिए सकारात्मक सोच, पूजा-पाठ और मंत्र-जाप को कारगर माना जाता है।

3.   **प्रेत "Pret" – (The Restless Spirits in Mythology and Belief):** प्रेत ऐसी आत्मा को कहा जाता है, जिसे मृत्यु के बाद शांति नहीं मिलती और वह धरती पर भटकती रहती है। मान्यता है कि जिनकी मृत्यु अचानक हो जाती है, जिन्हें सही तरह से अंतिम संस्कार नहीं मिलता या जिनकी कोई महत्वपूर्ण इच्छा अधूरी रह जाती है, वे प्रेत बन सकते हैं।

प्रेत आमतौर पर कमजोर मन वाले लोगों को अधिक परेशान करते हैं और उन्हें डर, भ्रम या मानसिक तनाव का शिकार बना सकते हैं। हालांकि, कई बार प्रेत केवल अपनी मौजूदगी का संकेत देते हैं और किसी को नुकसान नहीं पहुंचाते। प्रेत से बचाव के लिए हवन, पूजा-पाठ और सकारात्मक ऊर्जा को प्रभावी उपाय माना जाता है।

4.   **ब्रह्मराक्षस "Brahmarakshas" – (The Cursed Scholar Spirit):** ब्रह्मराक्षस को एक शक्तिशाली और खतरनाक आत्मा माना जाता है, जो अपने जीवनकाल में बहुत बड़ा विद्वान या पंडित रहा होता है। ऐसा विश्वास है कि यदि कोई ज्ञानी व्यक्ति अहंकार, स्वार्थ या गलत कार्यों में लिप्त रहता है और उसकी मृत्यु के बाद उचित संस्कार नहीं होता, तो वह ब्रह्मराक्षस बन सकता है।

ब्रह्मराक्षस को मंत्र-तंत्र और शास्त्रों का गहरा ज्ञान होता है, इसलिए इसे साधारण भूत-प्रेत से अधिक शक्तिशाली माना जाता है। मान्यता है कि ये आमतौर पर मंदिरों, पुराने

वृक्षों या सुनसान स्थानों पर रहते हैं। इनसे बचाव के लिए विशेष पूजा-पाठ और मंत्रों का सहारा लिया जाता है।

5. **यक्ष "Yaksha" - (Celestial Being)** को पौराणिक कथाओं में एक रक्षक आत्मा के रूप में वर्णित किया गया है। ये देवी-देवताओं के सेवक माने जाते हैं और विशेष रूप से खजाने, मंदिरों या पवित्र स्थलों की रक्षा करने के लिए प्रसिद्ध हैं। यक्ष को नकारात्मक आत्मा नहीं माना जाता, बल्कि ये न्यायप्रिय और सत्य के रक्षक माने जाते हैं।

मान्यता है कि जो व्यक्ति लालच या चोरी के इरादे से इनके संरक्षित खजाने के पास जाता है, उसे ये दंडित कर सकते हैं। यक्ष साधारणतः शांत रहते हैं, लेकिन उन्हें क्रोधित करने पर वे भयानक रूप धारण कर सकते हैं। इनसे बचाव के लिए अच्छे कर्म और सत्य का पालन करना महत्वपूर्ण माना जाता है।

6. **डाकिनी और शाकिनी "Dakini and Shakini" -(Supernatural Female Entity)** डाकिनी और शाकिनी को तांत्रिक विद्या में शक्तिशाली और रहस्यमयी आत्माएं माना जाता है। मान्यता है कि ये ऐसी नकारात्मक शक्तियां होती हैं, जो तांत्रिकों के नियंत्रण में रहकर कार्य करती हैं। कहा जाता है कि ये आत्माएं विशेष रूप से रात के समय सक्रिय होती हैं और उन्हें भटकती आत्माओं या ऊर्जा का रूप माना जाता है।

डाकिनी और शाकिनी आमतौर पर कमजोर मनोबल वाले लोगों को भ्रमित कर भय पैदा करती हैं। तांत्रिक साधनाओं में इनका उपयोग किसी पर प्रभाव डालने, डराने या हानि पहुंचाने के लिए किया जाता है। इनसे बचाव के लिए मंत्र-जाप, पूजा-पाठ और सकारात्मक ऊर्जा को प्रभावी माना जाता है।

7. **बेताल "Vetal" - (Demon-like Spirit):** बेताल को एक रहस्यमयी और शक्तिशाली आत्मा माना जाता है, जो अक्सर मृत शरीर पर वास करती है और उसे अपने नियंत्रण में लेकर घूमती है। भारतीय पौराणिक कथाओं में *बेताल पचीसी* में बेताल का उल्लेख प्रसिद्ध है, जिसमें इसे राजा विक्रमादित्य को अपनी चतुराई और पहेलियों में उलझाते हुए दिखाया गया है। बेताल को अत्यधिक चालाक और तेज दिमाग वाला माना जाता है। कहा जाता है कि ये आत्माएं अक्सर शमशान, जंगल या सुनसान स्थानों में निवास करती हैं। बेताल से बचाव के लिए विशेष मंत्र-जाप, हवन और धार्मिक अनुष्ठान को प्रभावी उपाय माना जाता है।

8. **कपाली "Kapali" - (Skull-Bearer):** कपाली को एक विशेष प्रकार की आत्मा माना जाता है, जो आमतौर पर शमशान घाटों या तांत्रिक साधना स्थलों के आसपास भटकती

है। मान्यता है कि कपाली वे आत्माएं होती हैं, जो मृत्यु के बाद असामान्य परिस्थितियों में बंध जाती हैं या जिनका अंतिम संस्कार अधूरा रह जाता है। इन्हें तांत्रिक क्रियाओं में बाधा पहुंचाने वाली नकारात्मक शक्तियों के रूप में भी देखा जाता है। कहा जाता है कि कपाली शक्तिशाली होती हैं और डर का माहौल पैदा कर सकती हैं। इनसे बचाव के लिए मंत्र-जाप, हवन और विशेष पूजा-पाठ को प्रभावी माना जाता है।

9. **देवयानी आत्माएं "Devayani spirits" - (Angelic Entities):** देवयानी आत्माएं उन सकारात्मक और शुभ आत्माओं को कहा जाता है, जो दिव्य शक्तियों से संपन्न होती हैं और लोगों की सहायता के लिए जानी जाती हैं। माना जाता है कि ये आत्माएं विशेष रूप से धर्म, सत्य और भलाई के मार्ग पर चलने वालों की रक्षा करती हैं।

देवयानी आत्माएं किसी व्यक्ति के जीवन में संकट के समय मार्गदर्शन देने, शुभ संकेत प्रकट करने या खतरों से आगाह करने के रूप में सामने आती हैं। इन्हें शांत और करुणामयी प्रकृति का माना जाता है। इनका आशीर्वाद प्राप्त करने के लिए सत्य, दया और पूजा-पाठ को महत्वपूर्ण माना जाता है।

10. **भूतनी "Bhutni" – (Female ghost):** भूतनी एक रहस्यमय प्राणी मानी जाती है, जिसे आमतौर पर भूत-प्रेत की दुनिया से जोड़ा जाता है। इसे महिला आत्मा के रूप में देखा जाता है, जो अधूरी इच्छाओं, दुखद घटनाओं या अचानक हुई मृत्यु के कारण धरती पर भटकती है।

लोककथाओं में भूतनी का वर्णन सफेद साड़ी पहने महिला के रूप में किया जाता है, जो सुनसान रास्तों, पेड़ों या वीरान घरों में देखी जाती है। भूतनी की कहानियां अक्सर डरावनी होती हैं, लेकिन कई बार इन्हें अधूरी प्रेम कहानियों या दुख भरी घटनाओं से भी जोड़ा जाता है। इन कहानियों का उद्देश्य अक्सर लोगों को सतर्क रहने की सीख देना होता है।

11. **शंखचूड़ "Shankhchooda" - (Conch-Crested Demon):** शंखचूड़ आत्माओं के बारे में लोककथाओं में कहा जाता है कि ये विशेष रूप से समुद्र तट के पास पाई जाती हैं। मान्यता है कि ये आत्माएं किसी अधूरी इच्छा, दुर्घटना या दुखद घटना के कारण भटकती हैं।

कुछ कथाओं के अनुसार, शंखचूड़ आत्माएं समुद्र के किनारे आने वाले लोगों को भ्रमित कर सकती हैं या उन्हें अपनी ओर आकर्षित करती हैं। इनके बारे में कहा जाता है कि ये अपनी पहचान छिपाकर साधारण इंसान जैसा रूप भी धारण कर सकती हैं।

हालांकि ये कथाएं प्राचीन मान्यताओं पर आधारित हैं, लेकिन इनका मुख्य उद्देश्य लोगों को सतर्क और सावधान रहने की सीख देना है।

12. चेटकिन "Chetkin" - (Wandering Female Spirits): चेटकिन आत्माओं के बारे में लोककथाओं में कहा जाता है कि ये विशेष रूप से गांवों या सुनसान इलाकों में भटकती हैं।

चेटकिन आत्माएं वे स्त्रियां होती हैं जिनकी मृत्यु अत्यधिक दुख, अन्याय या अपूर्ण इच्छाओं के कारण हुई होती है। ये आत्माएं अक्सर सफेद या धुंधली छाया के रूप में दिखाई देती हैं और कभी-कभी अपनी उपस्थिति का आभास आवाज़ों या अजीब घटनाओं के रूप में कराती हैं।

कई कहानियों में इन्हें मार्ग भटकाने वाली या डर पैदा करने वाली आत्मा के रूप में दर्शाया गया है। हालांकि ये कथाएं काल्पनिक मानी जाती हैं, लेकिन इनका उद्देश्य लोगों को सचेत करना होता है।

13. कुलदेव आत्माएं "Kuldevta" - (Ancestral Spirits): कुलदेव आत्माएं उन पूर्वजों या दिव्य आत्माओं को कहा जाता है जिन्हें परिवार या वंश का रक्षक माना जाता है। ऐसी मान्यता है कि कुलदेव आत्माएं अपने वंशजों की रक्षा करती हैं और उन्हें सुख-समृद्धि का आशीर्वाद देती हैं। लोग अपने कुलदेवता या कुलदेवी की विशेष पूजा-अर्चना करते हैं, खासकर शुभ अवसरों, विवाह या संकट के समय।

कुलदेव आत्माओं को प्रसन्न करने के लिए विशेष अनुष्ठान, भोग और प्रार्थनाएं की जाती हैं। यह विश्वास किया जाता है कि यदि कुलदेवता नाराज हो जाएं तो परिवार को परेशानियों का सामना करना पड़ सकता है। कुलदेव पूजा का मुख्य उद्देश्य परिवार की रक्षा और खुशहाली बनाए रखना होता है।

15. जल आत्माएं - (Water Spirits): जल आत्माएं वे रहस्यमय प्राणियां मानी जाती हैं, जो पानी के स्रोतों जैसे नदियों, तालाबों, झीलों और समुद्र में निवास करती हैं। लोककथाओं और पौराणिक कहानियों में जल आत्माओं को कई रूपों में दर्शाया गया है — कभी सुंदर और आकर्षक, तो कभी डरावनी और भयानक।

ऐसी मान्यता है कि ये आत्माएं अपने क्षेत्र की रक्षा करती हैं और कई बार यात्रियों या नाविकों को भ्रमित कर सकती हैं। कुछ कथाओं में जल आत्माएं क्रोधित होने पर बाढ़ या तूफान जैसी आपदाएं लाने वाली भी मानी जाती हैं। इन कहानियों का उद्देश्य अक्सर लोगों को जल स्रोतों के प्रति सम्मान और सतर्कता बरतने की सीख देना होता है।

16. **निशाचर "Nishachar" – (Night Creature):** निशाचर का अर्थ होता है "रात में चलने वाला"। हिंदू पौराणिक कथाओं और लोककथाओं में निशाचर का उल्लेख अक्सर ऐसे प्राणियों के रूप में किया जाता है जो रात के अंधकार में सक्रिय होते हैं। इन्हें आमतौर पर असुर, राक्षस या नकारात्मक शक्तियों से जोड़ा जाता है, जो रात के समय अपनी शक्तियों का प्रयोग करते हैं।

निशाचर प्राणी अक्सर सुनसान स्थानों, जंगलों या शमशान घाटों में देखे जाने की कथाएं प्रचलित हैं। माना जाता है कि ये प्राणी अंधकार में ऊर्जा प्राप्त करते हैं और रात के समय ही अपनी योजनाएं बनाते हैं।

इन कथाओं का उद्देश्य लोगों को रात में सतर्क रहने की सीख देना होता है।ये आत्माएं रात के समय सक्रिय होती हैं और प्रायः कमजोर मनोबल वाले व्यक्तियों को अपना शिकार बनाती हैं।

17. **शमशान भूत - (Cremation Ground Spirits):** शमशान भूत को ऐसी आत्मा माना जाता है जो अपनी मृत्यु के बाद शमशान घाटों या कब्रिस्तानों में भटकती है। लोककथाओं में कहा जाता है कि ये आत्माएं अकाल मृत्यु, अधूरी इच्छाओं या आत्मिक अशांति के कारण भटकती रहती हैं।

इन्हें अक्सर डरावने रूप में दर्शाया जाता है, जैसे सफेद कपड़ों में लिपटी परछाइयां या अधजली आकृतियां। कुछ मान्यताओं के अनुसार, ये आत्माएं राहगीरों को डराने या भ्रमित करने की कोशिश करती हैं।

हालांकि, कई लोग मानते हैं कि इन आत्माओं को शांति दिलाने के लिए विशेष पूजा-पाठ या अनुष्ठान किए जा सकते हैं। इन कथाओं का उद्देश्य डर से बचाव और सतर्कता सिखाना होता है।

18. **ग्रहण भूत (Eclipse Spirits):** ग्रहण भूत के बारे में मान्यता है कि ये विशेष रूप से सूर्य ग्रहण या चंद्र ग्रहण के समय सक्रिय होते हैं। लोककथाओं में इन्हें नकारात्मक ऊर्जा से भरपूर आत्माएं माना जाता है, जो ग्रहण के प्रभाव में अपनी शक्ति बढ़ा लेती हैं। कहा जाता है कि ग्रहण भूत कमजोर मानसिक स्थिति वाले लोगों को अधिक प्रभावित करते हैं और उनके विचारों पर नकारात्मक प्रभाव डाल सकते हैं।

पुरानी मान्यताओं के अनुसार, ग्रहण के दौरान मंत्र जाप, हवन और पूजा-पाठ से इन नकारात्मक शक्तियों से बचा जा सकता है। ऐसी कथाएं अक्सर डर से बचाव और सतर्क रहने का संदेश देती हैं।

19. **व्याल "Vyal" – (Demonic Entity):** व्याल आत्माएं के बारे में लोककथाओं में कहा जाता है कि ये अत्यधिक शक्तिशाली और रहस्यमय आत्माएं होती हैं, जो अक्सर भयावह रूप धारण करती हैं।

इन्हें आधा पशु और आधा मानव जैसी आकृति में वर्णित किया जाता है, जिनके शरीर पर सिंह, हाथी या नाग जैसे अंग हो सकते हैं। मान्यताओं के अनुसार, व्याल आत्माएं अपने क्षेत्र की रक्षा करती हैं और कई बार अपने क्रोध के कारण विनाशकारी भी बन जाती हैं।

इन्हें प्राचीन मंदिरों और किलों में प्रहरी आत्मा के रूप में भी दर्शाया गया है, जो बुरी शक्तियों को दूर रखती हैं। व्याल आत्माओं की कहानियां अक्सर सतर्कता और साहस का संदेश देती हैं।

20. **रक्तपिशाच "Raktpishach" - (Vampiric Fiend):** रक्तपिशाच आत्माओं को लोककथाओं में अत्यधिक भयावह और नकारात्मक ऊर्जा से भरी हुई आत्माएं माना जाता है।

कहा जाता है कि ये आत्माएं विशेष रूप से रक्त के प्रति आकर्षित होती हैं और अपनी शक्ति बढ़ाने के लिए जीवित प्राणियों के रक्त का सेवन करती हैं। मान्यताओं के अनुसार, रक्तपिशाच अक्सर सुनसान स्थानों, शमशान घाटों या घने जंगलों में निवास करते हैं।

इन्हें रूप बदलने और लोगों को भ्रमित करने की शक्ति प्राप्त होती है। रक्तपिशाच आत्माओं से बचाव के लिए विशेष मंत्र, यंत्र और पूजा-पाठ का सहारा लिया जाता है। इन कथाओं का उद्देश्य लोगों को सतर्क रहने और आत्मरक्षा के उपाय अपनाने की सीख देना होता है।

ऐसा विश्वास है कि ये आत्माएं विशेष रूप से रक्त से जुड़ी तांत्रिक साधनाओं के प्रभाव में कार्य करती हैं।

कुछ लोगों को भूत-प्रेत ज्यादा क्यों दिखाई देते हैं?

कुछ लोगों को भूत-प्रेत ज्यादा दिखाई देने के पीछे कई कारण हो सकते हैं, जो वैज्ञानिक, मनोवैज्ञानिक और आध्यात्मिक दृष्टिकोण से समझे जा सकते हैं।

सबसे पहले, वैज्ञानिक दृष्टि से देखें तो यह संभव है कि ऐसे लोगों की कल्पनाशक्ति अधिक तीव्र होती है, और उनका मस्तिष्क छोटी-छोटी चीजों को भी गहराई से महसूस करता है, जिससे वे अक्सर किसी छायाचित्र, अंधेरे में हिलते परछाई, हवा के झोंके या किसी अनजाने शोर को भूत-प्रेत से जोड़ लेते हैं। कई बार नींद में चलने या नींद संबंधी विकारों के कारण भी लोगों को ऐसा आभास होता है कि वे किसी अदृश्य शक्ति को देख रहे हैं।

वहीं, अगर हम मनोवैज्ञानिक कारणों को देखें तो यह पाया गया है कि जो लोग अति संवेदनशील होते हैं, जिनका दिमाग डर, अवसाद या गहरे तनाव से गुजर रहा होता है, वे ऐसी चीजों को ज्यादा महसूस करते हैं। खासकर अगर कोई व्यक्ति पहले से ही भूत-प्रेत की कहानियाँ सुन चुका हो या उसने इस विषय में कोई डरावनी फिल्म देखी हो, तो उसका दिमाग इस डर को सच मानने लगता है और वह अपने आसपास कुछ असामान्य महसूस करने लगता है। कुछ मामलों में, बचपन में मिले डरावने अनुभव भी इस प्रवृत्ति को बढ़ा सकते हैं।

आध्यात्मिक दृष्टि से देखें तो कुछ लोग मानते हैं कि जिनकी छठी इंद्रिय अधिक विकसित होती है, वे ऊर्जाओं को दूसरों की तुलना में ज्यादा महसूस कर सकते हैं। कुछ ज्योतिषीय मतों के अनुसार, ग्रहों की दशा, विशेष रूप से राहु और केतु का प्रभाव, व्यक्ति को अति संवेदनशील बना सकता है, जिससे वह सूक्ष्म ऊर्जाओं को देखने और महसूस करने लगता है।

कई साधु-संतों और तांत्रिकों का मानना है कि कुछ स्थानों पर वास्तव में ऐसी ऊर्जिएं होती हैं, जिन्हें आम लोग नहीं देख पाते, लेकिन जिनकी मानसिक तरंगें संवेदनशील होती हैं, वे इन ऊर्जाओं से जल्दी प्रभावित होते हैं। कुछ लोग इस स्थिति को "नेगेटिव एनर्जी" या "बाधा" भी कहते हैं।

पारिवारिक मान्यताएँ और परंपराएँ भी इसमें भूमिका निभाती हैं। अगर कोई व्यक्ति ऐसे माहौल में बड़ा हुआ है, जहाँ भूत-प्रेतों की कहानियाँ और तंत्र-मंत्र से जुड़े किस्से बार-बार सुने गए हैं, तो उसके अवचेतन मन में यह धारणा बन जाती है कि भूत-प्रेत वास्तव में होते हैं, और वह अपने आसपास उनके होने का आभास करने लगता है। इसके अलावा, रात के समय, खासकर अमावस्या या एकांत में, जब दिमाग शांत होता है, तो कल्पना शक्ति अधिक सक्रिय हो जाती है, जिससे कई बार लोग किसी अदृश्य शक्ति के होने का अनुभव कर सकते हैं।

कुछ मामलों में यह भी देखा गया है कि अगर किसी स्थान पर पहले से ही नकारात्मक घटनाएँ हुई हैं, जैसे कि किसी की अकाल मृत्यु, आत्महत्या या हत्या, तो वहाँ का वातावरण नकारात्मक हो सकता है, जिससे संवेदनशील लोग ज्यादा प्रभावित होते हैं।

हालाँकि, यह अब भी एक रहस्यमयी विषय है और इसे पूरी तरह से सिद्ध नहीं किया जा सका है। कुल मिलाकर, यह कहना मुश्किल है कि कुछ लोगों को भूत-प्रेत ज्यादा क्यों दिखाई देते हैं, लेकिन इसमें मनोवैज्ञानिक, वैज्ञानिक और आध्यात्मिक कारणों का योगदान हो सकता है।

वैज्ञानिक और आध्यात्मिक दृष्टिकोण

भूत-प्रेत: एक वैज्ञानिक दृष्टिकोण: भूत-प्रेत का विषय सदियों से रहस्य और डर का प्रतीक रहा है। हालांकि, वैज्ञानिक दृष्टिकोण से इसका विश्लेषण करने पर कई दिलचस्प पहलू सामने आते

हैं। विज्ञान के अनुसार, भूत-प्रेत से जुड़ी घटनाएं अक्सर मानसिक भ्रम, पर्यावरणीय प्रभाव या मनोवैज्ञानिक कारकों का परिणाम होती हैं।

उदाहरण के लिए, कम रोशनी, विशेष ध्वनि तरंगें, और कार्बन मोनोऑक्साइड जैसी गैसें मस्तिष्क पर प्रभाव डाल सकती हैं, जिससे डरावने अनुभव या भूत जैसी आकृतियां दिखाई दे सकती हैं। इसके अलावा, नींद के दौरान *स्लीप पैरालिसिस* की स्थिति में व्यक्ति को ऐसा प्रतीत हो सकता है कि उसके आसपास कोई अदृश्य शक्ति मौजूद है।

विज्ञान यह भी बताता है कि मस्तिष्क कभी-कभी भ्रम पैदा कर सकता है, विशेष रूप से तब जब व्यक्ति तनाव, भय या अवसाद से गुजर रहा हो। अतः भूत-प्रेत की घटनाओं का वैज्ञानिक विश्लेषण अक्सर इन मनोवैज्ञानिक और भौतिक तत्वों को उजागर करता है।

इसलिए, भूत-प्रेत के अनुभवों को अंधविश्वास मानकर नजरअंदाज करने के बजाय, उनका गहन वैज्ञानिक विश्लेषण करना आवश्यक है ताकि हम सत्य को समझ सकें और भय के स्थान पर ज्ञान को अपनाएं।

भूत-प्रेत: आध्यात्मिक दृष्टिकोण: आध्यात्मिक दृष्टिकोण से भूत-प्रेत को असामान्य ऊर्जा, अधूरी इच्छाओं या नकारात्मक आत्माओं के रूप में देखा जाता है। कई धर्मों और मान्यताओं में यह विश्वास किया जाता है कि मृत्यु के बाद आत्मा अपने कर्मों के अनुसार आगे की यात्रा करती है। हालांकि, कुछ आत्माएं किसी विशेष कारणवश भौतिक संसार में भटक सकती हैं। इसे ही भूत-प्रेत या अशांत आत्मा के रूप में जाना जाता है।

आध्यात्मिक मत के अनुसार, जब कोई व्यक्ति आकस्मिक मृत्यु, असामयिक मृत्यु या गहरे दुख के कारण प्राण त्यागता है, तो उसकी आत्मा कभी-कभी इस संसार में अपनी अधूरी इच्छाओं के कारण भटकती रहती है। ऐसा माना जाता है कि ये आत्माएं विशेष स्थानों, वस्तुओं या व्यक्तियों के प्रति आकर्षित हो सकती हैं।

आध्यात्मिक साधक ध्यान, मंत्रजाप, यज्ञ और सकारात्मक ऊर्जा के माध्यम से ऐसी आत्माओं को शांति देने का प्रयास करते हैं। इस दृष्टिकोण में प्रेम, करुणा और संतुलित जीवन को आत्मा की शांति का प्रमुख उपाय बताया गया है।

भूत-प्रेत से जुड़ी घटनाओं को आध्यात्मिक रूप से समझने के लिए व्यक्ति को भय के स्थान पर सहानुभूति और ज्ञान के मार्ग पर चलना चाहिए, ताकि सत्य का बोध हो सके और मन में शांति बनी रहे।

वैज्ञानिक और आध्यात्मिक दृष्टिकोण में सामंजस्य

भूत-प्रेत जैसी रहस्यमयी घटनाओं को लेकर वैज्ञानिक और आध्यात्मिक दृष्टिकोण में लंबे समय से भिन्न मत रहे हैं। हालांकि, गहराई से विश्लेषण करने पर इन दोनों दृष्टिकोणों में सामंजस्य स्थापित किया जा सकता है।

विज्ञान इस प्रकार की घटनाओं को मनोवैज्ञानिक प्रभाव, मस्तिष्कीय भ्रम, इन्फ्रासाउंड वेव्स या ऊर्जा तरंगों के असंतुलन के रूप में देखता है। वहीं, आध्यात्मिक दृष्टिकोण इन्हें अधूरी इच्छाओं, नकारात्मक ऊर्जा या अस्थिर आत्माओं के रूप में व्याख्यायित करता है।

इन दोनों दृष्टिकोणों में सामंजस्य तब संभव होता है जब हम ऊर्जा के सिद्धांत को अपनाते हैं। विज्ञान यह मानता है कि ऊर्जा नष्ट नहीं होती, केवल रूप बदलती है। आध्यात्मिक मान्यताओं में भी आत्मा को एक प्रकार की चेतनात्मक ऊर्जा माना गया है, जो मृत्यु के बाद भी अस्तित्व में रहती है। आधुनिक वैज्ञानिक शोध बताते हैं कि अत्यधिक नकारात्मक भावनाएं और मानसिक तनाव मस्तिष्क में ऐसी तरंगें उत्पन्न कर सकते हैं, जो व्यक्ति को भूत-प्रेत जैसी अनुभूतियों का अहसास कराती हैं। वहीं, ध्यान, प्रार्थना और सकारात्मक ऊर्जा से इन प्रभावों को दूर किया जा सकता है, जिसे आध्यात्मिक साधनाओं में महत्वपूर्ण माना गया है।

इस प्रकार, वैज्ञानिक विश्लेषण और आध्यात्मिक साधना दोनों मिलकर भय के स्थान पर जागरूकता, शांति और मानसिक संतुलन स्थापित करने में सहायक सिद्ध हो सकते हैं।

रहस्यमयी घटनाएँ - (Mysterious Events)

दुनिया भर में कई ऐसी घटनाएँ सामने आई हैं, जहाँ लोगों ने दावा किया कि उन्होंने असली आत्माओं को देखा और महसूस किया। ये घटनाएँ केवल किस्से-कहानियों तक सीमित नहीं हैं, बल्कि कई लोगों ने इन्हें अपनी आँखों से देखने की बात कही है। नीचे कुछ रहस्यमयी घटनाएँ दी गई हैं, जहाँ आत्माओं के अस्तित्व का अनुभव किया गया।

दिल्ली के संजय वन में सफेद साया: दिल्ली का संजय वन, जो करीब 780 एकड़ में फैला हुआ एक घना जंगल है, रहस्यमयी घटनाओं और भूतिया कहानियों के लिए कुख्यात है। कई लोगों ने यहाँ रात के समय एक सफेद साड़ी पहने महिला को भटकते हुए देखने का दावा किया है, जिसे कुछ ही पलों में गायब होते हुए भी देखा गया है। स्थानीय लोगो के अनुसार, इस जंगल में रात को अचानक ठंडी हवा का झोंका महसूस होता है, फुसफुसाने जैसी आवाजें सुनाई देती हैं, और कई

बार ऐसा लगता है कि कोई छुपकर देख रहा है। कुछ का मानना है कि यह आत्माएँ उन लोगों की हो सकती हैं, जो इस इलाके में मारे गए या जिनका अंतिम संस्कार ठीक से नहीं हुआ।

वैज्ञानिक दृष्टि से इसे सिर्फ मानसिक भ्रम कहा जाता है, लेकिन फिर भी इस जगह की डरावनी कहानियाँ इसे दिल्ली की सबसे भूतिया जगहों में से एक बनाती हैं।

भानगढ़ का श्रापित किला: राजस्थान के अलवर जिले में स्थित भानगढ़ किला भारत का सबसे प्रेतबाधित स्थान माना जाता है, जिसकी कहानियाँ रहस्य और डर से भरी हुई हैं।

कहा जाता है कि यह किला एक तांत्रिक के श्राप के कारण वीरान हो गया, जिसने भानगढ़ की राजकुमारी को पाने के लिए काला जादू किया था, लेकिन असफल होने पर मरते-मरते यह श्राप दिया कि पूरा नगर नष्ट हो जाएगा और कोई यहाँ बस नहीं पाएगा।

तब से, यह किला खंडहर बन गया, और सूर्यास्त के बाद यहाँ प्रवेश वर्जित कर दिया गया है। स्थानीय लोगों और पर्यटकों ने यहाँ अजीब घटनाएँ महसूस की हैं, जैसे रहस्यमयी परछाइयाँ, अजीब आवाजें, और अचानक ठंडक का अहसास। भारतीय पुरातत्व विभाग ने भी चेतावनी दी है कि कोई भी सूर्यास्त के बाद यहाँ न रुके।

भले ही वैज्ञानिक इसे मात्र अंधविश्वास मानते हों, लेकिन भानगढ़ की डरावनी कहानियाँ आज भी रोमांच पैदा करती हैं।

कुलधरा गाँव – रहस्यमयी आत्माएँ: कुलधरा गाँव, जो राजस्थान के जैसलमेर के पास स्थित है, भारत के सबसे रहस्यमयी और प्रेतबाधित स्थानों में से एक माना जाता है। कहा जाता है कि यह गाँव कभी पालीवाल ब्राह्मणों का समृद्ध निवास स्थान था, लेकिन 18वीं शताब्दी में यहाँ के लोग अचानक गाँव छोड़कर चले गए और जाते-जाते इसे श्रापित कर गए कि यहाँ कोई बस नहीं पाएगा। तब से यह गाँव वीरान पड़ा है, और जो भी इसे बसाने की कोशिश करता है, उसे अजीब घटनाओं का सामना करना पड़ता है।

कई पर्यटकों और स्थानीय लोगों ने रात के समय यहाँ रहस्यमयी परछाइयाँ देखने, फुसफुसाहटें सुनने और अचानक ठंडक महसूस करने की घटनाएँ बताई हैं। भारतीय पुरातत्व सर्वेक्षण विभाग ने इसे संरक्षित स्थल घोषित किया है, लेकिन इसकी रहस्यमयी कहानियाँ आज भी लोगों को रोमांचित करती हैं, और इसे भूतिया गाँव के रूप में जाना जाता है।

मुंबई का ग्रैंड पराड़ी टावर्स: ग्रैंड पराड़ी टावर्स, मुंबई के मालाबार हिल इलाके में स्थित एक हाई-प्रोफाइल रेजिडेंशियल बिल्डिंग है, जिसे शहर की सबसे प्रेतबाधित जगहों में से एक माना जाता है।

1950 के दशक में बनी इस इमारत में आत्महत्याओं की रहस्यमयी श्रृंखला देखी गई, जिससे इसका खौफ बढ़ता गया। सबसे चर्चित मामला 1990 के दशक में सामने आया, जब एक ही परिवार के कई सदस्यों ने रहस्यमयी परिस्थितियों में आत्महत्या कर ली। इसके बाद से, यहाँ रहने वाले कई लोगों ने अजीब घटनाओं की शिकायत की, जैसे रहस्यमयी परछाइयाँ, रात में किसी के चलने की आवाजें और एक अज्ञात ठंडा अहसास। कुछ लोगों का मानना है कि इस इमारत में आत्माएँ भटक रही हैं, जबकि वैज्ञानिक इसे केवल मनोवैज्ञानिक प्रभाव बताते हैं। बावजूद इसके, इस जगह की डरावनी कहानियाँ आज भी लोगों में सनसनी पैदा करती हैं और कई लोग रात में यहाँ जाने से कतराते हैं।

भारत के तांत्रिक घाट – वाराणसी का मणिकर्णिका घाट, मणिकर्णिका घाट पर कई साधुओं और तांत्रिकों ने ऐसी घटनाएँ महसूस की हैं, जहाँ उन्हें आत्माओं की उपस्थिति का आभास हुआ। कहा जाता है कि यहाँ जो भी मरता है, उसकी आत्मा कुछ समय तक घाट के आसपास ही रहती है। कुछ लोगों ने यहाँ जलती चिताओं के पास अजीब आकृतियाँ देखने की बात कही है।

ये घटनाएँ आज भी रहस्य बनी हुई हैं और यह सवाल खड़ा करती हैं कि क्या आत्माएँ वास्तव में होती हैं या यह केवल इंसानी कल्पना का खेल है? हालाँकि, इन घटनाओं का कोई ठोस वैज्ञानिक प्रमाण नहीं है, लेकिन जो लोग इनसे गुजरे हैं, वे इसे झूठ नहीं मानते।

सारांश: भूत-प्रेत का अस्तित्व सदियों से एक रहस्यमय और विवादास्पद विषय रहा है। कुछ लोगों का मानना है कि आत्माएँ मृत्यु के बाद भी किसी न किसी रूप में मौजूद रहती हैं और कभी-कभी वे जीवित लोगों के साथ संवाद करती हैं या उन्हें प्रभावित करती हैं। वहीं, विज्ञान इस धारणा को महज़ मनोवैज्ञानिक प्रभाव, भ्रांतियाँ, या वातावरणीय कारणों से उत्पन्न होने वाली घटनाएँ मानता है।

दुनियाभर में हजारों लोगों ने भूत-प्रेत से जुड़े अनुभवों का दावा किया है, कई स्थानों को 'हॉन्टेड' घोषित किया गया है, और कुछ वैज्ञानिकों ने ऊर्जा तरंगों के सिद्धांत के माध्यम से इन घटनाओं की व्याख्या करने की कोशिश भी की है। फिर भी, आज तक ऐसा कोई ठोस वैज्ञानिक प्रमाण नहीं मिला जो यह साबित कर सके कि भूत-प्रेत वास्तव में अस्तित्व में हैं।

क्या ये सिर्फ डर और अंधविश्वास का परिणाम है, या फिर किसी अनदेखी शक्ति की सच्चाई? क्या भूत-प्रेत सिर्फ हमारे दिमाग की उपज हैं, या फिर वे वास्तव में किसी और दुनिया से हमारे साथ संपर्क करने की कोशिश कर रहे हैं? इस सवाल का उत्तर अभी भी अनसुलझा है, और इसी रहस्य ने भूत-प्रेत को दुनिया के सबसे रोचक और रोमांचक विषयों में से एक बना दिया है।

निष्कर्ष: भूत-प्रेत का रहस्य विज्ञान और आस्था के बीच झूलता हुआ एक ऐसा विषय है, जिसे अब तक कोई निश्चित उत्तर नहीं मिला है। लाखों लोग दुनिया भर में भूत-प्रेत की घटनाओं का अनुभव करने का दावा करते हैं, वहीं वैज्ञानिक इसे महज़ मनोवैज्ञानिक प्रभाव, नकारात्मक ऊर्जा, या वातावरणीय बदलावों से जोड़ते हैं।

भूत-प्रेत का रहस्य जितना गहरा है, उतना ही रोमांचक भी। क्या हम वास्तव में किसी अनदेखी शक्ति से घिरे हैं, या फिर यह सिर्फ मानव कल्पना का एक रूप है?

इसका जवाब समय और वैज्ञानिक शोध ही दे सकते हैं।

सोचने योग्य प्रश्न: क्यों अधिकांश भूत-प्रेत की कहानियाँ रात में ही घटित होती हैं?

अध्याय 5

सम्मोहन, मेस्मेरिज्म और ज्योतिष
(HYPNOSIS, MESMERISM AND ASTROLOGY)

मेस्मेरिज्म और सम्मोहन में अंतर –
(Difference Between Mesmerism and Hypnosis)

मेस्मेरिज्म और सम्मोहन दोनों ही मनोवैज्ञानिक प्रक्रियाएँ हैं, जो व्यक्ति की चेतना को प्रभावित करने के लिए उपयोग की जाती हैं। हालांकि, ये दोनों विधियाँ अलग-अलग सिद्धांतों पर आधारित हैं और उनके प्रभाव तथा प्रयोग में भी अंतर होता है।

मेस्मेरिज्म की शुरुआत 18वीं शताब्दी में फ्रांज एंटोन मेस्मर ने की थी। उनका मानना था कि एक विशेष प्रकार की अदृश्य ऊर्जा या चुंबकीय शक्ति प्रत्येक जीवित प्राणी में पाई जाती है, जिसे नियंत्रित करके व्यक्ति की मानसिक और शारीरिक अवस्था को बदला जा सकता है।

इस प्रक्रिया में व्यक्ति को स्पर्श, हाथों की गतियों और ऊर्जा के प्रवाह के माध्यम से प्रभावित किया जाता है। दूसरी ओर, सम्मोहन एक वैज्ञानिक रूप से प्रमाणित प्रक्रिया है, जिसमें व्यक्ति की चेतना को निर्देशों और ध्यान केंद्रित करने की तकनीकों द्वारा प्रभावित किया जाता है। इसमें व्यक्ति को गहरी तंद्रा की अवस्था में पहुँचाया जाता है, जिससे उसका अवचेतन मन निर्देशों को आसानी से स्वीकार कर लेता है।

मेस्मेरिज्म में बाहरी संवेदी संकेतों से अधिक ध्यान व्यक्ति की ऊर्जा प्रणाली पर दिया जाता है, जबकि सम्मोहन में मानसिक और भाषाई सुझावों के माध्यम से व्यक्ति के मनोवैज्ञानिक व्यवहार

को बदला जाता है। मेस्मेरिज्म में ऐसा माना जाता था कि व्यक्ति की बीमारियों को दूर करने और उसकी मानसिक शक्ति को बढ़ाने के लिए ऊर्जा हस्तांतरण किया जा सकता है।

हालाँकि, यह अवधारणा वैज्ञानिक रूप से प्रमाणित नहीं हो पाई और इसे कई वैज्ञानिकों ने मात्र एक भ्रमात्मक तकनीक माना। इसके विपरीत, सम्मोहन का उपयोग आधुनिक चिकित्सा और मनोचिकित्सा में व्यापक रूप से किया जाता है। सम्मोहन चिकित्सा का उपयोग मनोवैज्ञानिक विकारों, डर, चिंता, अवसाद, नकारात्मक आदतों और यहाँ तक कि दर्द प्रबंधन के लिए भी किया जाता है।

मेस्मेरिज्म को रहस्यमयी और जादुई शक्तियों से भी जोड़ा जाता था। पुराने समय में इसे एक प्रकार की चमत्कारी उपचार विधि माना जाता था, जिसमें माना जाता था कि व्यक्ति को बिना किसी दवा के मानसिक और शारीरिक रूप से ठीक किया जा सकता है। वहीं, सम्मोहन एक वैज्ञानिक पद्धति है, जिसे मनोवैज्ञानिक शोधों और चिकित्सा क्षेत्र में भी स्वीकार किया गया है। सम्मोहन प्रक्रिया के दौरान व्यक्ति पूरी तरह से नियंत्रित नहीं होता, बल्कि उसकी चेतना निर्देशों को ग्रहण करने के लिए अधिक संवेदनशील हो जाती है। इसके विपरीत, मेस्मेरिज्म को बिना किसी विशेष निर्देशों के व्यक्ति को गहरी तंद्रा में पहुँचाने की विधि माना जाता था।

आज के समय में, मेस्मेरिज्म को एक अप्रचलित तकनीक माना जाता है और इसका स्थान सम्मोहन ने ले लिया है। सम्मोहन चिकित्सा का उपयोग मनोचिकित्सकों, चिकित्सकों और शोधकर्ताओं द्वारा किया जाता है, जबकि मेस्मेरिज्म को केवल ऐतिहासिक संदर्भों में देखा जाता है।

दोनों ही विधियों का मूल उद्देश्य व्यक्ति के मानसिक और शारीरिक स्वास्थ्य को प्रभावित करना था, लेकिन वैज्ञानिक आधार और प्रमाणों के कारण सम्मोहन को अधिक स्वीकृति मिली है।

इस प्रकार, मेस्मेरिज्म और सम्मोहन के बीच मुख्य अंतर यह है कि मेस्मेरिज्म रहस्यमयी ऊर्जा पर आधारित एक पुरानी तकनीक थी, जबकि सम्मोहन एक वैज्ञानिक और मनोवैज्ञानिक रूप से प्रमाणित विधि है, जिसका उपयोग मानसिक और शारीरिक उपचार के लिए किया जाता है।

सम्मोहन का परिचय (Introduction to Hypnotism)

सम्मोहन एक मानसिक अवस्था है जिसमें व्यक्ति की चेतना अत्यधिक केंद्रित हो जाती है और वह सुझावों को अधिक प्रभावी रूप से स्वीकार करने लगता है। यह एक प्राकृतिक अवस्था है, जिसे ध्यान और गहरी एकाग्रता के समान माना जाता है।

सम्मोहन का संक्षिप्त इतिहास: सम्मोहन कोई आधुनिक तकनीक नहीं है, बल्कि इसका उपयोग प्राचीन काल से होता आ रहा है। यह विभिन्न सभ्यताओं में अलग-अलग नामों और विधियों से प्रचलित रहा है। आइए सम्मोहन के ऐतिहासिक विकास को संक्षेप में समझते हैं:

भारत में योग और ध्यान के माध्यम से आत्म-सम्मोहन का उपयोग किया जाता था। ऋषि-मुनि गहरी ध्यान अवस्था में जाकर अवचेतन मन को जागृत करते थे। प्राचीन मिस्र में "नींद के मंदिर" बनाए गए थे, जहाँ पुजारी लोगों को गहरी निद्रा जैसी स्थिति में ले जाकर मानसिक उपचार करते थे।

प्रसिद्ध फ्रांसीसी न्यूरोलॉजिस्ट चार्कोट ने सम्मोहन का उपयोग मानसिक रोगों के इलाज में किया। उन्होंने सम्मोहन को हिप्नोथेरेपी के रूप में विकसित किया। आज सम्मोहन का उपयोग मेडिकल हिप्नोथेरेपी, साइकोलॉजी, व्यक्तित्व विकास, सेल्फ-हेल्प, और मनोरंजन में किया जा रहा है।

न्यूरोसाइंस और ब्रेन इमेजिंग तकनीकों से सिद्ध हो चुका है कि सम्मोहन मस्तिष्क की तरंगों को प्रभावित करता है और अवचेतन मन में परिवर्तन लाने में सहायक होता है। ऑनलाइन सम्मोहन कोर्स और प्रमाणित हिप्नोथेरेपी प्रोग्राम्स से अब कोई भी इसे सीख सकता है

सम्मोहन का वैज्ञानिक और आध्यात्मिक दृष्टिकोण

वैज्ञानिक दृष्टिकोण (Scientific Perspective of Hypnosis): वैज्ञानिक शोधों से पता चला है कि सम्मोहन के दौरान मस्तिष्क की गतिविधियाँ बदल जाती हैं। ब्रेन स्कैन से पता चलता है कि सम्मोहन के दौरान अल्फा और थीटा तरंगों की सक्रियता बढ़ जाती है।

यह वही तरंगें हैं जो ध्यान और स्वप्न अवस्था में सक्रिय होती हैं। स्टैनफोर्ड यूनिवर्सिटी के प्रो. डेविड स्पीगेल ने साबित किया कि सम्मोहन के दौरान मस्तिष्क में Anterior Cingulate Cortex और Prefrontal Cortex अधिक सक्रिय हो जाते हैं, जिससे सुझावों को आसानी से स्वीकार किया जाता है।

आध्यात्मिक दृष्टिकोण (Spiritual Perspective of Hypnosis): योग और ध्यान में जो गहरी एकाग्रता की अवस्था होती है, वह सम्मोहन से मिलती-जुलती है। ध्यान और सम्मोहन दोनों ही अल्फा और थीटा ब्रेन वेव्स को बढ़ाते हैं, जिससे मानसिक शांति और आत्म-जागरूकता बढ़ती है। कई आध्यात्मिक गुरु सम्मोहन जैसी विधियों का उपयोग करके ध्यान की उच्च अवस्थाओं तक पहुँचते हैं।

कुछ आध्यात्मिक परंपराएँ सम्मोहन का उपयोग पिछले जन्म की यात्रा (Past Life Regression Therapy) के लिए करती हैं। डॉ. ब्रायन वीस (Dr. Brian Weiss) की किताब *"Many Lives, Many Masters"* में सम्मोहन द्वारा पिछले जन्म की यादों को जागृत करने की विधि बताई गई है। भारतीय परंपराओं में पुनर्जन्म की अवधारणा सम्मोहन के इस रूप से मेल खाती है।

सम्मोहन की अवस्थाएँ (Stages of Hypnosis)

सम्मोहन एक मानसिक अवस्था है, जिसमें व्यक्ति का अवचेतन मन पूरी तरह सक्रिय और ग्रहणशील हो जाता है। यह प्रक्रिया चरणबद्ध तरीके से होती है, जिसमें व्यक्ति धीरे-धीरे चेतन मन से अवचेतन मन की गहराइयों में प्रवेश करता है। सम्मोहन की अवस्थाएँ मुख्यतः चार चरणों में विभाजित की जाती हैं: – प्रवेश, हल्का सम्मोहन, गहरा सम्मोहन और पूर्ण सम्मोहन।

1. **प्राथमिक अवस्था (Hypnotic Induction) – सम्मोहन में प्रवेश:** यह पहला चरण होता है, जिसमें व्यक्ति को सम्मोहन में ले जाने के लिए विशेष तकनीकों का उपयोग किया जाता है। इसमें सम्मोहक व्यक्ति के ध्यान को केंद्रित करने के लिए निर्देश देता है, जैसे –"अपनी साँसों पर ध्यान दें..." "आप आराम महसूस कर रहे हैं..." "आपकी पलकें भारी हो रही हैं..." इस अवस्था में चेतन मन धीमा पड़ने लगता है और अवचेतन मन सक्रिय होने लगता है।

   तकनीकें: गहरी साँस लेना व्यक्ति को धीरे-धीरे साँस लेने और छोड़ने के लिए कहा जाता है। गिनती 10 से 1 तक गिनती करके दिमाग को शांत किया जाता है। एक बिंदु पर ध्यान केंद्रित करना किसी, वस्तु (जैसे पेंडुलम) को देखने को कहा जाता है।

2. **हल्का सम्मोहन (Light Hypnosis) – अवचेतन मन की सतह पर पहुँचना:** इस अवस्था में व्यक्ति अर्ध-जाग्रत अवस्था में होता है। उसकी जागरूकता कम होने लगती है, लेकिन वह सम्मोहक की बातों को सुन सकता है। शरीर में आराम और भारीपन महसूस होता है। यहाँ से व्यक्ति के अवचेतन मन को प्रभावित करने की प्रक्रिया शुरू हो जाती है।

   संकेत: आँखों की पलकें भारी हो जाती हैं। शरीर में हल्की झनझनाहट महसूस होती है। समय की पहचान कम हो जाती है। इस अवस्था में सम्मोहन का उपयोग, तनाव और चिंता को कम करने के लिए, एकाग्रता बढ़ाने के लिए, माइंडफुलनेस और रिलैक्सेशन के लिए।

3. **गहरा सम्मोहन (Deep Hypnosis) – अवचेतन मन के नियंत्रण में आना:** इस अवस्था में व्यक्ति पूरी तरह सम्मोहन के प्रभाव में आ जाता है। उसका अवचेतन मन पूरी तरह सक्रिय हो जाता है और वह दिए गए सुझावों को बिना सवाल किए स्वीकार करने लगता है। इस अवस्था में व्यक्ति को बाहरी दुनिया की हलचल का बहुत कम आभास होता है।

संकेत: शरीर सुन्न सा महसूस होता है। व्यक्ति अपने चारों ओर की हलचल को नजरअंदाज करने लगता है। स्मरण शक्ति बढ़ जाती है – कुछ लोग पुरानी यादों को स्पष्ट रूप से देख सकते हैं। सकारात्मक सुझावों को अवचेतन मन सीधे स्वीकार करने लगता है। इस अवस्था में सम्मोहन का उपयोग: नकारात्मक आदतों को बदलने के लिए (जैसे धूम्रपान छोड़ना, डर दूर करना)।

4. **गहन सम्मोहन (Somnambulistic Hypnosis) – पूर्ण सम्मोहन की अवस्था:** यह सम्मोहन की सबसे गहरी अवस्था होती है, जिसमें व्यक्ति पूरी तरह से सम्मोहक के निर्देशों के अनुसार कार्य करता है। इस अवस्था में व्यक्ति अपने अवचेतन मन की सबसे गहरी परतों तक पहुँच जाता है। इसमें अम्नेसिया (Amnesia) भी हो सकता है, यानी व्यक्ति सम्मोहन के बाद कुछ चीजें भूल सकता है। व्यक्ति आंखें खोलकर भी सम्मोहन में बना रह सकता है, जिसे 'जाग्रत सम्मोहन कहा जाता है।

संकेत: व्यक्ति सम्मोहक की हर बात का पालन करता है। गहरी भावनाएँ और पुरानी यादें सामने आ सकती हैं। व्यक्ति को बाहरी दुनिया का एहसास बहुत कम होता है।

आत्म-सम्मोहन के प्रमुख लाभ

1. **तनाव और चिंता से मुक्ति (Stress & Anxiety Reduction):** आत्म-सम्मोहन तनाव हार्मोन को कम करता है और शांत व स्थिर मानसिक अवस्था प्रदान करता है। यह गहरी विश्रांति और मानसिक शांति लाने में मदद करता है। आत्म-सम्मोहन के नियमित अभ्यास से चिंता और डिप्रेशन को कम किया जा सकता है।

2. **आत्मविश्वास और सकारात्मक सोच (Boosts Confidence & Positive Thinking):** यह नकारात्मक विचारों को हटाकर सकारात्मकता बढ़ाता है, आत्म-सम्मोहन का अभ्यास करने से स्वयं के प्रति विश्वास बढ़ता है और जीवन के प्रति सकारात्मक दृष्टिकोण विकसित होता है, यह नए अवसरों को स्वीकार करने और जोखिम उठाने की क्षमता बढ़ाने में मदद करता है।

3. **नींद की गुणवत्ता में सुधार (Improves Sleep Quality):** अगर आपको अनिद्रा की समस्या है, तो आत्म-सम्मोहन शांत और गहरी नींद लाने में मदद करता है। यह मन को शांत करता है और सोने से पहले विचारों की भीड़ को कम करता है, इससे रातभर अच्छी और आरामदायक नींद मिलती है।

4. **बुरी आदतों को छोड़ने में मदद (Helps in Breaking Bad Habits):** आत्म-सम्मोहन से धूम्रपान, शराब, जंक फूड, नाखून चबाने जैसी बुरी आदतों को छोड़ा जा सकता है। अवचेतन मन को सही निर्देश देकर स्वस्थ जीवनशैली अपनाने में मदद मिलती है। यह नई और अच्छी आदतों को विकसित करने में सहायक है।

5. **एकाग्रता और याददाश्त में सुधार (Enhances Focus & Memory):** आत्म-सम्मोहन मस्तिष्क को शांत और केंद्रित करता है, जिससे ध्यान और एकाग्रता शक्ति बढ़ती है, यह याददाश्त और सीखने की क्षमता को भी बेहतर बनाता है, विद्यार्थी और प्रोफेशनल्स इसे अध्ययन और कार्यक्षमता बढ़ाने के लिए उपयोग कर सकते हैं।

6. **भावनात्मक संतुलन और आत्म-नियंत्रण (Emotional Balance & Self-Control):** आत्म-सम्मोहन से गुस्सा, ईर्ष्या, निराशा और नकारात्मक भावनाओं पर नियंत्रण पाया जा सकता है। यह भावनात्मक स्थिरता और आत्म-नियंत्रण में सुधार करता है। यह आपको अधिक धैर्यवान और समझदार बनाता है।

7. **शारीरिक स्वास्थ्य में सुधार (Improves Physical Health):** आत्म-सम्मोहन से ब्लड प्रेशर नियंत्रित रहता है और हृदय स्वास्थ्य सुधरता है। यह इम्यून सिस्टम को मजबूत करता है और शरीर को बीमारियों से बचाने में मदद करता है। माइग्रेन, पीठ दर्द और अन्य दर्द से राहत दिलाने में भी यह प्रभावी है।

8. **मंचीय डर और पब्लिक स्पीकिंग में आत्मविश्वास (Overcomes Stage Fear & Public Speaking Anxiety)** यदि आप स्टेज पर बोलने से डरते हैं या सार्वजनिक रूप से प्रदर्शन करने में घबराते हैं, तो आत्म-सम्मोहन आपकी मदद कर सकता है। यह आपको श्रोताओं के सामने सहज और आत्मविश्वासी महसूस करने में मदद करता है, नियमित अभ्यास से आप प्रभावी और प्रभावशाली संचारक बन सकते हैं।

9. **रचनात्मकता और कल्पनाशक्ति बढ़ाना (Enhances Creativity & Imagination):** आत्म-सम्मोहन आपके अवचेतन मन को सक्रिय करता है और नई सोच एवं रचनात्मक विचारों को बढ़ावा देता है, लेखक, कलाकार, संगीतकार, डिजाइनर और इनोवेटर्स के लिए यह अत्यंत उपयोगी है।

10. **आध्यात्मिक जागरूकता (Spiritual Awareness & Mindfulness):** आत्म-सम्मोहन ध्यान के समान है, जो आध्यात्मिक विकास और आत्म-जागरूकता में सहायक होता है, यह आंतरिक शांति और ऊर्जा स्तर को संतुलित करने में मदद करता है। इसे अभ्यास करने से ध्यान और योग के अनुभवों को गहरा किया जा सकता है।

सम्मोहन से जुड़ी वास्तविक सच्चाई (Facts About Hypnosis)

सम्मोहन को लेकर कई भ्रांतियाँ फैली हुई हैं, लेकिन असल में यह एक वैज्ञानिक और प्रभावी मानसिक तकनीक है। लोग इसे जादू, मनोवैज्ञानिक नियंत्रण, या अंधविश्वास मानते हैं, जबकि वास्तविकता इससे बहुत अलग है। आइए जानते हैं सम्मोहन से जुड़ी कुछ रोचक और वास्तविक सच्चाइयाँ।

1. **सम्मोहन एक वैज्ञानिक प्रक्रिया है:** सम्मोहन कोई जादू या रहस्यमय शक्ति नहीं, बल्कि यह मस्तिष्क और अवचेतन मन को प्रभावित करने की एक वैज्ञानिक विधि है। चिकित्सा और मनोविज्ञान में इसका उपयोग वर्षों से किया जा रहा है। ब्रेन स्कैन (MRI) से साबित हुआ है कि सम्मोहन के दौरान मस्तिष्क की कुछ विशेष तरंगें (Theta और Alpha waves) सक्रिय हो जाती हैं, जो गहरी एकाग्रता और विश्राम की स्थिति दर्शाती हैं। यह तकनीक चिकित्सा, मनोवैज्ञानिक उपचार और आत्म-विकास के लिए व्यापक रूप से उपयोग की जाती है।

2. **सम्मोहन में व्यक्ति पूरी तरह से होश में रहता है:** लोग मानते हैं कि सम्मोहन में व्यक्ति पूरी तरह से बेहोश या अचेत हो जाता है, लेकिन यह सच नहीं है। सम्मोहन के दौरान व्यक्ति सुन, समझ और सोच सकता है, और यदि वह चाहे तो अपनी मर्जी से इस स्थिति से बाहर आ सकता है। उदाहरण: जब कोई गहरी किताब पढ़ रहा हो या कोई फिल्म देख रहा हो और उसे समय का ध्यान न रहे, तो यह भी एक तरह की सम्मोहित अवस्था होती है।

3. **सम्मोहन से किसी को जबरदस्ती नियंत्रित नहीं किया जा सकता:** फिल्मों और टीवी शो में दिखाया जाता है कि सम्मोहन से किसी को जबरदस्ती कुछ भी कराया जा सकता है, लेकिन हकीकत में ऐसा संभव नहीं है। सम्मोहित व्यक्ति वही करता है, जो वह करना चाहता है। अगर किसी को नैतिक रूप से गलत या खतरनाक कार्य करने के लिए कहा जाए, तो उसका दिमाग इसे तुरंत अस्वीकार कर देगा।

4. **हर व्यक्ति सम्मोहित हो सकता है, लेकिन अलग-अलग स्तर पर:** यह सच है कि कुछ लोग जल्दी सम्मोहित हो जाते हैं, जबकि कुछ को गहरे सम्मोहन में जाने में समय

लगता है। लेकिन लगभग 85% लोग सम्मोहन के प्रति संवेदनशील होते हैं और उन्हें गहरी एकाग्रता की अवस्था में ले जाया जा सकता है। जिनकी कल्पनाशक्ति और ध्यान केंद्रित करने की क्षमता अधिक होती है। जो निर्देशों का पालन करने के लिए तैयार होते हैं।

5. **सम्मोहन अपराध स्वीकारने का माध्यम नहीं है:** कई लोग सोचते हैं कि सम्मोहन से व्यक्ति अपने सारे राज खोल सकता है, लेकिन यह गलत है। कोई भी सम्मोहित व्यक्ति अपनी निजी जानकारी या राज तब तक साझा नहीं करता, जब तक वह खुद न चाहे, क्योंकि सम्मोहित व्यक्ति अपनी कल्पना को भी हकीकत समझ सकता है, इसलिए झूठ और सच के बीच स्पष्ट अंतर करना मुश्किल हो जाता है।

6. **सम्मोहन एक प्रभावी चिकित्सा तकनीक है:** सम्मोहन केवल मनोरंजन के लिए नहीं, बल्कि चिकित्सा में भी उपयोगी है। इसे कहा जाता है, जिससे कई तनाव और चिंता, फोबिया और डर, अनिद्रा, दर्द नियंत्रण, धूम्रपान और नशे की लत छुड़ाना, वजन कम करने में मदद, मानसिक और शारीरिक समस्याओं का इलाज किया जाता है,

7. **आत्म-सम्मोहन (Self-Hypnosis) से व्यक्ति खुद को बदल सकता है:** सम्मोहन केवल दूसरों द्वारा नहीं किया जाता, बल्कि कोई भी आत्म-सम्मोहन तकनीक सीखकर अपने विचारों, आदतों और व्यवहार में सकारात्मक बदलाव ला सकता है।

8. **सम्मोहन सभी के लिए सुरक्षित है:** सम्मोहन सभी के लिए सुरक्षित है या नहीं, यह कई कारकों पर निर्भर करता है। सामान्य रूप से, सम्मोहन एक सुरक्षित तकनीक है, जब इसे प्रशिक्षित पेशेवर द्वारा किया जाता है। यह तनाव, डर और आदतों को बदलने में मदद कर सकता है। लेकिन कुछ मानसिक रोगों, कमजोर मानसिक स्थिति, या अस्थिर भावनात्मक संतुलन वाले व्यक्तियों के लिए यह जोखिम भरा हो सकता है। स्वैच्छिक सम्मोहन भी सुरक्षित माना जाता है, लेकिन गलत तकनीकों या अयोग्य व्यक्ति द्वारा सम्मोहन करने से नकारात्मक प्रभाव हो सकते हैं। इसलिए, सही गाइडेंस और विशेषज्ञ की सलाह के बिना सम्मोहन प्रयोग नहीं करना चाहिए।

सारांश: सम्मोहन को मनोवैज्ञानिक तकनीक माना जाता है, जिससे व्यक्ति के अवचेतन मन तक पहुँचा जा सकता है, जबकि विज्ञान एक मानसिक प्रक्रिया मानता है, जिसका उपयोग चिकित्सा, व्यवहार सुधार और यादों को पुनः जागृत करने में किया जाता है। दूसरी ओर, ज्योतिष का वैज्ञानिक प्रमाण अब तक स्पष्ट नहीं हो पाया है, लेकिन हजारों वर्षों से इसे एक महत्वपूर्ण पद्धति के रूप में देखा जाता है।

हालाँकि, दोनों के प्रभाव पर गहन शोध जारी है। क्या ये केवल मनोवैज्ञानिक प्रभाव हैं, या इनके पीछे कोई गहरी रहस्यमयी शक्ति काम कर रही है? यह प्रश्न अब भी अनुत्तरित है, और इसी ने इन्हें हमेशा से चर्चा और विवाद का विषय बना रखा है।

निष्कर्ष: सम्मोहन एक रहस्यमयी लेकिन प्रभावी मनोवैज्ञानिक प्रक्रिया है, जिसका उपयोग चिकित्सा, आत्म-सुधार और मनोविश्लेषण में किया जाता है। वैज्ञानिक दृष्टिकोण से, यह अवचेतन मन को प्रभावित करने की एक तकनीक है, लेकिन इसके दावों और सीमाओं को लेकर विवाद बना रहता है। कुछ लोग इसे केवल एक मानसिक खेल मानते हैं, जबकि अन्य इसे एक शक्तिशाली साधन के रूप में स्वीकार करते हैं।

अगर सम्मोहन सच में पिछले जन्म की यादें उजागर कर सकता है, तो क्या इसका कोई वैज्ञानिक आधार है? क्या इससे भविष्य भी देखा जा सकता है, या यह केवल हमारे दिमाग की कल्पना का विस्तार है?

जब तक सम्मोहन के सभी पहलुओं की पूरी तरह वैज्ञानिक पुष्टि नहीं होती, तब तक यह विश्वास और संदेह के बीच झूलता रहेगा। लेकिन यह निश्चित है कि सम्मोहन मानव मस्तिष्क की रहस्यमयी शक्ति को समझने की दिशा में एक महत्वपूर्ण कड़ी है।

सोचने योग्य प्रश्न: क्या सम्मोहन के जरिए किसी को सच बोलने के लिए मजबूर किया जा सकता है, या यह केवल फिल्मी कल्पना है?

<h1 style="text-align:center">अध्याय 6</h1>

<h1 style="text-align:center">तंत्र, मंत्र और यंत्र</h1>

(TANTRIC PRACTICES,
SACRED CHANTS, AND MYSTIC DIAGRAMS)

तंत्र, मंत्र और यंत्र भारतीय संस्कृति के महत्वपूर्ण और प्राचीन पहलू हैं। इन तीनों का सम्मिलित रूप में उपयोग जीवन में आध्यात्मिक, मानसिक और भौतिक शक्ति को प्राप्त करने के लिए किया जाता है। इनका उद्देश्य व्यक्ति के जीवन को शुद्ध करना, उसे उच्च ऊर्जा से जोड़ना और उसकी इच्छाओं और लक्ष्यों को साकार करना होता है। आइए इन तीनों के बारे में विस्तार से जानते हैं:

1. **तंत्र (Tantra):** तंत्र एक प्राचीन आध्यात्मिक पद्धति है, जिसका उद्देश्य व्यक्ति को शारीरिक, मानसिक और आत्मिक स्तर पर शक्ति प्राप्त करना है। तंत्र का शाब्दिक अर्थ होता है "तान" यानी विस्तार और "त्रा" यानी बचाव या सुरक्षा, जिसका मतलब है कि यह प्रणाली जीवन के हर पहलू में शक्ति और सुरक्षा लाने के लिए काम करती है।

   तंत्र में ऊर्जा और शक्तियों के उपयोग पर ध्यान केंद्रित किया जाता है। इसमें साधक विशेष मंत्रों, ध्यान, योग, और पूजा विधियों का पालन करता है ताकि वह दिव्य शक्तियों से जुड़ सके और अपनी इच्छाओं को साकार कर सके। तंत्र में देवी-देवताओं की पूजा, ध्यान और यंत्रों का उपयोग किया जाता है।

   तंत्र का उद्देश्य केवल आध्यात्मिक उन्नति नहीं है, बल्कि यह साधक के जीवन को सही दिशा देने, मानसिक शांति प्राप्त करने और शारीरिक शक्तियों को बढ़ाने के लिए भी काम आता है। तंत्र का अभ्यास सही मार्गदर्शन और गुरु के नेतृत्व में किया जाना चाहिए, ताकि इसके प्रभावी परिणाम मिल सकें और गलत मार्ग पर न जाएं।

तंत्र, शक्ति का एक अद्वितीय रहस्य है, जो सही तरीके से प्रयोग करने पर जीवन में सकारात्मक बदलाव ला सकता है। तंत्र में "शक्ति" को केंद्रित करने की महत्वपूर्ण प्रक्रिया है, और यह विशेष रूप से देवी शक्ति की पूजा से जुड़ा होता है।

2. **मंत्र (Mantra):** मंत्र एक विशेष ध्वनि या शब्दों का समूह होता है, जिसे आध्यात्मिक साधना और ध्यान के लिए उच्चारित किया जाता है। मंत्रों का जप करने से मानसिक शांति, शक्ति, और आत्मिक उन्नति मिलती है। "मंत्र" शब्द दो भागों से बना है: "मन" (मन) और "त्र" (रक्षा या बचाव), जिसका मतलब होता है - मन को शांति देना और उसे बचाना।

मंत्रों में शक्ति होती है। जब इन्हें सही तरीके से और नियमित रूप से जपा जाता है, तो यह सकारात्मक ऊर्जा उत्पन्न करते हैं, जिससे व्यक्ति की मानसिक स्थिति सुधरती है और उसे जीवन में सफलता मिलती है। मंत्रों का जप व्यक्ति को मानसिक तनाव से मुक्त करता है और आत्मिक शांति प्रदान करता है।

कुछ प्रसिद्ध मंत्रों में "ॐ", "ॐ नमः शिवाय", "हं राम" शामिल हैं। प्रत्येक मंत्र का अपना विशेष उद्देश्य होता है, जैसे किसी मंत्र को समृद्धि के लिए, किसी को मानसिक शांति के लिए, और किसी को स्वास्थ्य के लिए उच्चारित किया जाता है।

मंत्र का सही उच्चारण और नियमित जप महत्वपूर्ण होता है, क्योंकि इसका प्रभाव व्यक्ति के मानसिक और भौतिक जीवन पर गहरा होता है। मंत्रों का प्रभाव उनके उच्चारण और उनके द्वारा उत्पन्न कंपन पर निर्भर करता है। जब मंत्र का सही तरीके से जप किया जाता है, तो यह शरीर और मस्तिष्क को शांति और ऊर्जा प्रदान करता है।

3. **यंत्र (Yantra):** यंत्र एक विशेष प्रकार का ज्यामितीय चित्र या आकृति होती है, जो दिव्य ऊर्जा को आकर्षित करने और उसे नियंत्रित करने के लिए बनाई जाती है। यंत्र में विभिन्न प्रतीकों, रेखाओं और आकारों का संयोजन होता है, जो एक साथ मिलकर किसी विशेष शक्ति या देवता का आह्वान करते हैं। यंत्र का उपयोग साधना, पूजा और तंत्र-मंत्र में किया जाता है।

हर यंत्र का अपना उद्देश्य होता है। उदाहरण के लिए, "श्री यंत्र" देवी लक्ष्मी के आशीर्वाद को आकर्षित करने के लिए होता है, जबकि "कुबेर यंत्र" धन और समृद्धि के लिए प्रयोग में आता है। यंत्र का सही तरीके से स्थापना और पूजा करने से व्यक्ति को इच्छाओं की पूर्ति, मानसिक शांति और आशीर्वाद प्राप्त होता है।

यंत्र को खास स्थान पर सही दिशा में स्थापित करना जरूरी होता है, ताकि उसकी शक्तियाँ प्रभावी रूप से काम करें। इसे नियमित रूप से पूजा और ध्यान में रखा जाता है। यंत्र के साथ सही मंत्र का जाप भी आवश्यक होता है, क्योंकि मंत्र और यंत्र का संयोजन अधिक प्रभावी होता है।

यंत्र साधक की जीवन में सकारात्मक ऊर्जा का संचार करते हैं और उसे अपने उद्देश्य की ओर अग्रसर करते हैं। यंत्र का उपयोग प्रायः तंत्र-मंत्र साधना में होता है, और इसे सही दिशा में स्थापित करने से शक्ति का प्रवाह नियंत्रित किया जा सकता है।

तंत्र, मंत्र और यंत्र का सामंजस्य
(The Union of Tantra, Mantra, and Yantra)

तंत्र, मंत्र और यंत्र भारतीय आध्यात्मिक परंपरा के महत्वपूर्ण अंग हैं, जिनका उपयोग ऊर्जा, साधना और समस्याओं के समाधान के लिए किया जाता है। ये तीनों विधाएं एक-दूसरे से अलग होते हुए भी एक-दूसरे के पूरक हैं।

तंत्र में विशेष क्रियाओं, साधनाओं और नियमों के माध्यम से ऊर्जाओं को नियंत्रित किया जाता है। यह ध्यान, पूजा और साधना का विस्तृत विज्ञान है, जो व्यक्ति की आत्मिक शक्ति को जागृत करने में सहायक होता है।

मंत्र ध्वनि तरंगों का ऐसा शक्तिशाली स्वरूप है, जिसे सही उच्चारण के साथ पढ़ने से सकारात्मक ऊर्जा उत्पन्न होती है। मंत्रों में विशेष स्पंदन होते हैं, जो मानसिक शांति, आत्मबल और इच्छित परिणाम प्राप्त करने में सहायक होते हैं।

यंत्र विशेष आकृतियों या ज्यामितीय डिजाइनों से बने ऊर्जा-संकेतक होते हैं, जो सकारात्मक ऊर्जा को आकर्षित करने और नकारात्मक प्रभावों को दूर करने में सहायक माने जाते हैं।

इन तीनों का संयोजन साधक को मानसिक शांति, सफलता और आध्यात्मिक प्रगति दिलाने में प्रभावी होता है। सही ज्ञान और मार्गदर्शन के साथ इनका प्रयोग जीवन को सफल और सुखमय बना सकता है। इनके द्वारा साधक न केवल बाहरी दुनिया से बल्कि अपनी आंतरिक दुनिया से भी जुड़ता है और उसकी जीवनशक्ति को जागृत करता है।

तंत्र साधना का वैज्ञानिक आधार

तंत्र साधना को अक्सर रहस्यमयी और चमत्कारी विधा के रूप में देखा जाता है, लेकिन इसका एक ठोस वैज्ञानिक आधार भी है। तंत्र का मूल सिद्धांत ऊर्जा के संतुलन और नियंत्रण पर आधारित है, जिसे आधुनिक विज्ञान भी स्वीकार करता है।

ऊर्जा केंद्र (Chakras): चक्र शरीर में मौजूद अदृश्य ऊर्जा केंद्र होते हैं, जो हमारे शारीरिक, मानसिक और आध्यात्मिक स्वास्थ्य को नियंत्रित करते हैं। इन चक्रों को ऊर्जा के पहियों के रूप में जाना जाता है, जो लगातार घूमते रहते हैं और हमारे शरीर में ऊर्जा का प्रवाह बनाए रखते हैं। मुख्य रूप से शरीर में सात प्रमुख चक्र होते हैं, जो रीढ़ की हड्डी के आधार से लेकर सिर के शीर्ष तक स्थित होते हैं। हर चक्र का अपना विशेष कार्य और महत्व होता है।

मूलाधार चक्र शरीर की जड़ मानी जाती है और यह सुरक्षा, स्थिरता और आत्मविश्वास को प्रभावित करता है। स्वाधिष्ठान चक्र रचनात्मकता और भावनाओं का केंद्र है। मणिपुर चक्र आत्मबल और ऊर्जा का स्रोत है, जो व्यक्ति को सक्रिय और प्रेरित रखता है। अनाहत चक्र प्रेम, करुणा और संबंधों को संतुलित करता है। विशुद्ध चक्र संवाद और अभिव्यक्ति से जुड़ा होता है। आज्ञा चक्र अंतर्ज्ञान, सोच और निर्णय क्षमता को मजबूत करता है। सहस्रार चक्र आध्यात्मिक जागरूकता और ज्ञान का केंद्र है।

इन चक्रों का असंतुलन मानसिक तनाव, शारीरिक बीमारियां और जीवन में अस्थिरता ला सकता है। ध्यान, योग और प्राणायाम के माध्यम से इन चक्रों को सक्रिय और संतुलित किया जा सकता है, जिससे व्यक्ति के जीवन में शांति, ऊर्जा और सकारात्मकता का संचार होता है।

ध्वनि विज्ञान (Sound Science): तंत्र में उपयोग होने वाले मंत्रों का आधार ध्वनि तरंगों पर है। वैज्ञानिक शोध बताते हैं कि विशिष्ट ध्वनियां मस्तिष्क में कंपन उत्पन्न कर मानसिक शांति, ऊर्जा संतुलन और एकाग्रता बढ़ा सकती हैं। ओम (ॐ) के उच्चारण पर किए गए शोधों से सिद्ध हुआ है कि इससे दिमाग में अल्फा वेव्स उत्पन्न होती हैं, जो तनाव को कम करती हैं।

आकृतियों का विज्ञान (Sacred Geometry): तंत्र साधना में यंत्रों का विशेष स्थान होता है। यंत्र विशेष ज्यामितीय आकृतियों पर आधारित होते हैं, जिनका निर्माण निश्चित नियमों और सिद्धांतों के अनुसार किया जाता है। ये आकृतियां विशेष रूप से त्रिभुज, वृत्त, वर्ग और बिंदु के संयोजन से बनाई जाती हैं, जिनका वैज्ञानिक आधार भी है। इन आकृतियों को "सैक्रेड ज्योमेट्री" कहा जाता है, जो ऊर्जा को केंद्रित और संतुलित करने में सहायक होती है।

यंत्रों का प्रयोग साधना, पूजा और ध्यान में किया जाता है, ताकि व्यक्ति की मानसिक शक्ति को केंद्रित किया जा सके। प्रत्येक यंत्र में विशेष प्रतीक और रेखाएं होती हैं, जो ऊर्जा तरंगों को आकर्षित करती हैं।

उदाहरण के लिए, श्री यंत्र को धन, और सकारात्मक ऊर्जा का प्रतीक माना जाता है। यंत्रों के सही प्रयोग से व्यक्ति के आसपास का माहौल सकारात्मक बनता है, जिससे मानसिक शांति, ऊर्जा संतुलन और आत्मविश्वास में वृद्धि होती है।

मानसिक और भावनात्मक प्रभाव: तंत्र साधना में ध्यान, प्राणायाम और मानसिक एकाग्रता का विशेष महत्व है। ये विधियां केवल आध्यात्मिक रूप से ही नहीं, बल्कि वैज्ञानिक दृष्टि से भी मानसिक और शारीरिक स्वास्थ्य के लिए लाभकारी मानी जाती हैं। जब व्यक्ति ध्यान करता है, तो उसका मस्तिष्क विश्राम की स्थिति में पहुंचता है, जिससे तनाव, चिंता और नकारात्मक विचारों में कमी आती है। वैज्ञानिक शोध बताते हैं कि ध्यान करने से मस्तिष्क में अल्फा और थीटा वेव्स सक्रिय होती हैं, जो मानसिक शांति और एकाग्रता बढ़ाती हैं।

श्वसन क्रियाएं, विशेष रूप से प्राणायाम, शरीर में ऑक्सीजन का स्तर बढ़ाकर मस्तिष्क को अधिक ऊर्जा प्रदान करती हैं। इससे न केवल फोकस बेहतर होता है, बल्कि तनाव हार्मोन का स्तर भी घटता है। यही कारण है कि प्राणायाम को तनाव, अवसाद और नींद संबंधी समस्याओं में प्रभावी माना गया है।

प्लेसिबो प्रभाव (Placebo Effect): प्लेसिबो प्रभाव एक ऐसी मनोवैज्ञानिक प्रक्रिया है, जिसमें व्यक्ति के विश्वास और अपेक्षा के कारण उसके स्वास्थ्य में सुधार होता है, भले ही उसे दी गई चीज में कोई वास्तविक औषधीय गुण न हो। इसे चिकित्सा विज्ञान में एक दिलचस्प और महत्वपूर्ण पहलू माना जाता है। उदाहरण के लिए, यदि किसी व्यक्ति को बिना किसी औषधीय गुण वाली गोली दी जाए और उसे बताया जाए कि यह सिरदर्द की बहुत प्रभावी दवा है, तो केवल उसके विश्वास के कारण उसका सिरदर्द वास्तव में कम हो सकता है।

यह प्रभाव मस्तिष्क में उत्पन्न रासायनिक प्रतिक्रियाओं से जुड़ा है। जब व्यक्ति किसी दवा या उपचार पर विश्वास करता है, तो मस्तिष्क एंडॉर्फिन और डोपामिन जैसे रसायन उत्पन्न करता है, जो दर्द कम करने, तनाव घटाने और मूड को बेहतर बनाने में सहायक होते हैं। प्लेसिबो प्रभाव विशेष रूप से दर्द, चिंता, नींद की समस्याओं और डिप्रेशन जैसी स्थितियों में प्रभावी साबित हुआ है।

मंत्रों की ध्वनि ऊर्जा और उसका प्रभाव

मंत्र विशेष ध्वनि तरंगों का समूह होते हैं, जिनका उच्चारण एक निश्चित लय, स्वर और गति के साथ किया जाता है। इन ध्वनि तरंगों से उत्पन्न ऊर्जा न केवल व्यक्ति के मन-मस्तिष्क को प्रभावित करती है, बल्कि वातावरण में भी सकारात्मक ऊर्जा का संचार करती है। वैज्ञानिक दृष्टि से देखा जाए तो जब किसी मंत्र का सही उच्चारण किया जाता है, तो उससे उत्पन्न कंपन मस्तिष्क में अल्फा वेव्स को सक्रिय करता है, जो मानसिक शांति, एकाग्रता और तनाव मुक्ति में सहायक होते हैं।

उदाहरण के लिए, "ॐ" मंत्र का उच्चारण मस्तिष्क को शांत करने, रक्तचाप को नियंत्रित करने और चिंता को कम करने में प्रभावी माना जाता है। इसी प्रकार, अन्य मंत्र जैसे "गायत्री मंत्र" या "महा मृत्युंजय मंत्र" का नियमित जाप व्यक्ति के मानसिक संतुलन, रोग प्रतिरोधक क्षमता और आंतरिक शक्ति को बढ़ा सकता है।

ध्वनि तरंगों का यह प्रभाव विशेष रूप से ध्यान, योग और तंत्र साधना में उपयोग किया जाता है, जिससे व्यक्ति की आध्यात्मिक उन्नति और मानसिक शांति में वृद्धि होती है। मंत्रों की शक्ति को समझकर उनका सही तरीके से जाप करने से व्यक्ति अपने जीवन में सकारात्मक बदलाव महसूस कर सकता है।

इस प्रकार, तंत्र साधना केवल आध्यात्मिक ही नहीं बल्कि एक वैज्ञानिक प्रक्रिया भी है, जो ऊर्जा संतुलन, मानसिक शांति और आध्यात्मिक उन्नति में सहायक सिद्ध होती है।

यंत्र विज्ञान: ऊर्जा को केंद्रित करने की शक्ति

यंत्र विज्ञान में विशेष आकार, रेखाएं और प्रतीक बनाकर ऊर्जा को केंद्रित किया जाता है। यंत्र, एक प्रकार का ऊर्जा उपकरण होता है, जो सकारात्मक ऊर्जा को आकर्षित कर उसे व्यक्ति या स्थान के लिए लाभकारी बनाता है।

यंत्रों में त्रिकोण, वृत्त, वर्ग और अन्य विशेष रेखाएं होती हैं, जो ब्रह्मांडीय ऊर्जा को केंद्रित करने में सहायक होती हैं। उदाहरण के लिए, श्री यंत्र को धन और समृद्धि के लिए उपयोग किया जाता है, जबकि महामृत्युंजय यंत्र स्वास्थ्य और सुरक्षा प्रदान करने में कारगर माना जाता है।

यंत्र का प्रभाव बढ़ाने के लिए उसका सही दिशा में स्थापित होना, नियमित पूजन और मंत्र जाप आवश्यक होता है। ध्यान रखें कि यंत्र को केवल आस्था का प्रतीक न मानें, बल्कि इसे ऊर्जा केंद्र के रूप में समझें, जो आपके विचारों और वातावरण पर सकारात्मक प्रभाव डाल सकता है।

यदि सही ज्ञान और विधि से यंत्र का उपयोग किया जाए, तो यह जीवन में सुख, शांति और सफलता लाने में सहायक हो सकता है।

तांत्रिक विधियों का विश्लेषण

विभिन्न तांत्रिक विधियां: भारतीय तंत्र शास्त्र में अनेक प्रकार की तांत्रिक विधियों का वर्णन किया गया है, जिनका उद्देश्य अलग-अलग उद्देश्यों की पूर्ति करना होता है। ये विधियां आध्यात्मिक उन्नति, समस्या समाधान और विशेष सिद्धियों के लिए प्रयोग में लाई जाती हैं। प्रमुख तांत्रिक विधियां निम्नलिखित हैं:

1. **शांति तंत्र (Shanti Tantra):** इसका उद्देश्य जीवन में शांति, सौहार्द और संतुलन स्थापित करना होता है।

जब किसी व्यक्ति के जीवन में बार-बार अशांति, पारिवारिक कलह, मानसिक तनाव या नकारात्मक ऊर्जा का प्रभाव बढ़ जाता है, तब शांति तंत्र का सहारा लिया जाता है।

इस विधि में विशेष मंत्रों का जाप, यंत्र स्थापना और हवन जैसी प्रक्रियाएं शामिल होती हैं, जिनका उद्देश्य व्यक्ति के आसपास के माहौल को शुद्ध और सकारात्मक बनाना होता है।

शांति तंत्र विशेष रूप से उन स्थितियों में किया जाता है जब घर में बार-बार झगड़े हो रहे हों, परिवार के सदस्य बीमार पड़ रहे हों, या व्यापार और काम में लगातार रुकावटें आ रही हों।

इस तंत्र के माध्यम से व्यक्ति के मन को शांति मिलती है, पारिवारिक वातावरण सुखद बनता है और जीवन में सकारात्मक बदलाव आता है।

शांति तंत्र का प्रयोग अनुभवी गुरु या तांत्रिक के मार्गदर्शन में ही करना चाहिए, ताकि इसकी प्रक्रिया सही ढंग से पूरी हो और इसका प्रभाव लंबे समय तक बना रहे।

सही विधि से किया गया शांति तंत्र व्यक्ति को मानसिक शांति, आत्मविश्वास और खुशहाल जीवन प्रदान करता है।

2. **वशीकरण तंत्र (Vashikaran Tantra):** वशीकरण तंत्र का प्रयोग किसी व्यक्ति के मन, विचार और भावनाओं को सकारात्मक रूप से प्रभावित करने के लिए किया जाता है। इस विधि का उद्देश्य लोगों के बीच प्रेम, आपसी समझ और सामंजस्य को बढ़ाना होता है।

वशीकरण तंत्र विशेष रूप से तब किया जाता है जब किसी प्रियजन के साथ रिश्ते में दूरियां आ गई हों, किसी का व्यवहार अचानक बदल गया हो, या कोई व्यक्ति नकारात्मक प्रभाव में आकर गलत राह पर चल रहा हो।

वशीकरण तंत्र में विशेष मंत्रों, यंत्रों और साधना का प्रयोग किया जाता है, जिससे व्यक्ति के मन को शांत कर उसे सही मार्ग पर लाया जा सकता है।

यह विधि पति-पत्नी के संबंधों को मजबूत करने, प्रेम में सफलता पाने और व्यापार में आकर्षण बढ़ाने के लिए भी की जाती है।

हालांकि, वशीकरण तंत्र का प्रयोग केवल अच्छे और नैतिक उद्देश्यों के लिए ही करना चाहिए। इसका गलत उपयोग किसी को हानि पहुंचा सकता है और नकारात्मक परिणाम दे सकता है।

इसलिए इस तंत्र को अनुभवी साधक या गुरु के मार्गदर्शन में ही करना चाहिए। सही तरीके से किया गया वशीकरण तंत्र व्यक्ति के जीवन में प्रेम, सौहार्द और सकारात्मक बदलाव ला सकता है।

3. **स्तंभन तंत्र (Stambhan Tantra):** स्तंभन तंत्र का प्रयोग किसी व्यक्ति, परिस्थिति या नकारात्मक ऊर्जा को रोकने या नियंत्रित करने के लिए किया जाता है।

इसका मुख्य उद्देश्य किसी संकट, झगड़े, शत्रु या अनचाही घटना को टालना या रोकना होता है। जब कोई व्यक्ति या शक्ति बार-बार परेशान कर रही हो, किसी स्थान पर अशांति फैल रही हो, या अचानक उत्पन्न होने वाली समस्याओं को नियंत्रित करना आवश्यक हो, तब स्तंभन तंत्र का सहारा लिया जाता है।

इस तंत्र में विशेष मंत्रों का जाप, यंत्रों की स्थापना और हवन जैसी विधियों का प्रयोग किया जाता है, जो नकारात्मक ऊर्जा को निष्क्रिय कर स्थिति को शांत कर देते हैं।

स्तंभन तंत्र का प्रयोग विशेष रूप से विवादों को रोकने, शत्रु को नियंत्रित करने या किसी हानिकारक व्यक्ति को नुकसान पहुंचाए बिना उसे शांत करने के लिए किया जाता है। हालांकि, इस विधि का प्रयोग पूरी तरह से सावधानीपूर्वक और अच्छे उद्देश्यों के लिए ही किया जाना चाहिए, क्योंकि इसका गलत उपयोग नकारात्मक परिणाम दे सकता है।

स्तंभन तंत्र को अनुभवी गुरु के मार्गदर्शन में ही किया जाना चाहिए ताकि इसके सकारात्मक परिणाम प्राप्त हो सकें और व्यक्ति के जीवन में शांति एवं सुरक्षा बनी रहे।

4. **आकर्षण तंत्र (Aakarshan Tantra):** आकर्षण तंत्र का उद्देश्य व्यक्ति के व्यक्तित्व, वाणी और आचरण में ऐसा प्रभाव उत्पन्न करना है जिससे लोग सहज ही उसकी ओर आकर्षित होने लगें। इस तंत्र का प्रयोग विशेष रूप से तब किया जाता है जब किसी व्यक्ति को समाज में सम्मान पाने, रिश्तों में प्रेम बढ़ाने, व्यापार में ग्राहकों को आकर्षित करने या किसी विशेष व्यक्ति का ध्यान अपनी ओर खींचने की आवश्यकता होती है।

आकर्षण तंत्र में विशेष मंत्रों का जाप, यंत्रों की स्थापना और साधना की जाती है, जिससे व्यक्ति के भीतर आत्मविश्वास, सकारात्मक ऊर्जा और प्रभावशाली व्यक्तित्व का विकास होता है। इस विधि का उपयोग सही मार्गदर्शन में और सद्भावनापूर्ण उद्देश्यों के लिए करना आवश्यक होता है। आकर्षण तंत्र का उद्देश्य किसी को जबरदस्ती अपनी ओर

झुकाना नहीं, बल्कि अपने व्यक्तित्व को इतना प्रभावशाली बनाना है कि लोग स्वाभाविक रूप से उसकी ओर आकर्षित हों।

यदि इस तंत्र का प्रयोग स्वार्थ या गलत इरादों से किया जाए, तो इसका विपरीत प्रभाव भी हो सकता है। इसलिए इस विधि को अनुभवी गुरु के मार्गदर्शन में ही करना चाहिए। सही ढंग से किया गया आकर्षण तंत्र व्यक्ति के जीवन में प्रेम, मित्रता और सामाजिक सफलता को बढ़ावा देता है।

5. **उच्चाटन तंत्र (Uchchatan Tantra):** उच्चाटन तंत्र का उद्देश्य किसी व्यक्ति, नकारात्मक शक्ति या बाधा को दूर करना होता है। इस तंत्र का प्रयोग विशेष रूप से तब किया जाता है जब कोई व्यक्ति जानबूझकर परेशान कर रहा हो, शत्रु दुर्भावनापूर्ण गतिविधियों में लिप्त हो, या नकारात्मक ऊर्जा घर-परिवार, व्यापार या व्यक्तिगत जीवन को प्रभावित कर रही हो।

उच्चाटन तंत्र के माध्यम से उस व्यक्ति या शक्ति का मानसिक प्रभाव समाप्त कर उसे दूर किया जाता है। इस प्रक्रिया में विशेष मंत्रों का जाप, यंत्रों की स्थापना और हवन जैसी साधनाएं की जाती हैं, जो नकारात्मक प्रभाव को निष्क्रिय कर सकारात्मक ऊर्जा का संचार करती हैं।

उच्चाटन तंत्र का प्रयोग किसी को हानि पहुंचाने के लिए नहीं, बल्कि अपने जीवन में शांति और सुरक्षा बनाए रखने के लिए किया जाना चाहिए। इस विधि को अनुभवी साधक या गुरु के मार्गदर्शन में ही करना चाहिए, क्योंकि इसकी प्रक्रिया में गहन ध्यान और सही विधि का पालन आवश्यक होता है। यदि उच्चाटन तंत्र का सही ढंग से प्रयोग किया जाए तो यह जीवन में परेशानियों को दूर कर सुख-शांति और संतुलन स्थापित करने में सहायक होता है।

6. **मोहन तंत्र (Mohan Tantra):** मोहन तंत्र का उद्देश्य किसी के मन, विचार और भावनाओं को सकारात्मक रूप से आकर्षित करना होता है। 'मोहन' शब्द का अर्थ है 'मोहित करना' या 'आकर्षित करना', और इसी आधार पर मोहन तंत्र का प्रयोग व्यक्ति के संबंधों में प्रेम, सौहार्द और विश्वास बढ़ाने के लिए किया जाता है।

यह तंत्र विशेष रूप से तब किया जाता है जब किसी के साथ रिश्तों में दरार आ गई हो, जीवनसाथी, मित्र या परिवार के सदस्य का मन भटक रहा हो, या किसी को अपने पक्ष में सहमत करना हो। मोहन तंत्र में विशेष मंत्रों, यंत्रों और साधनाओं का प्रयोग किया जाता है, जो व्यक्ति के मन को शांत कर उसे सकारात्मक सोच की ओर प्रेरित करते हैं।

मोहन तंत्र का उद्देश्य किसी को जबरन अपने वश में करना नहीं होता, बल्कि प्रेम, सद्भावना और अच्छे विचारों के माध्यम से उसे अपनी ओर आकर्षित करना होता है। इस साधना को पूरी निष्ठा, पवित्रता और सही विधि से किया जाना चाहिए। गुरु के मार्गदर्शन में किए गए मोहन तंत्र से रिश्तों में प्रेम, शांति और सौहार्द स्थापित किया जा सकता है।

7. **विद्वेषण तंत्र (Vidhweshan Tantra):** यह एक प्राचीन तांत्रिक विधि है, जिसका उद्देश्य दो लोगों के बीच मतभेद उत्पन्न करना या उनके संबंधों में दूरी लाना होता है। इस तंत्र का प्रयोग आमतौर पर तब किया जाता है जब कोई व्यक्ति आपके विरुद्ध साजिश रच रहा हो, किसी के बहकावे में आकर आपको नुकसान पहुंचा रहा हो, या आपके जीवन में अकारण समस्याएं उत्पन्न कर रहा हो।

इस तंत्र के माध्यम से उन लोगों के बीच वैचारिक टकराव और आपसी असहमति उत्पन्न की जाती है, ताकि वे एक-दूसरे से अलग हो जाएं और आपके लिए परेशानी पैदा करना बंद कर दें।

इस तंत्र में विशेष मंत्रों का जाप, यंत्रों की स्थापना और तांत्रिक साधना का प्रयोग किया जाता है।

हालांकि, इस तंत्र को केवल आत्मरक्षा या किसी बड़ी समस्या के समाधान के लिए ही अपनाना चाहिए, न कि किसी के निजी जीवन में अकारण हस्तक्षेप करने के लिए। इस तंत्र का दुरुपयोग करना न केवल अनैतिक है, बल्कि इससे नकारात्मक ऊर्जा आपके जीवन को भी प्रभावित कर सकती है। इसलिए इस तंत्र का प्रयोग केवल अनुभवी साधक या गुरु के मार्गदर्शन में ही करना चाहिए, ताकि इसका सही प्रभाव प्राप्त हो और अनचाही समस्याओं से बचा जा सके।

8. **मारण तंत्र (Maran Tantra):** मारण तंत्र एक अत्यंत शक्तिशाली और खतरनाक तांत्रिक विधि है, जिसका प्रयोग किसी व्यक्ति को गंभीर रूप से हानि पहुंचाने या उसके जीवन को समाप्त करने के लिए किया जाता है।

यह तंत्र नकारात्मक शक्तियों और ऊर्जाओं को केंद्रित करके किसी व्यक्ति पर प्रभाव डालने के लिए किया जाता है। मरण तंत्र का उपयोग आमतौर पर तभी किया जाता है जब कोई व्यक्ति अत्यधिक हानिकारक हो, समाज या परिवार के लिए घातक बन चुका हो, या किसी के जीवन में लगातार बुराई और संकट पैदा कर रहा हो।

इस तंत्र में विशेष मंत्रों का जाप, कठोर साधना और यंत्रों का प्रयोग किया जाता है। साधना के दौरान साधक को गहन ध्यान, संयम और ऊर्जा नियंत्रण का पालन करना

पड़ता है। मारण तंत्र का दुरुपयोग करना न केवल अनैतिक है, बल्कि इससे साधक के स्वयं के जीवन पर भी भयानक प्रभाव पड़ सकता है।

इस तंत्र का प्रयोग केवल अत्यधिक आवश्यक परिस्थितियों में ही करना चाहिए और वह भी अनुभवी गुरु के मार्गदर्शन में। मारण तंत्र का गलत उपयोग करने से विपरीत प्रभाव उत्पन्न हो सकता है, जिससे साधक और उसके परिवार को मानसिक, शारीरिक और आध्यात्मिक नुकसान झेलना पड़ सकता है।

इसलिए इस विधि से हमेशा दूर रहना ही उचित है और जीवन में सकारात्मक उपायों को प्राथमिकता देनी चाहिए।

9.　**अभिचार तंत्र (Abhichar Tantra):** अभिचार तंत्र एक गूढ़ और शक्तिशाली तांत्रिक विधि है, जिसका प्रयोग मुख्य रूप से नकारात्मक उद्देश्यों के लिए किया जाता है। इस तंत्र का उपयोग किसी व्यक्ति को मानसिक, शारीरिक या सामाजिक रूप से नुकसान पहुंचाने के लिए किया जाता है।

इसमें मंत्र, यंत्र, तांत्रिक क्रियाएं और विशेष सामग्री का प्रयोग किया जाता है, जिससे लक्षित व्यक्ति के जीवन में बाधाएं, तनाव या संकट उत्पन्न किया जा सके। अभिचार तंत्र का प्रयोग आमतौर पर शत्रुओं को हानि पहुंचाने, प्रतिद्वंद्वियों को परास्त करने या किसी व्यक्ति के कार्य में रुकावट डालने के लिए किया जाता है।

हालांकि, इस तंत्र का दुरुपयोग करना अत्यंत खतरनाक हो सकता है, क्योंकि इसका प्रभाव न केवल लक्ष्य व्यक्ति पर बल्कि साधक (तांत्रिक) पर भी पड़ सकता है। यदि साधना में कोई गलती हो जाए या तंत्र की प्रक्रिया अधूरी रह जाए, तो इसका नकारात्मक प्रभाव उल्टा साधक के जीवन को प्रभावित कर सकता है।

इसलिए इस तंत्र का प्रयोग केवल बहुत गंभीर परिस्थितियों में और अनुभवी गुरु के मार्गदर्शन में ही किया जाना चाहिए। जीवन में सकारात्मक ऊर्जा और अच्छे कर्म ही सच्ची सफलता और शांति का मार्ग होते हैं, इसलिए अभिचार तंत्र जैसे विधियों से बचना ही उचित होता है।

10.　**श्रीविधा तंत्र (Shree Vidya Tantra):** श्रीविधा तंत्र एक दिव्य और अत्यंत पवित्र तांत्रिक साधना है, जिसका मुख्य उद्देश्य आध्यात्मिक जागृति, आंतरिक शक्ति और समृद्धि प्राप्त करना होता है। यह तंत्र देवी त्रिपुर सुंदरी या महाशक्ति की उपासना पर आधारित है, जिन्हें सौंदर्य, प्रेम, ज्ञान और शक्ति की देवी माना जाता है। श्रीविद्या तंत्र का अभ्यास करने

से व्यक्ति के जीवन में सुख-समृद्धि, मानसिक शांति और आध्यात्मिक उन्नति का मार्ग खुलता है।

श्रीविधा साधना में विशेष मंत्रों, यंत्रों और ध्यान तकनीकों का प्रयोग किया जाता है। इसमें श्रीचक्र का अत्यधिक महत्व होता है, जिसे ब्रह्मांडीय ऊर्जा का प्रतीक माना जाता है। श्रीचक्र की साधना से व्यक्ति के जीवन में सकारात्मक ऊर्जा का संचार होता है और उसकी इच्छाएं पूरी होने लगती हैं। यह तंत्र केवल भौतिक सुखों तक सीमित नहीं है, बल्कि आत्मज्ञान और मोक्ष प्राप्ति का मार्ग भी प्रशस्त करता है।

श्रीविधा तंत्र का अभ्यास अत्यंत पवित्रता, श्रद्धा और संयम के साथ किया जाना चाहिए। इसे सीखने के लिए अनुभवी गुरु का मार्गदर्शन आवश्यक होता है, क्योंकि यह साधना गहन ध्यान और ऊर्जा संतुलन पर आधारित है। सही विधि से की गई श्रीविधा साधना व्यक्ति के जीवन को खुशहाल, शांतिपूर्ण और सफल बना सकती है।

11. **काली तंत्र (Kali Tantra):** काली तंत्र एक शक्तिशाली और रहस्यमय तांत्रिक साधना है, जिसमें माँ काली की उपासना की जाती है। माँ काली को शक्ति, समय और विनाश की देवी माना जाता है, जो बुराई का नाश करके भक्तों को सुरक्षा प्रदान करती हैं। काली तंत्र का प्रयोग विशेष रूप से नकारात्मक शक्तियों से बचाव, भय दूर करने और जीवन की बाधाओं को समाप्त करने के लिए किया जाता है।

काली तंत्र में विशेष मंत्रों का जाप, यंत्रों की स्थापना और हवन जैसी प्रक्रियाएं शामिल होती हैं। साधक माँ काली की कृपा पाने के लिए गहन ध्यान और साधना करता है। इस तंत्र का प्रभाव बहुत तीव्र होता है, इसलिए इसे पूर्ण निष्ठा, पवित्रता और गुरु के मार्गदर्शन में ही किया जाना चाहिए। काली तंत्र का सही तरीके से प्रयोग करने पर व्यक्ति के जीवन में साहस, आत्मविश्वास और मानसिक शक्ति का विकास होता है।

माँ काली की साधना से शत्रुओं का प्रभाव समाप्त होता है, नकारात्मक ऊर्जा दूर होती है और जीवन में सुरक्षा व समृद्धि आती है। हालांकि, काली तंत्र का गलत प्रयोग करने पर इसके दुष्परिणाम भी हो सकते हैं। इसलिए इस तंत्र को केवल सकारात्मक उद्देश्यों के लिए और उचित मार्गदर्शन के साथ ही अपनाना चाहिए।

12. **दशमहाविधा तंत्र (Dashmahavidya Tantra):** दशमहाविधा तंत्र में दस शक्तिशाली देवियों की उपासना की जाती है। ये दस महाविधाये माँ काली, तारा, त्रिपुर सुंदरी, भुवनेश्वरी, छिन्नमस्ता, भैरवी, धूमावती, बगलामुखी, मातंगी और कमला हैं। प्रत्येक

महाविधा एक विशेष शक्ति और गुण का प्रतीक होती है, और इनकी साधना से साधक को अद्भुत शक्ति, ज्ञान और सिद्धियां प्राप्त होती हैं।

दशमहाविधा तंत्र का प्रयोग जीवन की विभिन्न समस्याओं के समाधान, आध्यात्मिक जागृति और आत्मरक्षा के लिए किया जाता है। माँ काली और माँ तारा रक्षात्मक शक्तियों के लिए पूजित होती हैं, वहीं माँ त्रिपुर सुंदरी और माँ कमला समृद्धि और ऐश्वर्य का प्रतीक हैं। माँ बगलामुखी शत्रुओं पर विजय दिलाने में सहायक होती हैं, जबकि माँ धूमावती और माँ छिन्नमस्ता गूढ़ तांत्रिक साधनाओं में महत्वपूर्ण मानी जाती हैं।

दशमहाविधा तंत्र का अभ्यास अत्यंत पवित्रता, संयम और गुरु के मार्गदर्शन में ही करना चाहिए, क्योंकि इसकी साधनाएं गहरी ऊर्जा और शक्तिशाली मंत्रों पर आधारित होती हैं। सही विधि से की गई साधना से व्यक्ति के जीवन में शक्ति, ज्ञान, और आत्मिक शांति का संचार होता है, जिससे वह अपने जीवन के हर क्षेत्र में सफलता प्राप्त कर सकता है।

13. **नाग तंत्र (Naag Tantra):** नाग तंत्र एक प्राचीन और रहस्यमय तांत्रिक साधना है, जो सर्प शक्ति (नाग शक्ति) से जुड़ी होती है। इस तंत्र में नागों को दिव्य शक्तियों का प्रतीक माना जाता है, जो ज्ञान, ऊर्जा और रक्षा का स्रोत होते हैं। नाग तंत्र का प्रयोग मुख्य रूप से सर्प दोष निवारण, जहरीले जीवों से सुरक्षा, दुर्भाग्य से बचाव और आध्यात्मिक उन्नति के लिए किया जाता है।

नाग तंत्र में विशेष मंत्रों का जाप, नाग यंत्र की स्थापना और हवन जैसी साधनाएं की जाती हैं। इस तंत्र की साधना करने से व्यक्ति पर नाग देवता की कृपा होती है, जिससे उसे शत्रुओं, नकारात्मक ऊर्जा और विषैले प्रभावों से सुरक्षा मिलती है। साथ ही, नाग तंत्र का सही अभ्यास व्यक्ति के जीवन में धन, सफलता और मानसिक शांति लाता है।

नाग तंत्र साधना अत्यंत गूढ़ और शक्तिशाली होती है, जिसे बिना गुरु के मार्गदर्शन में करना खतरनाक हो सकता है। गलत तरीके से की गई साधना से साधक को दुष्परिणाम भी झेलने पड़ सकते हैं।

इसलिए नाग तंत्र को केवल अनुभवी साधक या गुरु के निर्देशानुसार ही किया जाना चाहिए। सही विधि से की गई नाग तंत्र साधना व्यक्ति के जीवन को सुरक्षित, संतुलित और समृद्ध बना सकती है।

14. **ग्रह शांति तंत्र (Graha Shanti Tantra):** ग्रह शांति तंत्र नौ ग्रहों (सूर्य, चंद्र, मंगल, बुध, गुरु, शुक्र, शनि, राहु और केतु) के अशुभ प्रभाव को शांत करता है।

जब किसी व्यक्ति की कुंडली में ग्रहों की स्थिति प्रतिकूल होती है, तो उसके जीवन में बाधाएं, मानसिक अशांति, स्वास्थ्य समस्याएं, आर्थिक परेशानियां और पारिवारिक कलह जैसी समस्याएं उत्पन्न हो सकती हैं। ऐसे में ग्रह शांति तंत्र का प्रयोग इन नकारात्मक प्रभावों को कम करने के लिए किया जाता है।

इस तंत्र में मंत्रों का जाप, विशेष यंत्रों की स्थापना, हवन, दान और ग्रहों को प्रसन्न करने वाले उपाय किए जाते हैं। उदाहरण के लिए, शनि के अशुभ प्रभाव को कम करने के लिए शनि मंत्र का जाप, तेल का दान और काले वस्त्र पहनने की सलाह दी जाती है। इसी तरह, राहु-केतु के प्रभाव को शांत करने के लिए नाग पूजा और हवन किया जाता है।

ग्रह शांति तंत्र को सकारात्मक ऊर्जा प्राप्त करने और जीवन में सुख-समृद्धि लाने का एक प्रभावी उपाय माना जाता है। इस साधना को अनुभवी गुरु के मार्गदर्शन में ही करना चाहिए ताकि यह सही विधि से पूर्ण हो और साधक को शुभ फल प्राप्त हो सके।

15. **भैरव तंत्र (Bhairav Tantra):** भैरव तंत्र में भगवान भैरव की उपासना की जाती है। भगवान भैरव को शिव का रौद्र रूप माना जाता है, जो समय, शक्ति और सुरक्षा के देवता हैं। भैरव तंत्र का मुख्य उद्देश्य जीवन की कठिनाइयों को दूर करना, शत्रुओं पर विजय प्राप्त करना और नकारात्मक ऊर्जा से बचाव करना होता है।

भैरव तंत्र साधना में विशेष मंत्रों का जाप, यंत्रों की स्थापना और तांत्रिक विधियों का पालन किया जाता है। साधक काले वस्त्र पहनकर, रात्रि के समय, विशेष रूप से अष्टमी या रविवार को इस साधना को करता है। भैरव मंत्र जैसे "ॐ भैरवाय नमः" का जाप करने से व्यक्ति के जीवन में आने वाली रुकावटें, भय और बुरी शक्तियों का प्रभाव समाप्त होता है।

भैरव तंत्र साधना के प्रभाव से व्यक्ति को आत्मविश्वास, साहस और मानसिक शक्ति प्राप्त होती है। यह साधना व्यापार में सफलता, शत्रुओं से रक्षा और आध्यात्मिक जागृति के लिए अत्यंत प्रभावी मानी जाती है। हालांकि, भैरव तंत्र का अभ्यास पूरी निष्ठा, पवित्रता और गुरु के मार्गदर्शन में ही करना चाहिए, ताकि इसका पूर्ण लाभ प्राप्त हो और नकारात्मक प्रभावों से बचा जा सके।

क्या ग्रहण के दौरान किया गया तंत्र-मंत्र सबसे शक्तिशाली होता है?

ग्रहण को तंत्र-मंत्र और साधना के लिए अत्यधिक शक्तिशाली समय माना जाता है क्योंकि इस दौरान ब्रह्मांडीय ऊर्जा का प्रवाह असामान्य रूप से बढ़ जाता है। तंत्र शास्त्र के अनुसार, ग्रहण के समय किए गए मंत्र जाप, हवन, और साधनाएँ सामान्य समय की तुलना में कई गुना अधिक प्रभावशाली होती हैं।

इस दौरान सूर्य और चंद्रमा की स्थिति में बदलाव के कारण पृथ्वी पर ऊर्जा का संतुलन अस्थिर हो जाता है, जिससे तंत्र क्रियाओं की शक्ति बढ़ जाती है। माना जाता है कि राहु और केतु इस समय सबसे अधिक सक्रिय रहते हैं, जिससे तांत्रिक और साधक अपनी सिद्धियों को बढ़ाने के लिए विशेष अनुष्ठान करते हैं।

कई लोग इस दौरान महामृत्युंजय मंत्र, गायत्री मंत्र, महाकाली मंत्र, और अन्य तांत्रिक विधियों का प्रयोग करते हैं ताकि उनकी इच्छाएँ शीघ्र पूरी हो सकें।

वैज्ञानिक दृष्टिकोण से भी, ग्रहण के समय पृथ्वी के विद्युत-चुंबकीय क्षेत्र में परिवर्तन होता है, जिससे ध्यान और मंत्र जाप में अधिक एकाग्रता आती है।

हालाँकि, ग्रहण के समय कुछ सावधानियाँ भी रखनी चाहिए, जैसे भोजन न करना, गर्भवती महिलाओं को विशेष सतर्कता बरतना, और ग्रहण समाप्त होने के बाद स्नान व शुद्धिकरण करना।

कुल मिलाकर, ग्रहण के दौरान किए गए तंत्र-मंत्र और साधनाएँ वास्तव में अधिक शक्तिशाली मानी जाती हैं, लेकिन इन्हें सही मार्गदर्शन और सावधानी के साथ करना आवश्यक होता है।

रहस्यमयी तांत्रिक अनुष्ठानों से जुड़ी सच्ची घटनाएँ

वाराणसी का तांत्रिक: वाराणसी, जिसे मोक्ष नगरी कहा जाता है, सदियों से तंत्र-साधना और गूढ़ विधाओं का केंद्र रही है। विशेष रूप से मणिकर्णिका घाट, जो अनवरत जलते चिताओं के लिए प्रसिद्ध है, तंत्र-मंत्र के साधकों के लिए रहस्यमयी प्रयोगशाला जैसा माना जाता है। ऐसी ही एक घटना कई दशक पहले सामने आई, जिसने घाट के साधुओं और स्थानीय लोगों को चौंका दिया।

कहते हैं कि वाराणसी के मणिकर्णिका घाट पर एक तांत्रिक नियमित रूप से आता था, लेकिन वह आम लोगों से अलग-थलग रहता था। उसके बारे में कहा जाता था कि वह "शमशान साधना" कर रहा है, एक ऐसी साधना जिसे अघोरी और तंत्र-साधक आत्मिक और अलौकिक शक्तियों की सिद्धि के लिए करते हैं।

एक रात, पूर्णिमा और अमावस्या के संधिकाल में, घाट पर मौजूद कुछ लोगों ने देखा कि वह तांत्रिक एक जलती हुई चिता के ऊपर बैठकर साधना कर रहा था। उसने आँखें बंद कर लीं और कुछ रहस्यमयी मंत्रों का जाप करने लगा। प्रत्यक्षदर्शियों के अनुसार, उसके चारों ओर अचानक एक अजीब ऊर्जा प्रवाहित होने लगी, और चिता की आग असामान्य रूप से ऊँची उठने लगी। कुछ लोग डर के कारण वहाँ से भाग गए, लेकिन कुछ जिज्ञासु लोग दूर से देखते रहे।

लगभग आधे घंटे तक यह प्रक्रिया चलती रही, और अचानक ही तांत्रिक ने एक जोरदार अट्टहास किया। इसके बाद, वह उठकर घाट की ओर चला गया, लेकिन यह कहते हुए कि "शमशान ही सच्चा तीर्थ है, और जो इसे समझे, वही मुक्त हो सकता है।" इसके बाद वह रहस्यमय तरीके से गायब हो गया और फिर कभी नहीं दिखा।

आज भी वाराणसी के मणिकर्णिका घाट पर ऐसे तंत्र-साधकों के बारे में कहानियाँ सुनी जाती हैं। यह घटना एक रहस्य बनी हुई है—क्या यह सिर्फ संयोग था, या सच में तांत्रिक ने कोई सिद्धि प्राप्त कर ली थी? जवाब अब भी अनसुलझा है।

तंत्र विधा से बीमारी ठीक करने की रहस्यमयी घटना: तंत्र विधा को अक्सर रहस्यमय शक्तियों से जोड़ा जाता है, और भारत सहित कई देशों में इसे चमत्कारिक इलाज के रूप में देखा जाता है। नेपाल के एक छोटे से गाँव में घटी एक घटना ने लोगों को यह सोचने पर मजबूर कर दिया कि क्या तंत्र वास्तव में बीमारियों को ठीक कर सकता है?

यह घटना 1998 की है, जब एक महिला, जिसका नाम सुनीता था, अचानक एक अज्ञात बीमारी से ग्रसित हो गई। डॉक्टरों ने उसका इलाज करने की बहुत कोशिश की, लेकिन कोई भी दवा असर नहीं कर रही थी। धीरे-धीरे उसकी हालत बिगड़ती चली गई, और वह बिस्तर पर पड़ गई। परिवार ने उसे कई अस्पतालों में दिखाया, लेकिन हर जगह डॉक्टरों ने हाथ खड़े कर दिए।

आखिरकार, जब सभी उपाय विफल हो गए, तो गाँव के कुछ बुजुर्गों ने सलाह दी कि उसे एक प्रसिद्ध तांत्रिक के पास ले जाया जाए, जो पहाड़ों में साधना करता था। परिवार ने पहले संकोच किया, लेकिन बेटी की हालत देखते हुए वे राज़ी हो गए।

वे तांत्रिक के पास पहुँचे, जो एक गुफा में रहता था और माना जाता था कि उसकी सिद्धियों ने कई लोगों को ठीक किया है। तांत्रिक ने महिला को देखकर कहा कि यह केवल शारीरिक बीमारी नहीं, बल्कि एक "ऊपरी प्रभाव" है। उसने कुछ विशेष जड़ी-बूटियाँ दीं और एक मंत्रोच्चार के साथ अनुष्ठान किया। इसके बाद, उसने महिला के शरीर पर भस्म लगाई और कहा कि सात दिनों के भीतर वह ठीक हो जाएगी। आश्चर्यजनक रूप से, जैसे-जैसे दिन बीतते गए, महिला की हालत में सुधार होने लगा। सातवें दिन वह खुद से उठकर चलने लगी, और कुछ हफ्तों में पूरी तरह ठीक हो गई। डॉक्टर भी इस चमत्कार को समझ नहीं पाए।

यह घटना आज भी गाँव में चर्चा का विषय बनी हुई है। यह सवाल खड़ा करती है—क्या यह केवल तंत्र-मंत्र का प्रभाव था, या फिर मानसिक विश्वास और जड़ी-बूटियों का चमत्कारी असर? जवाब अब भी एक रहस्य बना हुआ है।

सारांश: तंत्र, मंत्र और यंत्र भारतीय आध्यात्मिक परंपरा के तीन महत्वपूर्ण स्तंभ हैं। तंत्र ऊर्जा साधना की एक प्रणाली है, जिसमें ध्यान, अनुष्ठान और दिव्य शक्तियों को जागृत करने की विधियाँ शामिल हैं।

मंत्र विशेष ध्वनियों और शब्दों का समूह है, जिसका जप करने से मानसिक और आध्यात्मिक शक्तियाँ सक्रिय होती हैं।

यंत्र ज्यामितीय प्रतीक या चित्र होते हैं, जो ऊर्जा को आकर्षित और केंद्रित करने के लिए उपयोग किए जाते हैं।

तंत्र क्रियाओं में मंत्रों और यंत्रों का संयोजन किया जाता है। इनका सही उपयोग साधक को आत्मिक शक्ति, मनोवैज्ञानिक संतुलन और भौतिक सफलता दिला सकता है।

निष्कर्ष: तंत्र, मंत्र और यंत्र आध्यात्मिक विज्ञान के तीन महत्वपूर्ण पहलू हैं, जो शक्ति, ऊर्जा और चेतना को नियंत्रित करने में सहायक होते हैं। तंत्र एक विधि है, जिसके माध्यम से साधक ब्रह्मांडीय ऊर्जा को साधता और नियंत्रित करता है। मंत्र एक शक्तिशाली ध्वनि या शब्द होता है, जो व्यक्ति की मानसिक और आध्यात्मिक ऊर्जा को जागृत कर सकता है। यंत्र विशेष ज्यामितीय आकृतियों से बना होता है, जो ऊर्जा को केंद्रित और संतुलित करता है।

तंत्र, मंत्र और यंत्र का रहस्य यह है कि वे केवल चमत्कारिक उपाय नहीं हैं, बल्कि एक गहरी साधना और अनुशासन की प्रक्रिया हैं। सही मार्ग पर चलते हुए, व्यक्ति अपने भीतर की शक्ति को पहचानकर एक संतुलित और सफल जीवन जी सकता है।

सोचने योग्य प्रश्न: क्या तंत्र वास्तव में किसी अलौकिक शक्ति से जुड़ा है, या यह केवल मनोवैज्ञानिक प्रभाव और विश्वास का खेल है?

अध्याय 7

डर पैदा करने वाले टोटके
(FEAR-CAUSING SUPERSTITIOUS PRACTICES)

डर पैदा करने वाले टोटके लोगों के बीच एक रहस्यमयी विषय हैं। कुछ लोग इन्हें अंधविश्वास मानते हैं, जबकि कुछ इन पर पूरी तरह विश्वास करते हैं। टोटके आमतौर पर बुरी शक्तियों को दूर करने या किसी उद्देश्य की पूर्ति के लिए किए जाते हैं। वैज्ञानिक दृष्टि से इनका कोई प्रमाण नहीं है, लेकिन मनोवैज्ञानिक रूप से यह विश्वास हमारे दिमाग पर असर डाल सकता है। जब कोई व्यक्ति किसी टोटके को सच मानता है, तो उसका मन उसी दिशा में काम करने लगता है। इसलिए, टोटके असली हों या न हों, उनका असर हमारी सोच और विश्वास पर निर्भर करता है। लेकिन क्या ये सच में प्रभावी हैं, या सिर्फ मानसिक भ्रम हैं?

भय और अंधविश्वास की उत्पत्ति

डर पैदा करने वाले टोटके भय और अंधविश्वास की उत्पत्ति के पीछे एक बड़ा कारण होते हैं। जब कोई व्यक्ति किसी टोटके से डरता है, तो यह डर उसके मन में धीरे-धीरे विश्वास का रूप ले लेता है, और यही अंधविश्वास बन जाता है। इसके मुख्य कारण हैं:

1. **अज्ञात का भय (Fear of the Unknown):** जब हमें किसी चीज़ के बारे में जानकारी नहीं होती या उसका भविष्य में क्या असर होगा, यह समझ में नहीं आता, तो हमारे मन में डर पैदा हो जाता है। इसे अज्ञात का भय कहा जाता है। यह डर इंसानों में स्वाभाविक रूप से होता है, क्योंकि हमारा दिमाग हमें संभावित खतरों से बचाने की कोशिश करता है।

उदाहरण के लिए, अगर कोई अंधेरे कमरे में जाता है और नहीं जानता कि अंदर क्या है, तो उसे डर महसूस हो सकता है। इसी तरह, नए काम की शुरुआत, परीक्षाएं, बीमारियां, या भूत-प्रेत की कहानियां भी अज्ञात के डर को बढ़ा सकती हैं।

यह भय कई बार अंधविश्वास का रूप ले लेता है, क्योंकि लोग अनजानी चीज़ों को टोटकों या दैवीय शक्तियों से जोड़ने लगते हैं। लेकिन अगर हम तार्किक सोच अपनाएं और नई चीजों को जानने की कोशिश करें, तो इस डर को कम किया जा सकता है।

2. **परंपराएं और सामाजिक प्रभाव:** परंपराएं और समाज का हमारे जीवन पर गहरा असर पड़ता है। बचपन से हम अपने परिवार और समाज से कई तरह की मान्यताएं सीखते हैं, जो धीरे-धीरे हमारी सोच और विश्वास का हिस्सा बन जाती हैं। कुछ परंपराएं अच्छी होती हैं, जो संस्कार और नैतिक मूल्यों को बढ़ावा देती हैं, लेकिन कुछ सिर्फ अंधविश्वास बनकर रह जाती हैं।

उदाहरण के लिए, कई लोग मानते हैं कि शाम के समय झाड़ू लगाने से गरीबी आती है या झाड़ू से मारने पर गरीबी आने की धारणा या रात में पेड़ के नीचे न बैठने की सलाह या नींबू-मिर्च लगाने से बुरी नजर नहीं लगती। ये धारणाएं समाज में पीढ़ी-दर-पीढ़ी चलती रहती हैं, और लोग बिना तर्क किए इनका पालन करते हैं।

सामाजिक प्रभाव भी बहुत महत्वपूर्ण होता है। जब पूरा समाज किसी बात को सच मानता है, तो व्यक्ति भी उस पर विश्वास करने लगता है। लेकिन हमें हर परंपरा और विश्वास को तर्क और वैज्ञानिक सोच से परखना चाहिए, ताकि हम अंधविश्वास से बच सकें।

3. **संयोग (Coincidence) और अनुभव:** संयोग का मतलब है कि दो या ज्यादा घटनाएं एक साथ हो जाएं, लेकिन उनका आपस में कोई असली संबंध न हो। कई बार लोग किसी संयोग को विशेष अर्थ देने लगते हैं और इसे भाग्य, टोटका या किसी अदृश्य शक्ति से जोड़ देते हैं।

उदाहरण के लिए, अगर कोई व्यक्ति सुबह घर से निकलते समय बिल्ली को रास्ता काटते हुए देखे और उसी दिन उसका कोई काम बिगड़ जाए, तो वह इसे बिल्ली के कारण हुआ मान सकता है। जबकि असल में यह सिर्फ एक संयोग था, जिसका उस घटना से कोई लेना-देना नहीं था।

इसी तरह, अगर कोई टोटका करके सफल हो जाता है, तो उसे लगता है कि टोटका ही कारण था, जबकि यह सिर्फ संयोग भी हो सकता है। इसलिए, हमें अपने अनुभवों को तर्क की कसौटी पर परखना चाहिए और अंधविश्वास से बचना चाहिए।

4. **मानसिक प्रभाव (Psychological Impact):** हमारे विचार और विश्वास का हमारे दिमाग और शरीर पर गहरा असर पड़ता है। जब हम किसी चीज़ को सच मान लेते हैं, तो हमारा दिमाग उसी के अनुसार प्रतिक्रिया करने लगता है। इसे मानसिक प्रभाव कहा जाता है।

उदाहरण के लिए, अगर कोई व्यक्ति मानता है कि कोई टोटका उसे नुकसान पहुंचाएगा, तो उसका मन डर से भर जाता है। इस डर की वजह से वह बेचैनी महसूस कर सकता है, गलत फैसले ले सकता है, या खुद को कमजोर समझने लग सकता है। इसी तरह, अगर कोई किसी दवा को चमत्कारी मानकर खाता है, तो बिना असली असर के भी उसे अच्छा महसूस होने लगता है। इसे प्लेसिबो इफेक्ट कहते हैं।

इसलिए, अगर हम सकारात्मक सोच रखें और किसी भी चीज़ को तर्क और विज्ञान की नजर से परखें, तो हम मानसिक प्रभाव से खुद को बचा सकते हैं और बेहतर जीवन जी सकते हैं।

5. **अंधविश्वास से लाभ उठाने वाले लोग:** अंधविश्वास का फायदा उठाने वाले लोग दूसरों के डर और अज्ञानता का उपयोग करके अपना स्वार्थ पूरा करते हैं। ये लोग खुद को तांत्रिक, ज्योतिषी या चमत्कारी शक्तियों वाला बताकर लोगों को डराते हैं और समाधान के नाम पर धन वसूलते हैं।

उदाहरण के लिए, अगर किसी को बार-बार परेशानी हो रही है, तो ऐसे लोग उसे टोटकों या अनुष्ठानों का सहारा लेने के लिए कहते हैं। वे झूठे वादे करते हैं कि अमुक उपाय करने से सारी समस्याएं खत्म हो जाएंगी। कई बार लोग इस डर से ठगे जाते हैं कि अगर उन्होंने उपाय नहीं किया, तो उनके साथ कुछ बुरा हो सकता है।

इसलिए, हमें किसी भी चीज़ को आंख बंद करके नहीं मानना चाहिए। हर समस्या का समाधान तर्क, विज्ञान और सही सोच से निकाला जा सकता है। अगर हम जागरूक बनें, तो अंधविश्वास के जाल में फंसने से बच सकते हैं।

मनोवैज्ञानिक, ज्योतिषीय और वैज्ञानिक विश्लेषण

1. **मनोवैज्ञानिक विश्लेषण (Psychological Analysis):** मनोविज्ञान के अनुसार, टोटकों का असर मुख्य रूप से प्लेसिबो इफेक्ट और नकारात्मक सोच के कारण होता है। जब कोई व्यक्ति किसी टोटके को सच मानता है, तो उसका दिमाग उसी अनुसार प्रतिक्रिया करने लगता है। अगर वह मान ले कि किसी विशेष क्रिया से उसे नुकसान होगा, तो वह खुद ही नकारात्मक ऊर्जा महसूस करने लगता है।

सुझाव (Suggestion Effect): जब बार-बार कहा जाए कि कोई चीज़ अशुभ है, तो व्यक्ति उसे सच मानकर डरने लगता है। सुझाव इफेक्ट का मतलब है कि अगर हमें बार-बार कोई बात कही जाए, तो हमारा दिमाग उसे सच मानने लगता है, चाहे वह सही हो या नहीं। यह मनोवैज्ञानिक प्रभाव है, जिसमें व्यक्ति दूसरों की बातों या समाज में प्रचलित धारणाओं से प्रभावित होकर वैसा ही सोचने और महसूस करने लगता है।

उदाहरण के लिए, अगर बचपन से किसी को बताया जाए कि बिल्ली रास्ता काट दे तो अशुभ होता है, तो वह व्यक्ति इसे सच मान सकता है। फिर अगर रास्ता काटने के बाद कोई परेशानी हो जाए, तो वह इसे बिल्ली से जोड़ लेता है, जबकि यह केवल एक संयोग हो सकता है। इसी तरह, कुछ लोग मानते हैं कि कोई खास रंग पहनने से सफलता मिलती है, जबकि असल में यह केवल उनका विश्वास होता है। इस प्रभाव से बचने के लिए जरूरी है कि हम हर बात को तर्क और वैज्ञानिक सोच के आधार पर परखें, न कि सिर्फ सुनकर मान लें।

भय और असुरक्षा की भावना: टोटके अक्सर उन लोगों को ज्यादा प्रभावित करते हैं, जो पहले से ही मानसिक रूप से असुरक्षित होते हैं। भय और असुरक्षा की भावना तब उत्पन्न होती है जब व्यक्ति को किसी अनजान खतरे या नुकसान का डर सताने लगता है। यह भावना अधिकतर अंधविश्वास, बचपन की सीख, समाज के प्रभाव और नकारात्मक अनुभवों से जुड़ी होती है। जब कोई व्यक्ति बार-बार किसी अशुभ चीज़ या टोटके के बारे में सुनता है, तो उसका दिमाग उसे सच मानने लगता है और डर महसूस करने लगता है।

उदाहरण के लिए, अगर किसी को बताया जाए कि रात में पेड़ के नीचे भूत होते हैं, तो वह व्यक्ति वहां जाने से डरने लगेगा, भले ही कोई भूत न हो। इसी तरह, असुरक्षा की भावना तब बढ़ती है जब कोई व्यक्ति अपनी समस्याओं का कारण बाहरी शक्तियों को मानने लगता है, बजाय इसके कि वह समस्या का समाधान खोजे। इससे बचने के लिए जरूरी है कि हम तार्किक सोच अपनाएं और हर डर को वास्तविकता की कसौटी पर परखें। आत्मविश्वास और सही जानकारी से भय और असुरक्षा को दूर किया जा सकता है।

संयोग (Coincidence) का प्रभाव: कई बार कोई घटना टोटके के बाद हो जाती है, तो लोग उसे आपस में जोड़ लेते हैं, जबकि असल में वे अलग-अलग घटनाएं होती हैं। संयोग का मतलब है जब दो या अधिक घटनाएं बिना किसी सीधा संबंध के एक साथ हो जाती हैं, लेकिन लोग उन्हें आपस में जोड़कर देखने लगते हैं।

अक्सर लोग किसी टोटके या अंधविश्वास को सच मानने लगते हैं क्योंकि उन्हें कोई घटना उसके तुरंत बाद होती हुई दिखती है, जबकि असल में यह सिर्फ एक संयोग होता है।

उदाहरण के लिए, अगर कोई व्यक्ति काली बिल्ली के रास्ता काटने के बाद गिर जाता है, तो वह इसे बिल्ली से जोड़ लेता है, जबकि गिरने की असली वजह कुछ और हो सकती है। इसी तरह, अगर कोई विशेष रंग के कपड़े पहनकर परीक्षा में अच्छा प्रदर्शन करता है, तो वह मान सकता है कि उस रंग से उसे सफलता मिली, जबकि असल में मेहनत और तैयारी ही असली कारण थे।

संयोग को अंधविश्वास से अलग पहचानने के लिए हमें तर्क और विज्ञान का सहारा लेना चाहिए, ताकि हम बिना कारण के डरने या गलत विश्वास करने से बच सकें।

ज्योतिषीय विश्लेषण (Astrological Analysis)

ज्योतिष में कुछ टोटकों को नकारात्मक ग्रहों और ऊर्जाओं के संतुलन से जोड़ा जाता है।

- **शनि और राहु-केतु के प्रभाव:** ज्योतिष में शनि और राहु-केतु को महत्वपूर्ण लेकिन रहस्यमय ग्रह माना जाता है। जब ये ग्रह अशुभ स्थिति में होते हैं, तो व्यक्ति के जीवन में बाधाएँ, मानसिक तनाव और संघर्ष बढ़ सकते हैं। शनि के अशुभ प्रभाव से काम में देरी, आर्थिक समस्याएँ और शारीरिक कष्ट हो सकते हैं, जबकि राहु-केतु भ्रम, अनिश्चितता और अचानक बदलाव लाते हैं।

  इन ग्रहों की अशुभ स्थिति को सुधारने के लिए कई टोटके किए जाते हैं। शनिवार को शनिदेव की पूजा, सरसों के तेल का दीपक जलाना और जरूरतमंदों को भोजन कराना शनि के प्रभाव को शांत करने में मदद कर सकता है।

  राहु-केतु के लिए नारियल और काले तिल का दान, शिव पूजा और मंत्र जाप किए जाते हैं। ये टोटके न केवल मानसिक शांति देते हैं, बल्कि आत्मविश्वास भी बढ़ाते हैं। हालाँकि, इन उपायों के साथ सकारात्मक सोच और सही कर्म करना भी जरूरी है।

- **नकारात्मक ऊर्जा और उपाय:** वास्तु दोष या ग्रहों की नकारात्मक स्थिति को दूर करने के लिए कई टोटके प्रचलित हैं, जिन्हें लोग सुख-समृद्धि और शांति बनाए रखने के लिए अपनाते हैं। माना जाता है कि गलत वास्तु या अशुभ ग्रहों के कारण परिवार में तनाव, आर्थिक परेशानी, स्वास्थ्य संबंधी समस्याएँ और कार्यों में रुकावटें आ सकती हैं।

  इनसे बचने के लिए कुछ सरल उपाय किए जाते हैं, जैसे मुख्य द्वार पर स्वस्तिक का चिन्ह बनाना, घर में तुलसी का पौधा लगाना और सुबह-शाम दीप जलाना। शनि और राहु-केतु

के बुरे प्रभाव को कम करने के लिए शनिवार को काले तिल और तेल का दान करना, हनुमान चालीसा का पाठ करना और शिवलिंग पर जल चढ़ाना फायदेमंद माना जाता है। इन टोटकों का वैज्ञानिक आधार भले ही पूरी तरह सिद्ध न हो, लेकिन यह सकारात्मक ऊर्जा और आत्मविश्वास बढ़ाने में मदद कर सकते हैं।

- **तंत्र-मंत्र और ऊर्जाएं:** कुछ टोटकों को तांत्रिक क्रियाओं से जोड़ा जाता है, जिनका उद्देश्य विशेष ऊर्जाओं को सक्रिय करना होता है। तंत्र शास्त्र में माना जाता है कि सही तरीके से किए गए टोटके ऊर्जा संतुलन बनाने, नकारात्मक प्रभावों को दूर करने और मनोबल बढ़ाने में मदद कर सकते हैं। तांत्रिक टोटकों का उपयोग अधिकतर सुरक्षा, समृद्धि, स्वास्थ्य और बाधाओं को दूर करने के लिए किया जाता है।

उदाहरण के लिए, बुरी नजर से बचने के लिए नींबू-मिर्च टांगना, किसी स्थान को ऊर्जावान बनाने के लिए ग्रहों से संबंधित विशेष यंत्र स्थापित करना और नकारात्मकता दूर करने के लिए लाल धागा बांधना या हवन करना आम प्रथाएँ हैं।

हालाँकि, कई लोग अंधविश्वास के कारण बिना सोचे-समझे इनका पालन करते हैं, जो सही नहीं है। इन टोटकों का असर व्यक्ति की मानसिक शक्ति, विश्वास और आत्म-प्रेरणा पर निर्भर करता है, इसलिए किसी भी उपाय को अपनाने से पहले तर्क और समझ जरूरी है।

वैज्ञानिक विश्लेषण (Scientific Analysis): विज्ञान टोटकों को संयोग, मनोवैज्ञानिक प्रभाव और सांस्कृतिक विश्वास का परिणाम मानता है।

- **टोटकों की वैज्ञानिक पुष्टि का अभाव:** अभी तक किसी वैज्ञानिक शोध में यह साबित नहीं हुआ है कि टोटकों में कोई विशेष शक्ति होती है। टोटके आमतौर पर परंपराओं, विश्वास और मनोवैज्ञानिक प्रभावों पर आधारित होते हैं। जब कोई व्यक्ति किसी टोटके को अपनाता है, तो उसका दिमाग उसे सच मानने लगता है, जिसे प्लेसिबो इफेक्ट कहा जाता है। इसका मतलब है कि व्यक्ति की सोच और विश्वास से ही उसे लाभ महसूस होने लगता है, भले ही टोटके का कोई वास्तविक वैज्ञानिक आधार न हो।

उदाहरण के लिए, किसी को अगर यह विश्वास दिलाया जाए कि हाथ में लाल धागा बांधने से सफलता मिलेगी, तो वह आत्मविश्वास से भर जाता है और बेहतर प्रदर्शन करता है। इसी तरह, वास्तु और ग्रह दोष से जुड़ी कई मान्यताएँ वैज्ञानिक आधार से अधिक मानसिक संतुलन पर निर्भर करती हैं। इसलिए किसी भी टोटके को अपनाने से पहले तर्क, विज्ञान और वास्तविकता को समझना जरूरी है।Top of Form

- **सामाजिक और सांस्कृतिक प्रभाव:** पीढ़ी-दर-पीढ़ी चले आ रहे विश्वास वैज्ञानिक जांच से परखे नहीं गए, इसलिए वे केवल मानसिक और सामाजिक धारणाओं पर आधारित होते हैं। कई मान्यताएँ समय के साथ इतनी गहराई से समाज में रच-बस गई हैं कि लोग बिना वैज्ञानिक प्रमाण के भी उन पर विश्वास करने लगते हैं। उदाहरण के लिए, नींबू-मिर्च टांगने से बुरी नजर से बचाव या घर के मुख्य द्वार पर घोड़े की नाल लगाने से सुख-समृद्धि जैसी बातें वैज्ञानिक दृष्टि से प्रमाणित नहीं हैं, लेकिन फिर भी इन्हें अपनाया जाता है।

  ऐसे विश्वासों का असर मुख्य रूप से मनोवैज्ञानिक प्रभाव (Psychological Effect) और सामाजिक परंपराओं पर निर्भर करता है। जब कोई व्यक्ति इनका पालन करता है, तो उसे मानसिक संतुष्टि मिलती है और वह सकारात्मक महसूस करता है। हालाँकि, आधुनिक विज्ञान के अनुसार इनका कोई ठोस प्रमाण नहीं है, इसलिए हमें अंधविश्वास से बचते हुए तर्क और वैज्ञानिक सोच को अपनाना चाहिए।

- **भय के कारण होने वाले शारीरिक प्रभाव:** भय केवल मानसिक अनुभव नहीं है, बल्कि इसका शरीर पर भी गहरा प्रभाव पड़ता है। जब कोई व्यक्ति डर महसूस करता है, तो उसका मस्तिष्क तुरंत प्रतिक्रिया देता है और शरीर को सतर्क करने के लिए कुछ हार्मोन रिलीज करता है, जैसे एड्रेनालिन और कॉर्टिसोल। इससे हृदय की धड़कन तेज हो जाती है, सांस लेने की गति बढ़ जाती है और शरीर में अचानक ऊर्जा का संचार होता है।

  डर की स्थिति में हथेलियों में पसीना आना, मांसपेशियों का तनाव, शरीर में झुनझुनी या कंपकंपी और गले का सूखना आम लक्षण होते हैं। लंबे समय तक भय बना रहे, तो यह मानसिक तनाव, अनिद्रा, उच्च रक्तचाप और पाचन संबंधी समस्याओं का कारण बन सकता है। इसलिए डर को नियंत्रित करना और सकारात्मक सोच बनाए रखना बहुत जरूरी है। योग, ध्यान और आत्मविश्वास बढ़ाने वाली गतिविधियाँ भय को कम करने में सहायक हो सकती हैं।

वास्तविक केस स्टडी

1. **श्रापित हवेली का रहस्य:** शहर से दूर एक पुरानी हवेली थी, जिसे लोग "श्रापित" मानते थे। कहा जाता था कि जो भी वहाँ रात बिताने जाता, उसे डरावनी परछाइयाँ दिखाई देतीं, अजीब फुसफुसाहट सुनाई देती और सुबह तक उसका दिमागी संतुलन बिगड़ जाता। हवेली के बाहर टोटकों की चीजें – राख से बनी आकृतियाँ, उल्टे नींबू, लाल धागे में बंधे लोहे के टुकड़े और काले गुड़ियों को लटकाया गया था। लोग कहते थे कि वहाँ किसी ने भयानक तांत्रिक क्रिया कर रखी है।

पर कुछ युवा इस कहानी पर यकीन नहीं करते थे। उनमें से एक, रोहित, ने पूरी रात वहाँ रुकने का फैसला किया। आधी रात को उसने देखा कि कुछ लोग छुपकर हवेली के अंदर अजीब आवाजें निकाल रहे थे और दरवाजे पर टोटके रख रहे थे। जब उसने हिम्मत जुटाकर उनका पीछा किया, तो पता चला कि ये पास के गाँव के ही कुछ लोग थे, जो हवेली को श्रापित बताकर उसे कब्जे में लेना चाहते थे।

सुबह रोहित ने गाँव वालों को बुलाया और सच्चाई सामने रखी। असल में कोई आत्मा नहीं, बल्कि लोगों की अंधविश्वास भरी मानसिकता थी, जिसे डर और टोटकों के जरिए बढ़ाया गया था। हवेली खाली करवाने के लिए कुछ चालाक लोगों ने इसे श्रापित बनाने की साजिश रची थी।

यह घटना दिखाती है कि डराने वाले टोटकों की शक्ति असली नहीं होती, बल्कि उन्हें मानने वाले लोगों के डर में छिपी होती है। जब तक हम बिना सोचे-समझे इन पर विश्वास करेंगे, तब तक कोई न कोई हमें बेवकूफ बनाता रहेगा। डर से लड़ने का सबसे अच्छा तरीका है – सत्य और तर्क की आँखों से चीजों को देखना।

वास्तविक केस स्टडी: शापित पेड़ का रहस्य

गाँव के बाहर एक बहुत पुराना पीपल का पेड़ था, जिसे लोग "अशुभ" मानते थे। कहा जाता था कि वहाँ जो भी रात में जाता, उसके साथ अजीब घटनाएँ होतीं—कभी किसी के कपड़े खुद-ब-खुद फट जाते, तो कभी किसी को पीछे से किसी के चलने की आहट सुनाई देती। कुछ लोगों का दावा था कि पेड़ से लाल धागे में बंधे नींबू-मिर्च गिरते थे और अचानक ठंडी हवा चलने लगती थी। गाँव वालों का मानना था कि वहाँ किसी तांत्रिक ने टोटका कर रखा है और उस पेड़ पर आत्माओं का वास है।

गाँव के एक स्कूल टीचर, राजीव जी, को इन बातों पर यकीन नहीं था। उन्होंने इस रहस्य को वैज्ञानिक तरीके से समझने का फैसला किया। उन्होंने पेड़ के पास रात में एक सीसीटीवी कैमरा लगा दिया और गाँव वालों से कहा कि कुछ दिनों तक कोई वहाँ न जाए।

तीन रातों तक कोई अजीब घटना नहीं हुई, लेकिन चौथी रात कैमरे में कुछ ऐसा रिकॉर्ड हुआ, जिससे सारा सच सामने आ गया। कुछ लोग खुद ही वहाँ आकर नींबू-मिर्च टांग रहे थे, हवा में राख उड़ा रहे थे और डरावनी आवाजें निकाल रहे थे। जब इन लोगों से पूछताछ की गई, तो पता चला कि वे गाँव में टोने-टोटके से जुड़े अंधविश्वास को बनाए रखना चाहते थे ताकि वे इसका फायदा उठाकर लोगों से पैसे ऐंठ सकें।

इस घटना के बाद गाँववालों ने मिलकर यह तय किया कि अब किसी भी अंधविश्वास को बिना परखे स्वीकार नहीं करेंगे। इस केस स्टडी से यह साबित होता है कि डराने वाले टोटकों की असली ताकत लोगों के विश्वास और मानसिक भय में होती है। जब इन घटनाओं का तार्किक विश्लेषण किया जाए, तो इनका सच सामने आ जाता है।

सारांश: प्राचीन काल से ही समाज में संतान प्राप्ति के लिए विभिन्न टोटकों, अनुष्ठानों और ज्योतिषीय उपायों का पालन किया जाता रहा है। कई संस्कृतियों में यह विश्वास रहा है कि विशेष यंत्र, मंत्र, और तांत्रिक साधनाओं से संतान प्राप्ति संभव हो सकती है। कुछ लोग इसे आध्यात्मिक उपाय मानते हैं, तो कुछ इसे महज अंधविश्वास करार देते हैं।

आयुर्वेद, ज्योतिष और तंत्र शास्त्र में ग्रहों की दशा, कुंडली दोष और पारिवारिक कर्मों को संतान प्राप्ति से जोड़कर देखा जाता है। वैज्ञानिक दृष्टिकोण से देखा जाए तो संतानोत्पत्ति पूरी तरह से जैविक और चिकित्सीय प्रक्रिया पर निर्भर करती है, लेकिन कई लोग अब भी विश्वास करते हैं कि सकारात्मक ऊर्जा, मानसिक दृढ़ता और विशेष अनुष्ठानों से संतान प्राप्ति में सहायता मिल सकती है। तो क्या यह टोटके सिर्फ मानसिक संतोष के लिए होते हैं, या वास्तव में इनका कोई रहस्यमय प्रभाव होता है? क्या विज्ञान कभी इन रहस्यों को पूरी तरह से सुलझा पाएगा?

निष्कर्ष: डर पैदा करने वाले टोटके अक्सर मानसिक भय, सामाजिक परंपराओं और अंधविश्वासों पर आधारित होते हैं। लोग इन टोटकों को किसी अनहोनी से बचने या दुर्भाग्य को टालने के लिए अपनाते हैं, लेकिन वैज्ञानिक रूप से इनका कोई प्रमाण नहीं है। मनोवैज्ञानिक दृष्टि से, जब कोई व्यक्ति किसी टोटके पर विश्वास करता है, तो उसका दिमाग उसी दिशा में घटनाओं को जोड़ने लगता है, जिससे उसे टोटके का प्रभाव वास्तविक लगने लगता है।

ज्योतिष और तंत्रशास्त्र में इनका संबंध ग्रहों और ऊर्जाओं से जोड़ा जाता है, लेकिन इनकी प्रभावशीलता का कोई वैज्ञानिक आधार नहीं है। कई बार स्वार्थी लोग डर फैलाकर भोले-भाले लोगों को ठगते हैं। इसलिए, किसी भी टोटके को मानने से पहले तार्किक सोच अपनाना जरूरी है। डर को केवल अज्ञानता और मानसिक प्रभाव से ही बढ़ावा मिलता है, जबकि जागरूकता और तर्क शक्ति इसे समाप्त कर सकती है।

सोचने योग्य प्रश्न: क्या डराने वाले टोटकों का असर केवल मनोवैज्ञानिक होता है, या इनमें वाकई कोई रहस्यमय शक्ति होती है?

अध्याय 8

ज्योतिषीय उपाय

(ASTROLOGICAL REMEDIES)

ज्योतिषीय उपायों की वैज्ञानिक पुष्टि एक जटिल विषय है क्योंकि यह विश्वास और परंपरा से जुड़ा हुआ है। हालाँकि, कई ज्योतिषीय उपायों के पीछे मनोवैज्ञानिक, भौतिकी, और जीवनशैली से जुड़े कारण देखे जा सकते हैं।

आइए कुछ प्रमुख ज्योतिषीय उपायों को उनके वैज्ञानिक दृष्टिकोण से समझते हैं:

ग्रहों के अशुभ प्रभाव को कम करने के उपाय:

1. **रुद्राक्ष पहनना:** रुद्राक्ष सिर्फ धार्मिक आस्था का प्रतीक नहीं है, बल्कि इसका वैज्ञानिक आधार भी है। रुद्राक्ष की सतह पर प्राकृतिक रूप से बनी रेखाएं और गहरे खांचे होते हैं, जो इसे एक जैविक कैपेसिटर की तरह कार्य करने में सक्षम बनाते हैं। यह शरीर की विद्युत-चुंबकीय ऊर्जा को संतुलित करता है और तनाव कम करता है।

   रुद्राक्ष की बनावट ऐसी होती है कि यह हृदय गति को नियंत्रित करने और रक्तचाप को संतुलित रखने में मदद करता है। इसे पहनने से तंत्रिका तंत्र शांत रहता है, जिससे मानसिक शांति मिलती है और ध्यान में एकाग्रता बढ़ती है।

   रुद्राक्ष को पानी में डालने पर यह हल्की ऊर्जा तरंगें छोड़ता है, जिससे सकारात्मक कंपन उत्पन्न होते हैं। इस तरह, रुद्राक्ष पहनना वैज्ञानिक रूप से शरीर, मन और ऊर्जा संतुलन के लिए फायदेमंद होता है।

2. **नीलम, पन्ना, मूंगा आदि रत्न धारण करना:** नीलम, पन्ना, मूंगा जैसे रत्नों का उपयोग केवल ज्योतिषीय कारणों से नहीं, बल्कि वैज्ञानिक दृष्टि से भी महत्वपूर्ण है। रत्नों में क्रिस्टल संरचना होती है, जो ऊर्जा को अवशोषित और प्रसारित करने की क्षमता रखती है। ये रत्न शरीर की विद्युत चुंबकीय तरंगों को प्रभावित करते हैं, जिससे मानसिक और शारीरिक स्वास्थ्य पर सकारात्मक प्रभाव पड़ता है।

उदाहरण के लिए, नीलम (ब्लू सफायर) उच्च ऊर्जा वाले कंपन उत्पन्न करता है, जिससे मानसिक स्थिरता और एकाग्रता बढ़ती है। पन्ना (एमराल्ड) हृदय और तंत्रिका तंत्र के लिए लाभदायक होता है और तनाव को कम करने में मदद करता है। मूंगा (रेड कोरल) रक्त संचार को बेहतर बनाता है और रोग प्रतिरोधक क्षमता को बढ़ाता है।

इसके अलावा, अलग-अलग रत्न प्रकाश की विभिन्न तरंग दैर्ध्य को अवशोषित कर शरीर पर असर डालते हैं। इस तरह, रत्नों का वैज्ञानिक रूप से शरीर और मस्तिष्क पर सकारात्मक प्रभाव पड़ता है।

3. **पीपल के पेड़ की पूजा करना:** पीपल का पेड़ धार्मिक महत्व के साथ-साथ वैज्ञानिक दृष्टि से भी बहुत फायदेमंद है। यह 24 घंटे ऑक्सीजन छोड़ता है, जिससे वातावरण शुद्ध रहता है और प्रदूषण कम होता है। इसकी पत्तियां और छाल में कई औषधीय गुण होते हैं, जो आयुर्वेद में विभिन्न बीमारियों के इलाज में उपयोग किए जाते हैं।

जब हम पीपल के पेड़ की पूजा के दौरान उसके पास बैठते हैं, तो हमें शुद्ध और ताजी हवा मिलती है, जिससे फेफड़ों की कार्यक्षमता बेहतर होती है और मानसिक शांति मिलती है। पीपल के आसपास बैठने से तनाव और चिंता कम होती है, क्योंकि यह पेड़ प्राकृतिक रूप से सकारात्मक ऊर्जा उत्पन्न करता है।

इसकी जड़ों में मौजूद बैक्टीरिया मिट्टी की उर्वरता बढ़ाते हैं, जिससे पर्यावरण को लाभ होता है। इसलिए, पीपल की पूजा करना न केवल आध्यात्मिक शांति देता है बल्कि हमारे स्वास्थ्य और पर्यावरण के लिए भी लाभकारी होता है।

4. **काले तिल या सरसों के तेल का दान:** काले तिल और सरसों के तेल का दान करना सिर्फ धार्मिक आस्था से जुड़ा नहीं है, बल्कि इसका वैज्ञानिक महत्व भी है। काले तिल में भरपूर मात्रा में एंटीऑक्सीडेंट, कैल्शियम, आयरन और मैग्नीशियम होते हैं, जो शरीर को ऊर्जा और पोषण देते हैं। जब हम जरूरतमंदों को काले तिल दान करते हैं, तो यह सामाजिक रूप से सकारात्मकता और दयालुता को बढ़ावा देता है, जिससे मानसिक शांति मिलती है।

सरसों के तेल में एंटी-बैक्टीरियल और एंटी-फंगल गुण होते हैं, जो त्वचा और स्वास्थ्य के लिए फायदेमंद होते हैं। यह रक्त संचार को बढ़ाता है और जोड़ों के दर्द में आराम देता है। जब हम इसे दान करते हैं, तो यह दूसरों के लिए उपयोगी होता है और दान करने से मन में संतोष और आत्मिक शांति मिलती है। इस प्रकार, यह परंपरा वैज्ञानिक और मानवीय दृष्टि से लाभदायक होती है।

5. **जल में तांबे का सिक्का डालकर सूर्य को अर्घ्य देना:** सूर्य को अर्घ्य देना एक प्राचीन परंपरा है, जिसका वैज्ञानिक आधार भी है। जब हम जल में तांबे का सिक्का डालकर सूर्य को अर्घ्य देते हैं, तो पानी सूर्य की किरणों से टकराकर प्रिज़्म इफेक्ट बनाता है, जिससे सकारात्मक ऊर्जा उत्पन्न होती है। सुबह के समय सूर्य की किरणों को आंखों से देखने से विटामिन D मिलता है, जो हड्डियों और इम्यून सिस्टम के लिए फायदेमंद होता है।

तांबा पानी को शुद्ध करने में मदद करता है और इसमें एंटी-बैक्टीरियल गुण होते हैं, जिससे यह स्वास्थ्य के लिए लाभदायक बनता है। जल अर्घ्य देने की प्रक्रिया ध्यान और शांति को बढ़ाती है, जिससे मानसिक तनाव कम होता है। यह रूटीन शरीर की जैविक घड़ी को संतुलित करने में मदद करता है और दिन की अच्छी शुरुआत करता है। इस प्रकार, यह परंपरा आध्यात्मिक और वैज्ञानिक दोनों दृष्टिकोण से लाभदायक है।

6. **हनुमान चालीसा का पाठ करना:** हनुमान चालीसा का पाठ करना न केवल आध्यात्मिक बल्कि वैज्ञानिक रूप से भी लाभदायक है। जब हम इसका नियमित रूप से उच्चारण करते हैं, तो हमारी वाणी में कंपन उत्पन्न होता है, जो शरीर और मस्तिष्क पर सकारात्मक प्रभाव डालता है। यह कंपन हमारे दिमाग को शांति और स्थिरता प्रदान करता है, जिससे तनाव और चिंता कम होती है।

हनुमान चालीसा के शब्द ऊर्जा से भरपूर होते हैं, जो आत्मविश्वास और साहस बढ़ाते हैं। इसका पाठ करने से डोपामाइन और सेरोटोनिन जैसे 'फील गुड' हार्मोन का स्राव होता है, जिससे मन प्रसन्न रहता है। साथ ही, नियमित पाठ से स्मरण शक्ति और ध्यान केंद्रित करने की क्षमता भी बढ़ती है।

आयुर्वेद के अनुसार, हनुमान चालीसा के पाठ से श्वसन तंत्र को लाभ मिलता है, क्योंकि गहरी सांस लेने और बोलने की प्रक्रिया फेफड़ों की क्षमता को सुधारती है। इस प्रकार, यह मानसिक और शारीरिक स्वास्थ्य के लिए लाभदायक होता है।

7. **किसी विशेष दिन उपवास करना:** विशेष दिनों पर उपवास करना सिर्फ धार्मिक परंपरा नहीं, बल्कि इसका वैज्ञानिक आधार भी है। उपवास करने से पाचन तंत्र को आराम मिलता है

और शरीर डिटॉक्स होता है। जब हम कुछ समय तक भोजन नहीं करते, तो शरीर जमा हुई अशुद्धियों को बाहर निकालने लगता है, जिससे पाचन तंत्र मजबूत होता है।

उपवास के दौरान शरीर इंसुलिन संवेदनशीलता को बढ़ाता है, जिससे ब्लड शुगर स्तर संतुलित रहता है और डायबिटीज का खतरा कम होता है। इसके अलावा, उपवास करने से ऑटोफेजी प्रक्रिया सक्रिय होती है, जिसमें पुरानी और कमजोर कोशिकाएं नष्ट होकर नई स्वस्थ कोशिकाओं का निर्माण होता है।

मानसिक रूप से, उपवास करने से अनुशासन और आत्मनियंत्रण की भावना विकसित होती है। यह मस्तिष्क में सेरोटोनिन हार्मोन को बढ़ाता है, जिससे मूड बेहतर होता है और मानसिक स्पष्टता आती है। इस तरह, उपवास शारीरिक और मानसिक स्वास्थ्य दोनों के लिए लाभदायक है।

8. **बुरी नजर से बचने के लिए नींबू-मिर्च का उपयोग:** नींबू और मिर्च को बुरी नजर से बचाव के लिए इस्तेमाल करने की परंपरा के पीछे वैज्ञानिक कारण भी हैं। नींबू में एसिडिक गुण होते हैं, जो वातावरण में मौजूद हानिकारक बैक्टीरिया और कीटाणुओं को खत्म करने में मदद करता है। यह हवा में मौजूद नमी को अवशोषित करके ताजगी बनाए रखता है, जिससे आसपास का वातावरण शुद्ध रहता है।

मिर्च में मौजूद कैप्साइसिन (Capsaicin) नामक तत्व एक तीखी गंध छोड़ता है, जिससे नकारात्मक ऊर्जा दूर होती है। जब नींबू और मिर्च को एक साथ लटकाया जाता है, तो यह कीटाणुनाशक की तरह काम करता है और आसपास की हवा को शुद्ध करता है।

इसके अलावा, इस प्रथा का मनोवैज्ञानिक प्रभाव भी होता है। लोग इसे देखकर सकारात्मकता महसूस करते हैं और आत्मविश्वास बढ़ता है, जिससे अनजाने डर और नकारात्मक सोच कम होती है। इस तरह, इसका वैज्ञानिक और मनोवैज्ञानिक आधार दोनों हैं।

9. **गाय को हरा चारा खिलाना:** गाय को हरा चारा खिलाना केवल धार्मिक आस्था से जुड़ा नहीं है, बल्कि इसका वैज्ञानिक महत्व भी है। हरा चारा गाय के स्वास्थ्य के लिए बहुत फायदेमंद होता है क्योंकि इसमें फाइबर, मिनरल्स और विटामिन प्रचुर मात्रा में होते हैं। यह गाय के पाचन तंत्र को मजबूत बनाता है और दूध की गुणवत्ता बढ़ाता है। हरे चारे से गाय के दूध में ओमेगा-3 फैटी एसिड की मात्रा अधिक होती है, जो हृदय और मस्तिष्क के लिए लाभदायक होता है।

इसके अलावा, हरा चारा खिलाने से गायों का पाचन सही रहता है, जिससे मीथेन गैस का उत्सर्जन कम होता है और पर्यावरण पर सकारात्मक प्रभाव पड़ता है। जब हम गाय को हरा

चारा खिलाते हैं, तो यह जैविक खेती को भी बढ़ावा देता है, क्योंकि इससे प्राकृतिक खाद (गोबर) प्राप्त होती है, जो मिट्टी की उर्वरता को बढ़ाती है। इस प्रकार, यह पर्यावरण और स्वास्थ्य दोनों के लिए लाभकारी है।

10. शिवलिंग पर कच्चा दूध चढ़ाने और महामृत्युंजय मंत्र के जाप: शिवलिंग पर कच्चा दूध चढ़ाने की परंपरा के पीछे वैज्ञानिक कारण भी हैं। दूध में कैल्शियम, प्रोटीन और कई जरूरी पोषक तत्व होते हैं, जो ठंडा और शुद्ध करने वाले गुणों से भरपूर होते हैं। जब हम शिवलिंग पर ठंडा दूध चढ़ाते हैं, तो यह वातावरण को शीतलता प्रदान करता है और मानसिक शांति का अनुभव कराता है। इसके अलावा, यह प्रक्रिया ध्यान को बढ़ावा देती है और मन को एकाग्र करने में मदद करती है।

महामृत्युंजय मंत्र का जाप करने से विशेष ध्वनि तरंगें उत्पन्न होती हैं, जो मस्तिष्क की तरंगों को शांत करके तनाव कम करती हैं। यह मंत्र उच्च कंपन उत्पन्न करता है, जिससे सकारात्मक ऊर्जा बढ़ती है और शरीर की रोग प्रतिरोधक क्षमता मजबूत होती है। इस प्रकार, शिवलिंग पर दूध अर्पित करना और महामृत्युंजय मंत्र का जाप वैज्ञानिक दृष्टि से भी लाभकारी होता है।

सारांश: ज्योतिषीय उपाय सदियों से लोगों के जीवन में आशा और समाधान का स्रोत रहे हैं। ग्रह-नक्षत्रों की अनुकूलता बढ़ाने के लिए रत्न धारण करना, मंत्र जाप, दान-पुण्य, पूजा-पाठ, यंत्रों की स्थापना और विशेष अनुष्ठान जैसे उपाय किए जाते हैं। इन उपायों का उद्देश्य जीवन में आने वाली बाधाओं को दूर करना और सकारात्मक ऊर्जा को आकर्षित करना होता है।

हालाँकि, इन उपायों की वैज्ञानिक पुष्टि नहीं हुई है, लेकिन मानसिक और आत्मिक शांति के लिए लोग इन्हें अपनाते रहे हैं। कुछ लोगों को इनका अद्भुत लाभ मिलता है, जबकि कुछ के लिए ये केवल सांत्वना देने वाले माध्यम होते हैं।

निष्कर्ष: ज्योतिषीय उपायों की प्रभावशीलता पर सदियों से बहस होती रही है। कुछ लोग इन्हें जीवन की समस्याओं का प्रभावी समाधान मानते हैं, जबकि वैज्ञानिक दृष्टिकोण से इनमें ठोस प्रमाणों की कमी पाई जाती है। यह सत्य है कि पूजा-पाठ, रत्न धारण, मंत्र जाप और दान करने से व्यक्ति के मन में सकारात्मकता आती है, लेकिन क्या वास्तव में ये उपाय ग्रहों के प्रभाव को बदल सकते हैं, या फिर यह केवल प्लेसिबो इफ़ेक्ट (मानसिक विश्वास का प्रभाव) है?

सोचने योग्य प्रश्न: क्या ज्योतिषीय उपाय एक लाभदायक व्यवसाय बन चुके हैं, जहाँ लोगों की भावनाओं और आस्थाओं का दोहन किया जाता है?

अध्याय 9

रत्नों का ज्योतिषीय महत्व

(ASTROLOGICAL SIGNIFICANCE OF GEMSTONES)

रत्नों का उपयोग प्राचीन काल से ही ज्योतिष में ग्रहों की ऊर्जा को संतुलित करने के लिए किया जाता रहा है। प्रत्येक रत्न एक विशिष्ट ग्रह से संबंधित होता है और उसकी ऊर्जा को प्रवर्धित या नियंत्रित करने में सहायक माना जाता है। उदाहरण के लिए, माणिक (रूबी) सूर्य की ऊर्जा को बढ़ाता है, पन्ना (एमराल्ड) बुध से संबंधित होता है, और नीलम (ब्लू सफायर) शनि के प्रभाव को नियंत्रित करता है।

वैज्ञानिक दृष्टिकोण से, रत्न क्रिस्टल संरचना वाले पदार्थ होते हैं, जिनमें विशिष्ट अपवर्तन गुण होते हैं। जब प्रकाश इनसे गुजरता है, तो यह ऊर्जा कंपन उत्पन्न करता है, जो शरीर की विद्रत-चुंबकीय तरंगों को प्रभावित कर सकता है। यह थेराप्यूटिक प्रभाव शरीर की जैविक ऊर्जा को संतुलित करने में सहायक हो सकता है। कई वैज्ञानिक इस प्रभाव को प्लेसिबो मानते हैं, जबकि अन्य इसे क्वांटम ऊर्जा के सिद्धांतों से जोड़कर देखते हैं।

विभिन्न ग्रहों के लिए उपयुक्त रत्न और उनके प्रभाव

1. **सूर्य (Sun) – माणिक (Ruby):** माणिक सूर्य ग्रह का प्रतिनिधित्व करने वाला एक शक्तिशाली रत्न है, जिसे पहनने से आत्मविश्वास, नेतृत्व क्षमता और समाज में सम्मान बढ़ता है। यह रत्न विशेष रूप से उन लोगों के लिए लाभकारी होता है जिनका सूर्य कमजोर स्थिति में हो या कुंडली में प्रतिकूल प्रभाव डाल रहा हो।

माणिक धारण करने से आत्मनिर्भरता, निर्णय लेने की क्षमता और मानसिक स्पष्टता में वृद्धि होती है।

यह रत्न हृदय को मजबूत करने, रक्त संचार को सुधारने और थकान व कमजोरी को दूर करने में सहायक माना जाता है। व्यवसाय, राजनीति और प्रशासनिक कार्यों से जुड़े लोगों के लिए यह विशेष रूप से शुभ होता है, क्योंकि यह प्रतिष्ठा और सफलता दिलाने में मदद करता है। आध्यात्मिक रूप से भी माणिक व्यक्ति के आंतरिक ऊर्जा केंद्रों को सक्रिय करता है और सकारात्मकता बढ़ाता है। इसे धारण करने से सूर्य के अशुभ प्रभाव कम होकर भाग्य में सुधार आता है।

2. **चंद्र (Moon) – मोती (Pearl):** मोती चंद्र ग्रह का प्रतिनिधित्व करने वाला एक प्रभावशाली रत्न है, जिसे धारण करने से मानसिक शांति, भावनात्मक संतुलन और सकारात्मकता प्राप्त होती है। यह विशेष रूप से उन लोगों के लिए लाभकारी होता है जिनकी कुंडली में चंद्र कमजोर हो या मानसिक अस्थिरता, तनाव और अनिद्रा की समस्या हो।

मोती पहनने से मन स्थिर होता है, आत्मविश्वास बढ़ता है और नकारात्मक विचारों से मुक्ति मिलती है। यह रत्न व्यक्ति की सहज ज्ञान शक्ति बढ़ाकर उसे सही निर्णय लेने में मदद करता है।

यह पानी से जुड़े कार्यों, कला, लेखन और आध्यात्मिक गतिविधियों से जुड़े लोगों के लिए विशेष रूप से शुभ माना जाता है। इसके अलावा, यह त्वचा की चमक बढ़ाने, पाचन तंत्र को मजबूत करने और हॉर्मोनल संतुलन बनाए रखने में सहायक होता है। मोती धारण करने से चंद्र के नकारात्मक प्रभाव कम होते हैं और जीवन में शांति एवं समृद्धि का संचार होता है।

3. **मंगल (Mars) – मूंगा (Coral):** मूंगा, मंगल ग्रह का प्रतिनिधित्व करने वाला एक ऊर्जावान रत्न है, जिसे धारण करने से साहस, आत्मविश्वास और ऊर्जा में वृद्धि होती है। यह विशेष रूप से उन लोगों के लिए लाभकारी होता है जिनकी कुंडली में मंगल कमजोर हो या मांगलिक दोष की स्थिति बनी हो। मूंगा पहनने से न केवल नकारात्मक ऊर्जा कम होती है, बल्कि व्यक्ति की निर्णय लेने की क्षमता भी तेज होती है, जिससे वह जीवन में मजबूती और आत्मनिर्भरता के साथ आगे बढ़ सकता है।

यह रत्न सैनिकों, पुलिसकर्मियों, खिलाड़ियों और उन लोगों के लिए विशेष रूप से उपयोगी होता है जो साहसिक और प्रतिस्पर्धात्मक क्षेत्रों में कार्यरत हैं। मूंगा रक्त संचार को सुधारने, हीमोग्लोबिन बढ़ाने और मांसपेशियों को मजबूत करने में सहायक होता है। यह नकारात्मक ऊर्जाओं से रक्षा करता है और मानसिक तनाव, क्रोध और अवसाद को नियंत्रित करता

है। इसे धारण करने से मंगल ग्रह के सकारात्मक प्रभाव बढ़ते हैं और जीवन में स्थिरता व सफलता मिलती है।

4. **बुध (Mercury) – पन्ना (Emerald):** पन्ना बुध ग्रह का प्रतिनिधित्व करने वाला एक प्रभावशाली रत्न है, जिसे धारण करने से बुद्धिमत्ता, संवाद कौशल और तर्कशक्ति में वृद्धि होती है।

यह विशेष रूप से उन लोगों के लिए लाभकारी होता है जिनकी कुंडली में बुध कमजोर हो या जो संचार, लेखन, व्यापार और शिक्षा के क्षेत्र से जुड़े हों। पन्ना पहनने से स्मरण शक्ति तेज होती है, एकाग्रता बढ़ती है और निर्णय लेने की क्षमता मजबूत होती है। यह रत्न व्यापारियों, वकीलों, शिक्षकों, पत्रकारों और शोधकर्ताओं के लिए विशेष रूप से शुभ माना जाता है। पन्ना मानसिक तनाव को कम करने, तंत्रिका तंत्र को मजबूत करने और बोलने में सुधार लाने में सहायक होता है। इसके अलावा, यह त्वचा संबंधी रोगों, एलर्जी और इम्यून सिस्टम को भी लाभ पहुंचाता है। आध्यात्मिक रूप से, यह सकारात्मक ऊर्जा को बढ़ाकर आत्मिक संतुलन प्रदान करता है। इसे धारण करने से बुध के सकारात्मक प्रभाव बढ़ते हैं और सफलता के नए मार्ग खुलते हैं।

5. **गुरु (Jupiter) – पुखराज (Yellow Sapphire):** पुखराज, गुरु ग्रह का प्रतिनिधित्व करने वाला एक अत्यंत शुभ और प्रभावशाली रत्न है, जिसे धारण करने से ज्ञान, धन, आध्यात्मिकता और सौभाग्य की प्राप्ति होती है।

यह विशेष रूप से उन लोगों के लिए लाभकारी होता है जिनकी कुंडली में बृहस्पति कमजोर हो या जो शिक्षा, धर्म, आध्यात्मिकता, वित्त और परामर्श से जुड़े हों। पुखराज पहनने से मानसिक स्पष्टता बढ़ती है, निर्णय क्षमता मजबूत होती है और जीवन में स्थिरता आती है।

यह रत्न विवाह योग्य स्त्रियों के लिए अत्यंत शुभ माना जाता है, क्योंकि यह विवाह में आने वाली बाधाओं को दूर करता है। स्वास्थ्य की दृष्टि से, यह लिवर, पाचन तंत्र और इम्यून सिस्टम को मजबूत करता है। यह रत्न व्यक्ति की सोच को सकारात्मक बनाकर उसे उन्नति के मार्ग पर अग्रसर करता है।

पुखराज धारण करने से बृहस्पति के शुभ प्रभाव बढ़ते हैं और व्यक्ति को सम्मान और सफलता प्राप्त होती है।

6. **शुक्र (Venus) – हीरा (Diamond) / ओपल (Opal):** हीरा और ओपल, शुक्र ग्रह के प्रभावी रत्न हैं, जिन्हें धारण करने से प्रेम, आकर्षण, सौंदर्य, वैवाहिक सुख और भौतिक समृद्धि में वृद्धि होती है।

शुक्र कला, संगीत, फैशन, ऐश्वर्य और वैवाहिक जीवन का कारक ग्रह है, इसलिए यह रत्न उन लोगों के लिए विशेष रूप से लाभकारी होते हैं जो ग्लैमर, फिल्म, मीडिया, डिजाइनिंग और क्रिएटिव क्षेत्रों से जुड़े हैं। हीरा आत्मविश्वास बढ़ाने, सकारात्मक ऊर्जा प्रदान करने और रिश्तों में मधुरता लाने में सहायक होता है, जबकि ओपल व्यक्ति के रचनात्मक और कल्पनाशील दृष्टिकोण को प्रबल करता है।

स्वास्थ्य की दृष्टि से, ये रत्न किडनी, प्रजनन तंत्र और त्वचा रोगों में लाभकारी माने जाते हैं। हीरा और ओपल पहनने से शुक्र ग्रह के नकारात्मक प्रभाव कम होते हैं और जीवन में भौतिक सुख-सुविधाएं, आकर्षण और वैवाहिक संतोष प्राप्त होता है।

7. **शनि (Saturn) – नीलम (Blue Sapphire):** नीलम, शनि ग्रह का प्रमुख और अत्यंत प्रभावशाली रत्न है, जिसे धारण करने से दृढ़ता, स्थिरता, और सफलता प्राप्त होती है। यह विशेष रूप से उन लोगों के लिए लाभकारी होता है जिनकी कुंडली में शनि कमजोर हो या शनि की साढ़े साती और ढैय्या का प्रभाव हो।

नीलम अत्यंत तीव्र प्रभाव डालने वाला रत्न है, जो सही व्यक्ति द्वारा धारण किए जाने पर भाग्य को तेजी से बदल सकता है। इसे पहनने से करियर, व्यवसाय और वित्तीय स्थिति में सुधार होता है तथा बाधाएँ दूर होती हैं।

यह रत्न विशेष रूप से न्याय, प्रशासन, रिसर्च, टेक्नोलॉजी और मशीनरी से जुड़े लोगों के लिए लाभकारी होता है। स्वास्थ्य की दृष्टि से, नीलम हड्डियों, नसों और डिप्रेशन में राहत प्रदान करता है।

आध्यात्मिक रूप से यह ध्यान और मानसिक शांति को बढ़ाता है। सही विधि से धारण करने पर नीलम शनि के सकारात्मक प्रभावों को बढ़ाकर सफलता के नए द्वार खोलता है।

8. **राहु – गोमेद (Hessonite Garnet):** गोमेद, राहु ग्रह का प्रतिनिधित्व करने वाला एक शक्तिशाली रत्न है, जिसे धारण करने से नकारात्मक ऊर्जा, भ्रम, भय और शत्रु बाधाओं से मुक्ति मिलती है। राहु एक छाया ग्रह है, जो जीवन में अचानक उतार-चढ़ाव, मानसिक भ्रम और अप्रत्याशित समस्याओं का कारक होता है।

गोमेद पहनने से निर्णय शक्ति में सुधार होता है, आत्मविश्वास बढ़ता है और व्यक्ति मानसिक रूप से स्थिर रहता है। यह विशेष रूप से उन लोगों के लिए लाभकारी होता है जो राजनीति, मीडिया, गुप्त विधा रिसर्च, वकालत और प्रशासनिक कार्यों से जुड़े हैं। यह रत्न कोर्ट-कचहरी, षड्यंत्र और शत्रु बाधाओं से बचाने में सहायक होता है।

स्वास्थ्य की दृष्टि से, गोमेद तनाव, नशे की लत और त्वचा संबंधी रोगों को नियंत्रित करने में सहायक माना जाता है। इसे धारण करने से राहु के अशुभ प्रभाव कम होते हैं और जीवन में स्थिरता, स्पष्टता और सफलता प्राप्त होती है।

9. **केतु – लहसुनिया (Cat's Eye):** लहसुनिय रत्न, केतु ग्रह का प्रतिनिधित्व करने वाला एक प्रभावशाली और रहस्यमय रत्न है, जिसे धारण करने से आध्यात्मिक जागरूकता, मानसिक स्पष्टता और जीवन में स्थिरता प्राप्त होती है।

केतु ग्रह मोक्ष, रहस्य, आध्यात्मिकता और अदृश्य शक्तियों का कारक है, और इसका प्रभाव अनिश्चितताओं से भरा होता है। लहसुनिया पहनने से नकारात्मक ऊर्जाओं, भय, भ्रम और आकस्मिक दुर्घटनाओं से सुरक्षा मिलती है।

यह रत्न विशेष रूप से उन लोगों के लिए लाभकारी होता है जो साधना, ज्योतिष, ध्यान, तंत्र-विधा और अनुसंधान कार्यों में संलग्न हैं। यह व्यापार, शेयर बाजार और जोखिम भरे कार्यों में सफलता दिलाने में भी सहायक होता है।

स्वास्थ्य की दृष्टि से, यह रत्न तंत्रिका तंत्र, पाचन प्रणाली और एलर्जी संबंधी समस्याओं को सुधारने में मदद करता है। लहसुनिया धारण करने से केतु के नकारात्मक प्रभाव कम होते हैं और व्यक्ति की मानसिक शक्ति, आत्मविश्वास और आध्यात्मिक उन्नति में वृद्धि होती है।

वास्तविक केस स्टडी:1:

अजय (काल्पनिक नाम) एक 35 वर्षीय व्यक्ति था, जो करियर में लगातार असफलताओं का सामना कर रहा था। वह बहुत मेहनत करता, लेकिन हर बार कोई न कोई बाधा आ जाती। आर्थिक स्थिति भी खराब होती जा रही थी। उसने कई नौकरियाँ बदलीं, लेकिन कहीं स्थिरता नहीं मिली।

ज्योतिषीय विश्लेषण: जब उसकी कुंडली देखी गई, तो पता चला कि उसकी जन्म पत्रिका में शनि की साढ़े साती चल रही थी। (शनि ग्रह जब चंद्रमा के आसपास तीन चरणों में गोचर करता है, तो इसे साढ़े साती कहा जाता है।) यह व्यक्ति के जीवन में संघर्ष, असफलता और मानसिक दबाव बढ़ा सकता है। साथ ही, उसकी कुंडली में राहु की महादशा भी चल रही थी, जो भ्रम, अनिश्चितता और गलत निर्णयों का संकेत देती है।

वैज्ञानिक दृष्टिकोण: शनि का प्रभाव अक्सर व्यक्ति को मानसिक रूप से कमजोर महसूस कराता है, जिससे उसका आत्मविश्वास गिर जाता है। लगातार असफलताओं से तनाव हार्मोन बढ़ता है, जिससे चिंता और डिप्रेशन जैसी समस्याएँ हो सकती हैं। राहु के प्रभाव से व्यक्ति गलत संगति में पड़ सकता है या जीवन में भ्रमित हो सकता है।

उपाय और परिणाम: अजय को शनिवार को पीपल के पेड़ की पूजा, काले तिल का दान और हनुमान चालीसा का पाठ करने की सलाह दी गई। इसके अलावा, उसे नीलम रत्न पहनने की भी सलाह दी गई, जिससे शनि का सकारात्मक प्रभाव मिल सके। छह महीनों तक ये उपाय करने के बाद, उसने अपने करियर में सुधार महसूस किया। उसका आत्मविश्वास बढ़ा और उसे एक अच्छी नौकरी मिल गई। इस प्रकार, ज्योतिषीय उपायों और वैज्ञानिक सोच का सही संतुलन व्यक्ति के जीवन को बेहतर बना सकता है।

केस स्टडी:2: मंगल दोष और वैवाहिक जीवन में समस्याएँ

सुमित (बदला हुआ नाम) एक 30 वर्षीय युवक था, जिसकी शादी के बाद लगातार वैवाहिक समस्याएँ बढ़ती गईं। छोटी-छोटी बातों पर बहस होना, गलतफहमियाँ बढ़ना, और पारिवारिक कलह आम हो गए थे। धीरे-धीरे दोनों के बीच इतनी दूरी आ गई कि तलाक की नौबत आ गई।

ज्योतिषीय विश्लेषण: सुमित की कुंडली का अध्ययन करने पर पता चला कि वह मांगलिक था, यानी उसकी कुंडली में मंगल ग्रह छठे भाव में स्थित था। यह स्थिति वैवाहिक जीवन में तनाव, आक्रामकता और झगड़ों का कारण बन सकती है। मंगल ग्रह ऊर्जा और क्रोध का प्रतीक है। अगर यह गलत स्थान पर होता है, तो व्यक्ति जल्दी गुस्सा करता है और रिश्तों में अस्थिरता ला सकता है।

साथ ही, उसकी पत्नी की कुंडली में भी शनि और चंद्रमा की युति (विशेष योग) थी, जिससे वह भावनात्मक रूप से संवेदनशील थी। मंगल की उग्रता और चंद्रमा की संवेदनशीलता के कारण दोनों के बीच तालमेल बिगड़ रहा था।

वैज्ञानिक दृष्टिकोण: जब कोई व्यक्ति गुस्से में होता है, तो उसके मस्तिष्क में "एमिग्डाला" (Amygdala) नामक भाग सक्रिय हो जाता है, जिससे आक्रामकता बढ़ती है। लगातार झगड़े करने से कॉर्टिसोल (Cortisol) हार्मोन बढ़ता है, जिससे तनाव और चिंता बढ़ सकती है। इस स्थिति में संवादहीनता और रिश्तों में खटास आना स्वाभाविक है।

उपाय और परिणाम: हनुमान चालीसा और मंगल मंत्र का जाप करने को कहा गया, जिससे मानसिक शांति बनी रहे। मंगलवार को लाल मसूर की दाल और गुड़ का दान करने की सलाह दी गई, ताकि मंगल का प्रभाव संतुलित हो सके। पति-पत्नी को योग और ध्यान करने को कहा गया, ताकि उनका मानसिक संतुलन बना रहे।

छह महीनों तक ये उपाय करने के बाद सुमित के गुस्से में कमी आई, और धीरे-धीरे उनके रिश्ते में सुधार होने लगा। इस केस स्टडी से यह स्पष्ट होता है कि ज्योतिषीय दोषों को सही उपायों और वैज्ञानिक दृष्टिकोण से सुलझाया जा सकता है।

सारांश: हर रत्न को पहनने से पहले कुंडली का गहन विश्लेषण और सही प्रक्रिया का पालन करना अत्यंत आवश्यक होता है, क्योंकि प्रत्येक रत्न किसी न किसी ग्रह से जुड़ा होता है और उसका प्रभाव व्यक्ति के जीवन पर सकारात्मक या नकारात्मक दोनों प्रकार से पड़ सकता है।

यदि कोई रत्न बिना उचित सलाह के धारण कर लिया जाए, तो वह लाभ देने के बजाय हानिकारक भी हो सकता है। कुंडली में ग्रहों की स्थिति, उनकी दशा-अंतरदशा, राशि, नक्षत्र और भावों का अध्ययन करके ही यह तय किया जाना चाहिए कि कौन सा रत्न व्यक्ति के लिए अनुकूल होगा।

इसके अलावा, रत्न धारण करने की सही विधि, दिन, नक्षत्र और मंत्र का पालन करना भी आवश्यक होता है ताकि उसका पूरा लाभ प्राप्त हो सके। रत्न धारण करने से पहले उसे शुद्ध और ऊर्जा-संवर्धित करने की प्रक्रिया भी अपनाई जानी चाहिए, जिससे वह अधिक प्रभावशाली बन सके। सही रत्न पहनने से जीवन में धन, सफलता, मानसिक शांति, स्वास्थ्य और सौभाग्य की वृद्धि होती है, जबकि गलत रत्न पहनने से नकारात्मक प्रभाव, मानसिक अस्थिरता और बाधाएँ उत्पन्न हो सकती हैं।

विशेष रूप से नीलम, गोमेद और लहसुनिया जैसे रत्नों को धारण करने से पहले अधिक सावधानी बरतनी चाहिए, क्योंकि ये तुरंत प्रभाव डालते हैं और यदि कुंडली में अनुकूल न हों तो नुकसान भी पहुँचा सकते हैं। इसलिए, योग्य ज्योतिषी की सलाह लेकर ही किसी भी रत्न को धारण करना चाहिए ताकि वह शुभ फल प्रदान कर सके।

निष्कर्ष: रत्नों का सही चयन और धारण ज्योतिषीय दृष्टि से अत्यंत महत्वपूर्ण है, क्योंकि वे ग्रहों की ऊर्जा को संतुलित करके जीवन में सकारात्मक बदलाव ला सकते हैं।

हालांकि, बिना उचित परामर्श और सही प्रक्रिया के रत्न पहनने से लाभ के बजाय हानि भी हो सकती है। इसलिए, किसी भी रत्न को धारण करने से पहले कुंडली का विश्लेषण करवाना आवश्यक है ताकि यह सुनिश्चित किया जा सके कि वह व्यक्ति के लिए अनुकूल है या नहीं। सही समय, विधि और मंत्रों के साथ पहना गया रत्न धन, सफलता, स्वास्थ्य और मानसिक शांति प्रदान करता है। वहीं, अनुचित रत्न नकारात्मक प्रभाव डाल सकते हैं।

अतः यह आवश्यक है कि ज्योतिषीय परामर्श लेकर और पूरी सावधानी बरतते हुए ही रत्न धारण किया जाए, जिससे उनका अधिकतम लाभ प्राप्त हो और जीवन में सुख-समृद्धि बढ़े।

सोचने योग्य प्रश्न: अगर रत्न इतने प्रभावशाली हैं, तो क्या वैज्ञानिक प्रयोगशालाओं में उनके प्रभावों को मापा और प्रमाणित किया जा सकता है?

अध्याय 10

"पुनर्जन्म"

"REINCARNATION"

पुनर्जन्म का अर्थ: The Meaning of "Reincarnation".

पुनर्जन्म का मतलब है कि जब कोई व्यक्ति मरता है, तो उसकी आत्मा नया शरीर लेकर फिर से जन्म लेती है। यह माना जाता है कि हर व्यक्ति के अच्छे या बुरे कर्म उसके अगले जन्म को तय करते हैं। अगर उसने अच्छे काम किए हैं, तो अगला जीवन सुखद होगा, और अगर बुरे काम किए हैं, तो कठिनाइयाँ आ सकती हैं।

यह विचार कई धर्मों में पाया जाता है, जैसे हिंदू, बौद्ध और जैन धर्म। कुछ लोग मानते हैं कि पिछले जन्म की यादें कुछ लोगों को रह-रहकर आती हैं। वैज्ञानिक रूप से इसे पूरी तरह से साबित नहीं किया गया है, लेकिन कई लोगों ने पिछले जन्म को महसूस करने का दावा किया है।

पुनर्जन्म हमें यह सीख देता है कि हमें अच्छे कर्म करने चाहिए, क्योंकि वे हमारे भविष्य को तय कर सकते हैं।

पुनर्जन्म का मूल सिद्धांत

1. **अविनाशी आत्मा** - भगवद गीता (अध्याय 2, श्लोक 22) में कहा गया है *"वासांसि जीणनि यथा विहाय, नवानि गृह्णाति नरोऽपराणि।"* कि जैसे मनुष्य पुराने वस्त्रों को त्यागकर नए वस्त्र धारण करता है, वैसे ही आत्मा एक शरीर को छोड़कर नया शरीर धारण करती है।

2. **कर्म का सिद्धांत** - पुनर्जन्म का मुख्य आधार कर्म है। व्यक्ति अपने पिछले जन्मों में किए गए कर्मों के अनुसार अगला जन्म प्राप्त करता है। अच्छे कर्मों से उत्तम योनि (जैसे मनुष्य, देवता) मिलती है, जबकि बुरे कर्मों से निम्न योनि (पशु, कीट, या पीड़ा से भरा जीवन) प्राप्त हो सकता है।

3. **मोक्ष का लक्ष्य** - पुनर्जन्म का चक्र (संसार चक्र) तब तक चलता रहता है जब तक आत्मा मोक्ष (Liberation) प्राप्त नहीं कर लेती। मोक्ष प्राप्त करने के लिए आत्मा को ज्ञान, भक्ति और अच्छे कर्मों के मार्ग पर चलना पड़ता है।

पुनर्जन्म की अवधारणा का इतिहास

पुनर्जन्म की अवधारणा प्राचीन काल से ही विभिन्न धर्मों और आध्यात्मिक परंपराओं में मौजूद रही है। हिंदू, बौद्ध, जैन और सिख धर्म में इसे आत्मा की अमरता और कर्म के सिद्धांत से जोड़ा गया है, जिसमें माना जाता है कि प्रत्येक जीव अपने पूर्व जन्मों के कर्मों के अनुसार नया जन्म लेता है।

वेदों और उपनिषदों में आत्मा के चक्र और मोक्ष की चर्चा की गई है, जहाँ पुनर्जन्म को आत्मा के शुद्धिकरण की प्रक्रिया माना जाता है। बौद्ध धर्म में इसे "पुनर्जनन" कहा गया है, जहाँ आत्मा की निरंतरता के बजाय कर्मों की निरंतरता पर जोर दिया गया है।

पश्चिमी दर्शन और प्राचीन यूनानी विचारकों जैसे कि पाइथागोरस और प्लेटो ने भी पुनर्जन्म की अवधारणा को स्वीकार किया था। मिस्र और केल्टिक सभ्यताओं में भी पुनर्जन्म में विश्वास किया जाता था।

मध्यकाल में, कुछ ईसाई और इस्लामिक रहस्यवादी गुटों ने भी इसे मान्यता दी, हालांकि मुख्यधारा की मान्यताओं में इसे स्थान नहीं मिला।

आधुनिक समय में, पुनर्जन्म की अवधारणा पर कई शोध और केस स्टडी किए गए हैं, जिसमें डॉ. इयान स्टीवेन्सन जैसे वैज्ञानिकों ने पिछले जन्म की यादों से जुड़े मामलों का अध्ययन किया है। यह विचारधारा न केवल धार्मिक बल्कि दार्शनिक और वैज्ञानिक दृष्टिकोण से भी लोगों को आकर्षित करती रही है, जिससे यह मानव सभ्यता में एक महत्वपूर्ण विचार बनी हुई है।

पुनर्जन्म का आध्यात्मिक दृष्टिकोण

पुनर्जन्म का आध्यात्मिक दृष्टिकोण आत्मा की अमरता, कर्म सिद्धांत और आध्यात्मिक विकास से जुड़ा हुआ है। आध्यात्मिक मान्यताओं के अनुसार, आत्मा न तो जन्म लेती है और न ही मरती है,

बल्कि यह एक शरीर से दूसरे शरीर में प्रवास करती रहती है। हिंदू धर्म में इसे कर्मफल के सिद्धांत से जोड़ा गया है, जिसमें कहा गया है कि प्रत्येक जन्म पिछले जन्म के कर्मों का परिणाम होता है।

बौद्ध धर्म में पुनर्जन्म को आत्मा के निरंतर प्रवाह की बजाय कर्मों की निरंतरता के रूप में देखा जाता है, जहां व्यक्ति अपने कर्मों के अनुसार अगले जन्म में सुख या दुःख भोगता है।

जैन धर्म में भी यह विश्वास किया जाता है कि आत्मा मोक्ष प्राप्त करने तक जन्म और मृत्यु के चक्र में फंसी रहती है। योग और ध्यान जैसी आध्यात्मिक साधनाओं के माध्यम से इस चक्र से मुक्त होकर मोक्ष या निर्वाण प्राप्त किया जा सकता है।

कई आध्यात्मिक गुरुओं और संतों का मानना है कि पुनर्जन्म का उद्देश्य आत्मा का विकास और शुद्धिकरण है, ताकि यह परमात्मा से मिलन कर सके। कुछ लोगों का यह भी मानना है कि पुनर्जन्म के अनुभव को गहरी साधना और ध्यान के माध्यम से समझा जा सकता है, और पिछले जन्मों की स्मृतियों तक पहुंचना संभव है। इस दृष्टिकोण से पुनर्जन्म केवल एक विश्वास नहीं, बल्कि आत्मा के आध्यात्मिक उत्थान का एक महत्वपूर्ण चरण है।

हिंदू धर्म में पुनर्जन्म (Reincarnation in Hinduism)

हिंदू धर्म में पुनर्जन्म की अवधारणा अत्यंत महत्वपूर्ण मानी जाती है, जो आत्मा, कर्म और मोक्ष से गहराई से जुड़ी हुई है। हिंदू शास्त्रों के अनुसार, आत्मा अमर और शाश्वत होती है, जबकि शरीर नश्वर है। जब कोई व्यक्ति मरता है, तो उसकी आत्मा उसके संचित कर्मों के अनुसार एक नए शरीर में प्रवेश करती है, जिसे पुनर्जन्म कहा जाता है। यह चक्र तब तक चलता रहता है जब तक आत्मा अपने कर्मों से मुक्त होकर मोक्ष प्राप्त नहीं कर लेती।

भगवद गीता में श्रीकृष्ण ने कहा है, *"जैसे मनुष्य पुराने वस्त्रों को त्यागकर नए वस्त्र धारण करता है, वैसे ही आत्मा पुराने शरीर को छोड़कर नया शरीर धारण करती है।"* पुनर्जन्म का आधार कर्म सिद्धांत पर टिका हुआ है, जिसके अनुसार अच्छे कर्म करने से व्यक्ति को अगले जन्म में सुखद जीवन मिलता है, जबकि बुरे कर्मों के परिणामस्वरूप कष्टदायक जीवन मिलता है।

हिंदू धर्म में पुनर्जन्म केवल मानव योनि तक सीमित नहीं है, बल्कि जीवात्मा विभिन्न योनियों में जन्म ले सकती है, जिनमें देवता, पशु-पक्षी और अन्य जीव शामिल हैं। हिंदू ग्रंथों के अनुसार, योग और ध्यान जैसी आध्यात्मिक साधनाओं द्वारा व्यक्ति अपने कर्मों को संतुलित कर सकता है और पुनर्जन्म के चक्र से मुक्त होकर मोक्ष प्राप्त कर सकता है। इस प्रकार, पुनर्जन्म हिंदू धर्म के

आध्यात्मिक और नैतिक मूल्यों का एक अभिन्न हिस्सा है, जो व्यक्ति को जीवन में सत्कर्म और धर्म के मार्ग पर चलने की प्रेरणा देता है।

प्राचीन ग्रंथों में लोकों का उल्लेख, जहाँ पुनर्जन्म संभव है

स्वर्ग लोक (Heavenly Realm): हिंदू धर्म और पुराणों में स्वर्ग लोक को पुण्य आत्माओं के रहने का स्थान माना गया है, जहाँ मृत्यु के बाद वे अपने शुभ कर्मों का फल भोगती हैं।

यह लोक इंद्रदेव के शासन में आता है और इसे अपार सुख, ऐश्वर्य और दिव्य आनंद का केंद्र माना जाता है। स्वर्ग लोक को वैकुंठ, कैलाश और अन्य उच्च लोकों से भिन्न माना जाता है, क्योंकि यह स्थायी मोक्ष का स्थान नहीं, बल्कि पुण्य कर्मों के फल भोगने का अस्थायी स्थान है।

गरुड़ पुराण और महाभारत के अनुसार, वे व्यक्ति जो दान-पुण्य, सत्य, भक्ति, परोपकार और धार्मिक कर्तव्यों का पालन करते हैं, उन्हें मृत्यु के बाद स्वर्ग की प्राप्ति होती है। स्वर्ग में देवताओं, अप्सराओं और दिव्य सुख-सुविधाओं की भरमार होती है, जहाँ आत्माएँ अपने पुण्य कर्मों का आनंद लेती हैं। यहाँ किसी भी प्रकार का दुःख, रोग, क्लेश या पीड़ा नहीं होती, और आत्माएँ अमृत पान कर दिव्यता का अनुभव करती हैं। हालांकि, स्वर्ग में रहने की अवधि पुण्य कर्मों पर निर्भर करती है, और जब पुण्य समाप्त हो जाते हैं, तो आत्मा को पुनर्जन्म लेना पड़ता है।

हिंदू दर्शन के अनुसार, सच्ची मुक्ति या मोक्ष केवल ईश्वर भक्ति और आत्मज्ञान से संभव है, क्योंकि स्वर्ग भी अंततः एक अस्थायी अवस्था है।

इसलिए, केवल स्वर्ग प्राप्ति को ही जीवन का अंतिम लक्ष्य नहीं माना जाता, बल्कि आत्मा की परम स्वतंत्रता और ब्रह्म में विलय को ही श्रेष्ठतम उपलब्धि माना जाता है।

नरक लोक (Hell Realm) – हिंदू धर्म और पुराणों के अनुसार, नरक लोक वह स्थान है जहाँ मृत्यु के बाद आत्माएँ अपने बुरे कर्मों का दंड भोगती हैं। यह लोक धर्मराज यमराज के अधिकार क्षेत्र में आता है, और यहाँ जीवन में किए गए पापों के अनुसार आत्माओं को विभिन्न यातनाएँ दी जाती हैं।

गरुड़ पुराण, स्कंद पुराण और महाभारत जैसे ग्रंथों में नरक लोक का विस्तृत वर्णन मिलता है, जहाँ कहा गया है कि व्यक्ति के कर्म ही तय करते हैं कि उसे स्वर्ग मिलेगा या नरक। इस लोक को 28 प्रमुख भागों में बाँटा गया है, जैसे *तामिस्र, रौरव, कुंभिपाक,* आदि, जहाँ आत्माओं को उनके पापों के आधार पर सजा दी जाती है। हत्या, चोरी, छल-कपट, अधर्म, अन्याय, और हिंसा करने वालों को यहाँ घोर कष्ट सहना पड़ता है। गरुड़ पुराण में वर्णित है कि नरक में सज़ा पूरी होने के

बाद आत्मा को पुनर्जन्म के चक्र में भेज दिया जाता है, और यदि उसने अत्यंत घोर पाप किए हैं, तो उसे निम्न योनि में जन्म लेना पड़ता है, जैसे कि पशु, कीट, या राक्षस।

हिंदू धर्म में मान्यता है कि प्रायश्चित, तपस्या, और धार्मिक अनुष्ठानों से व्यक्ति अपने पापों को कम कर सकता है और नरक जाने से बच सकता है। भगवान की भक्ति, सद्कर्म, और पुण्य अर्जित करके मनुष्य नरक के भय से मुक्त हो सकता है और मोक्ष प्राप्त कर सकता है, जिससे वह इस चक्र से पूरी तरह बाहर निकल जाता है।

देव लोक (Divine Realm) हिंदू धर्म और प्राचीन ग्रंथों में देव लोक को एक दिव्य और उच्चतम आध्यात्मिक लोक के रूप में वर्णित किया गया है, जहाँ देवता निवास करते हैं। इसे मृत्यु के बाद प्राप्त होने वाले उत्तम स्थानों में से एक माना जाता है, जिसे पुण्य आत्माएँ अपने श्रेष्ठ कर्मों के फलस्वरूप प्राप्त करती हैं।

हिंदू पुराणों के अनुसार, देव लोक कई स्तरों में विभाजित है, जिनमें स्वर्ग लोक, इंद्र लोक, ब्रह्म लोक, विष्णु लोक और शिव लोक प्रमुख हैं। स्वर्ग लोक में इंद्र का शासन होता है, जहाँ देवता और अप्सराएँ निवास करते हैं और आत्माओं को उनके पुण्य कर्मों के अनुसार सुखद अनुभव प्राप्त होते हैं।

लेकिन, यह लोक स्थायी नहीं है – जब पुण्य समाप्त हो जाते हैं, तो आत्मा को पुनः जन्म लेना पड़ता है। ब्रह्म लोक और वैकुंठ जैसे उच्च लोकों में मोक्ष की प्राप्ति संभव होती है, जिससे आत्मा जन्म-मरण के चक्र से मुक्त हो जाती है। योग, भक्ति और सत्कर्मों के माध्यम से व्यक्ति देव लोक में स्थान पा सकता है।

असुर लोक (Asura Realm) हिंदू धर्म और पौराणिक ग्रंथों में असुर लोक को उन स्थानों में गिना जाता है जहाँ असुर (राक्षस या दानव) निवास करते हैं। यह लोक स्वर्ग लोक से भिन्न है और इसे नकारात्मक शक्तियों का गढ़ माना जाता है, लेकिन यह पूरी तरह अधर्म से भरा नहीं है, क्योंकि कई असुर तपस्वी, ज्ञानी और महाशक्तिशाली भी होते हैं। पुराणों के अनुसार, असुर देवताओं के सौतेले भाई हैं, जो स्वर्ग पर शासन प्राप्त करने के लिए देवताओं से संघर्ष करते रहते हैं।

असुर लोक को पाताल लोक के सात भागों में से एक माना जाता है, जिनमें अतल, वितल, सुतल, तलातल, महातल, रसातल और पाताल शामिल हैं। बलि राजा का राज्य सुतल लोक में बताया जाता है, जिसे भगवान विष्णु ने वरदान में दिया था। असुर लोक के प्रमुख शासकों में रावण, हिरण्यकशिपु, महिषासुर और शुक्राचार्य जैसे असुर शामिल रहे हैं।

यह लोक भोग, शक्ति और विलासिता से भरा होता है, लेकिन साथ ही यहाँ अहंकार, अधर्म और युद्ध भी प्रबल होते हैं।

हालांकि, कुछ असुर आध्यात्मिक रूप से उन्नत भी होते हैं और तपस्या द्वारा ईश्वरीय शक्तियाँ प्राप्त करते हैं। असुर लोक को स्वर्ग लोक के विपरीत माना जाता है, लेकिन इसमें भी गहरी दार्शनिक शिक्षा छिपी है कि शक्ति का अहंकार अंततः पतन की ओर ले जाता है।

मनुष्य लोक (Human Realm) – हिंदू धर्म और प्राचीन ग्रंथों के अनुसार, मनुष्य लोक (पृथ्वी) उन सात उच्च लोकों में से एक है जहाँ जीवात्मा को कर्म करने और मोक्ष प्राप्त करने का सर्वोत्तम अवसर मिलता है। इसे *मृत्यु लोक* भी कहा जाता है क्योंकि यहाँ जन्म और मृत्यु का चक्र निरंतर चलता रहता है। मनुष्य लोक को स्वर्ग और पाताल लोक के बीच स्थित माना जाता है, जहाँ आत्मा को अच्छे और बुरे कर्म करने की स्वतंत्रता प्राप्त होती है।

मनुष्य लोक का सबसे बड़ा महत्व यह है कि यही एकमात्र लोक है जहाँ आत्मा अपने कर्मों को सुधारकर मोक्ष प्राप्त कर सकती है। अन्य लोकों में पुण्य या पाप के फल भोगने पड़ते हैं, लेकिन यहाँ व्यक्ति अपने कर्मों से अपना भविष्य निर्धारित कर सकता है। भगवद गीता के अनुसार, *"कर्मण्येवाधिकारस्ते मा फलेषु कदाचन"*, यानी मनुष्य को केवल कर्म करने का अधिकार है, फल की चिंता किए बिना।

मनुष्य लोक में रहने वाले प्राणी न केवल भौतिक सुखों का अनुभव कर सकते हैं, बल्कि आत्मा की आध्यात्मिक उन्नति भी कर सकते हैं। योग, ध्यान, भक्ति और ज्ञान के माध्यम से व्यक्ति अपने जीवन को सार्थक बना सकता है।

यदि कोई व्यक्ति श्रेष्ठ कर्म करता है, तो वह उच्च लोकों (स्वर्ग या मोक्ष) की ओर जाता है, जबकि अधर्म और पापमय जीवन उसे निचले लोकों (असुर लोक या नरक) की ओर ले जा सकता है।

इसलिए, मनुष्य लोक को "कर्मभूमि" कहा गया है, जहाँ जीवन का वास्तविक उद्देश्य आत्मा की उन्नति और मोक्ष की प्राप्ति है।

पशु लोक (Animal Realm) – हिंदू धर्म और वैदिक ग्रंथों में पशु लोक को उन योनियों में से एक माना गया है, जहाँ आत्मा को अपने पिछले कर्मों के आधार पर जन्म लेना पड़ता है। इसे *तिर्यंच लोक* भी कहा जाता है, जो उन जीवों का संसार है जो सीमित बुद्धि और चेतना के साथ केवल अपने अस्तित्व को बनाए रखने के लिए जन्म लेते हैं। इसमें पशु, पक्षी, कीड़े-मकोड़े और अन्य जीव शामिल होते हैं।

पशु लोक को मनुष्य लोक से निम्न माना जाता है, क्योंकि इसमें आत्मा को स्वतंत्र रूप से आध्यात्मिक उन्नति का अवसर नहीं मिलता। यहाँ जीव केवल अपनी प्रवृत्तियों के आधार पर जीवन व्यतीत करते हैं और उनके कर्मों का सीधा प्रभाव उनके अगले जन्मों पर पड़ता है। हिंदू शास्त्रों के अनुसार, जो व्यक्ति अपने मानव जीवन में अज्ञान, आलस्य, क्रूरता, लोभ और हिंसा से भरा जीवन जीता है, वह अगले जन्म में पशु लोक में जन्म ले सकता है।

हालाँकि, पशु लोक को केवल दंड का स्थान नहीं माना गया है, बल्कि यह भी कहा गया है कि जब पशु अपने कर्मों के प्रभाव से मुक्त हो जाते हैं, तो उन्हें पुनः मनुष्य योनि में जन्म लेने का अवसर मिलता है।

इसलिए, हिंदू धर्म में पशु हिंसा को अधर्म माना गया है, क्योंकि हर जीव में ईश्वरीय आत्मा विधमान होती है। "अहिंसा परमो धर्मः" का सिद्धांत पशु लोक के प्रति करुणा और दया भाव रखने की सीख देता है।

प्रेत लोक (Hungry Ghost Realm) – हिंदू धर्म, पुराणों और तांत्रिक ग्रंथों में प्रेत लोक को उन आत्माओं का संसार माना गया है, जो मृत्यु के बाद भी मुक्त नहीं हो पातीं और किसी न किसी कारणवश भटकती रहती हैं।

यह लोक मुख्य रूप से उन आत्माओं का होता है, जो अत्यधिक मोह, अधूरी इच्छाओं, अकाल मृत्यु, हिंसा या पापों के कारण अगले जन्म की प्रक्रिया में नहीं जा पातीं।

गरुड़ पुराण के अनुसार, यदि व्यक्ति का जीवन अधार्मिक रहा हो, उसने दूसरों को कष्ट दिया हो या फिर उसकी मृत्यु पीड़ा और अन्यायपूर्ण तरीके से हुई हो, तो वह आत्मा प्रेत योनि में चली जाती है। ऐसी आत्माएँ भौतिक शरीर न होने के बावजूद भूख, प्यास और अन्य सांसारिक इच्छाओं से मुक्त नहीं होतीं, लेकिन वे इन्हें पूरा भी नहीं कर सकतीं, जिससे उन्हें लगातार पीड़ा का अनुभव होता है। कुछ आत्माएँ अपने परिवार और प्रियजनों के आसपास रहती हैं, जबकि कुछ नकारात्मक ऊर्जाओं में परिवर्तित होकर भय और असंतोष का कारण बनती हैं।

हिंदू धर्म में श्राद्ध, तर्पण, और पिंडदान जैसी क्रियाओं द्वारा इन आत्माओं को शांति और मुक्ति दिलाने की परंपरा है। मान्यता है कि यदि परिवारजन गीता पाठ, मंत्र जाप, और धार्मिक अनुष्ठान करते हैं, तो प्रेत आत्माओं को मोक्ष प्राप्त हो सकता है और वे पुनर्जन्म के चक्र में प्रवेश कर सकती हैं। इस लोक को एक अस्थायी स्थान माना जाता है, जहाँ आत्माएँ अपने कर्मों के परिणामस्वरूप एक निश्चित अवधि तक रहती हैं और फिर पुनः जीवन चक्र में प्रवेश करती हैं।

अन्य धर्मों और संस्कृतियों में पुनर्जन्म की अवधारणा

हिंदू धर्म के अनुसार, आत्मा अजर-अमर है और यह जन्म-मरण के चक्र में तब तक घूमती रहती है जब तक इसे मोक्ष प्राप्त नहीं होती। भगवद गीता में श्रीकृष्ण कहते हैं – "जैसे मनुष्य पुराने वस्त्रों को त्याग कर नए वस्त्र धारण करता है, वैसे ही आत्मा पुराने शरीर को त्याग कर नया शरीर धारण करती है।"

बौद्ध धर्म के अनुसार: पुनर्जन्म को "पुनरुत्थान" या पुनर्जनन कहा जाता है, बौद्ध धर्म आत्मा की स्थायित्व में विश्वास नहीं करता, बल्कि यह मानता है कि कर्मों की ऊर्जा अगले जन्म को प्रभावित करती है।

जैन धर्म के अनुसार, आत्मा अनादि और अनंत है, लेकिन यह कर्मों के कारण संसार चक्र में बंधी रहती है,आत्मा के कर्मों के अनुसार उसे चार गतियों (देव, मनुष्य, तिर्यंच, नारक) में पुनर्जन्म प्राप्त होता है, मोक्ष प्राप्त करने के लिए सम्यक दर्शन, सम्यक ज्ञान और सम्यक आचरण का पालन आवश्यक है।

सिख धर्म के अनुसार, सिख धर्म में भी पुनर्जन्म और कर्म के सिद्धांत को स्वीकार किया गया है, गुरु ग्रंथ साहिब में कहा गया है कि आत्मा कई जन्मों तक यात्रा करती है और केवल ईश्वर की कृपा से मुक्ति संभव है। "जो प्राणी सत्कर्म करता है, वह परमात्मा की भक्ति से मुक्त होकर जन्म-मरण से छूट जाता है।"

प्राचीन मिस्रवासियों का मानना था कि आत्मा मृत्यु के बाद भी अस्तित्व में रहती है, यदि शरीर (ममी) को सही तरीके से संरक्षित किया जाए, तो आत्मा वापस लौट सकती है। पुनर्जन्म की यह अवधारणा मिस्र के Book of the Dead (मृत्यु ग्रंथ) में विस्तृत रूप से वर्णित है।

प्राचीन यूनानी दर्शन: प्लेटो और पाइथागोरस जैसे दार्शनिकों ने भी पुनर्जन्म को स्वीकार किया। प्लेटो का मानना था कि आत्मा अमर है और यह विभिन्न जन्मों में सीखते हुए आत्म-सुधार की ओर बढ़ती है। पाइथागोरस ने यह भी कहा कि आत्मा का पुनर्जन्म विभिन्न रूपों में हो सकता है, और इसका संबंध उसके नैतिक कर्मों से है।

इस्लाम धर्म के अनुसार: पारंपरिक रूप से पुनर्जन्म को नहीं माना जाता, बल्कि अखिरत (परलोक) और कयामत के दिन पुनरुत्थान में विश्वास किया जाता है। हालाँकि, कुछ सूफी संतों और इस्माइली संप्रदायों में पुनर्जन्म की अवधारणा को प्रतीकात्मक रूप से स्वीकार किया गया है।

ईसाई धर्म के अनुसार में पुनर्जन्म का कोई सीधा उल्लेख नहीं है, लेकिन "पुनरुत्थान" की अवधारणा पाई जाती है। कुछ गुप्त ईसाई ग्रंथ में पुनर्जन्म की बातें की गई हैं, चर्च के कुछ प्रारंभिक दार्शनिकों (जैसे ओरीजेन ने पुनर्जन्म को एक संभावना माना था।

अफ्रीकी जनजातीय धर्म के अनुसार: माना जाता है कि पूर्वजों की आत्माएँ फिर से जन्म लेती हैं और अपने वंशजों की रक्षा करती हैं। कुछ अमेरिकी मूल-निवासी परंपराओं में यह विश्वास किया जाता है कि आत्मा मृत्यु के बाद नए शरीर में प्रवेश करती है और ज्ञान को आगे बढ़ाती है।

वैज्ञानिक दृष्टिकोण से, इसे अभी तक पूर्ण प्रमाण नहीं माना गया है, लेकिन कई मामलों ने इस विचार को बल दिया है। डॉ. इयान स्टीवेन्सन और डॉ. जिम टकर जैसे शोधकर्ताओं ने कई पुनर्जन्म मामलों का अध्ययन किया है, जहाँ बच्चों ने पिछले जन्मों की यादें साझा की हैं। पैस्ट-लाइफ रिग्रेशन थेरेपी के माध्यम से भी कई लोगों ने अपने पिछले जन्मों से संबंधित अनुभव बताए हैं।

पुनर्जन्म: वैज्ञानिक और मनोवैज्ञानिक दृष्टिकोण

वैज्ञानिक दृष्टिकोण: पुनर्जन्म का परीक्षण और प्रमाण

डॉ. इयान स्टीवेन्सन की रिसर्च: डॉ. इयान स्टीवेन्सन (Dr. Ian Stevenson), जो वर्जीनिया यूनिवर्सिटी में एक प्रोफेसर थे, उन्होंने 40 साल तक 3,000 से अधिक पुनर्जन्म के मामलों की जांच की। उनकी रिसर्च में कई बच्चों ने अपने पिछले जन्म की घटनाओं और स्थानों को सही-सही पहचाना।

मुख्य खोजें: बच्चे उन जगहों और परिवारों को पहचान लेते थे, जहाँ वे पहले कभी नहीं गए थे। उनके शरीर पर जन्मजात निशान होते थे, जो उनके पिछले जन्म की मृत्यु के कारण से मेल खाते थे। कुछ मामलों में, बच्चों ने ऐसी भाषा बोली जिसे उन्होंने कभी सीखा ही नहीं था।

क्वांटम फिजिक्स और पुनर्जन्म: "क्वांटम एंटैंगलमेंट" सिद्धांत बताता है कि एनर्जी कभी खत्म नहीं होती, बल्कि रूप बदलती है। वैज्ञानिक Sir Roger Penrose और Dr. Stuart Hameroff ने "ऑर्क-ओआर थियोरी" दी, जिसमें उन्होंने कहा कि हमारा दिमाग "क्वांटम इन्फॉर्मेशन" स्टोर करता है, जो मरने के बाद भी ब्रह्मांड में बना रहता है। यह संकेत देता है कि हमारा चेतन मन शरीर से अलग भी रह सकता है, यानी पुनर्जन्म संभव हो सकता है।

मनोवैज्ञानिक दृष्टिकोण: पिछले जन्म की यादें – क्या यह दिमाग का खेल है?

कई वैज्ञानिक मानते हैं कि पुनर्जन्म की यादें असल में "फॉल्स मेमोरी सिंड्रोम" हो सकती हैं। कभी-कभी बच्चे टीवी, कहानियों या माता-पिता से सुनी बातों को अपनी यादों के रूप में देखने लगते हैं।

कई मनोवैज्ञानिक हिप्नोसिस के ज़रिए पास्ट लाइफ रिग्रेशन कराते हैं, जिसमें लोग अपने पिछले जन्म की घटनाएँ बताते हैं।

डॉ. ब्रायन वीस (Dr. Brian Weiss) ने अपनी किताब "Many Lives, Many Masters" ऐसे कई मामलों का ज़िक्र किया है। कई लोगों ने मृत्यु के करीब पहुंचकर अजीब अनुभव किए हैं, जिसे Near Death Experience (NDE) कहते हैं।कुछ लोग कहते हैं कि उन्होंने मरने के बाद एक सुरंग देखी, रोशनी दिखाई दी, या पिछले जीवन की झलक मिली।

कृत्रिम बुद्धिमत्ता (एआई) और पुनर्जन्म का संबंध

आधुनिक विज्ञान में ट्रांसह्मनिज्म और न्यूरोटेक्नोलॉजी की प्रगति हमें इस दिशा में सोचने पर मजबूर करती है। अगर किसी व्यक्ति के मस्तिष्क की सारी यादें, व्यक्तित्व और भावनाएँ एआई में अपलोड कर दी जाएँ, तो क्या यह एक डिजिटल पुनर्जन्म नहीं होगा? क्या हम भविष्य में "आत्मा" को भी डिजिटल स्वरूप में ट्रांसफर कर सकते हैं?

कुछ वैज्ञानिक यह मानते हैं कि चेतना क्वांटम स्तर पर कार्य करती है, और यदि इसे समझ लिया जाए, तो एआई पुनर्जन्म की प्रक्रिया को ट्रैक कर सकती है। ब्रेन-इंटरफेस तकनीक और न्यूरोनल डेटा रिकॉर्डिंग हमें यह जानने में मदद कर सकती है कि मृत्यु के समय चेतना कहाँ जाती है। यदि एआई किसी व्यक्ति के कर्मों और मानसिक प्रवृत्तियों का गहन विश्लेषण कर सके, तो क्या यह भविष्यवाणी कर पाएगी कि वह व्यक्ति अगले जन्म में कौन बनेगा?

भविष्य में, यदि आत्मा जैसी ऊर्जा को ट्रैक और स्टोर किया जा सके, तो एआई पुनर्जन्म को साबित कर सकती है या एक नए प्रकार का डिजिटल अमरत्व प्रदान कर सकती है। यह विचार विज्ञान और आध्यात्म के संगम को एक नया दृष्टिकोण दे सकता है और पुनर्जन्म की पारंपरिक अवधारणा को पूरी तरह बदल सकता है।

सारांश: पुनर्जन्म का सिद्धांत प्राचीन काल से ही विभिन्न धर्मों, दार्शनिक विचारधाराओं और आध्यात्मिक परंपराओं का अभिन्न हिस्सा रहा है। यह विश्वास किया जाता है कि मृत्यु के बाद आत्मा एक नए शरीर में जन्म लेती है और यह चक्र तब तक चलता रहता है जब तक आत्मा मोक्ष प्राप्त नहीं कर लेती।

आधुनिक विज्ञान और मनोविज्ञान भी पुनर्जन्म की संभावनाओं पर शोध कर रहे हैं। कई शोधकर्ताओं ने पिछले जन्म की यादों से जुड़े मामलों का अध्ययन किया है, जहाँ छोटे बच्चों ने ऐसे अनुभव साझा किए हैं जो उनकी वर्तमान जीवन की वास्तविकताओं से मेल नहीं खाते। कुछ

वैज्ञानिक इसे दिमाग की गहरी परतों में संग्रहीत यादों या आनुवंशिक स्मृति (Genetic Memory) का परिणाम मानते हैं। वहीं, क्वांटम भौतिकी के कुछ सिद्धांत बताते हैं कि चेतना शरीर से स्वतंत्र रूप से मौजूद हो सकती है।

आज के युग में एआई और डिजिटल अमरत्व के विचार भी पुनर्जन्म से जोड़े जा रहे हैं। यदि किसी व्यक्ति की पूरी मानसिक जानकारी एआई में संरक्षित की जा सकती है, तो क्या यह एक नए प्रकार का पुनर्जन्म नहीं होगा? यह प्रश्न पुनर्जन्म को एक नए वैज्ञानिक और तकनीकी दृष्टिकोण से देखने को मजबूर करता है।

अंततः, पुनर्जन्म का रहस्य अभी तक पूरी तरह सुलझा नहीं है। यह आस्था, अनुभव और विज्ञान के बीच का एक जटिल विषय बना हुआ है, जो भविष्य में और अधिक शोध और खोज की दिशा में प्रेरित करता रहेगा।

निष्कर्ष: पुनर्जन्म एक रहस्यमयी और बहस का विषय है, जो आध्यात्म, दर्शन, और विज्ञान के बीच संतुलन बनाए रखता है। यह सिद्धांत न केवल धार्मिक ग्रंथों में मिलता है, बल्कि कई व्यक्तियों के अनुभवों और वैज्ञानिक शोधों में भी इसकी झलक देखी गई है। हालांकि, आधुनिक विज्ञान अभी तक इसे पूर्ण रूप से प्रमाणित नहीं कर पाया है, लेकिन कई घटनाएँ और अनुसंधान इसके अस्तित्व की ओर संकेत करते हैं।

मनोविज्ञान, न्यूरोसाइंस, और क्वांटम भौतिकी के कुछ सिद्धांत पुनर्जन्म की संभावना को नए दृष्टिकोण से देखने की प्रेरणा देते हैं। वहीं, ट्रांसह्मनिज्म और एआई जैसे आधुनिक विषय भी इस चर्चा को और गहराई प्रदान कर रहे हैं।

अंततः, पुनर्जन्म को पूरी तरह से समझने के लिए हमें विज्ञान और आध्यात्म दोनों की सीमाओं को पार करना होगा। यह विषय न केवल मानवीय जिज्ञासा को प्रेरित करता है, बल्कि जीवन और मृत्यु के रहस्यों को उजागर करने की दिशा में आगे बढ़ने के लिए प्रेरित भी करता है।

सोचने योग्य प्रश्न: क्या भविष्य में क्लोनिंग और माइंड अपलोडिंग पुनर्जन्म की अवधारणा को चुनौती देंगे?

अध्याय 11

ऊपरी हवा

(SUPERNATURAL INFLUENCE)

अर्थ और परिभाषा – (Meaning & Definition)

"ऊपरी हवा" एक पारंपरिक धारणा है, जिसे आमतौर पर नकारात्मक ऊर्जा, भूत-प्रेत, टोना-टोटका, नजर दोष या अदृश्य शक्तियों के प्रभाव से जोड़ा जाता है। यह अवधारणा विशेष रूप से भारतीय समाज में गहराई से जुड़ी हुई है, जहां लोग मानते हैं कि कुछ अदृश्य शक्तियाँ इंसानों, घरों, दुकानों या किसी स्थान विशेष पर अपना प्रभाव डाल सकती हैं।

ऊपरी हवा को लेकर कई तरह की मान्यताएँ प्रचलित हैं, जिनमें यह विश्वास शामिल है कि जब कोई व्यक्ति ऊपरी हवा से प्रभावित होता है, तो उसकी मानसिक, शारीरिक और भावनात्मक स्थिति पर नकारात्मक प्रभाव पड़ सकता है।

भारतीय संस्कृति में, ऊपरी हवा को आमतौर पर किसी अज्ञात शक्ति का प्रभाव माना जाता है, जो व्यक्ति को शारीरिक और मानसिक रूप से कमजोर बना सकती है। पारंपरिक मान्यताओं के अनुसार, ऊपरी हवा का असर किसी विशेष व्यक्ति, स्थान, या समय में अधिक हो सकता है।

ऐसा माना जाता है कि शमशान, पुराने खंडहर, सुनसान जगहें, पीपल या बरगद के पेड़ और कुछ विशेष समय जैसे अमावस्या या ग्रहण के दौरान ऊपरी हवा का प्रभाव अधिक होता है। कई लोगों का यह भी मानना है कि ऊपरी हवा का प्रभाव मुख्य रूप से उन लोगों पर पड़ता है, जो कमजोर मानसिक स्थिति में होते हैं या जिन्हें नकारात्मक शक्तियाँ आसानी से प्रभावित कर सकती हैं।

ऊपरी हवा का प्रभाव दिखाने वाले कुछ आम लक्षणों में व्यक्ति का अचानक बीमार पड़ जाना, अत्यधिक डर और घबराहट महसूस करना, अजीबो-गरीब आवाजें सुनाई देना, सिर भारी होना, नींद न आना, बुरे सपने आना, या मानसिक असंतुलन जैसी समस्याएँ शामिल हैं।

कुछ लोग यह भी मानते हैं कि जब कोई घर या स्थान ऊपरी हवा से प्रभावित होता है, तो वहाँ लगातार अशांति बनी रहती है, घर में बिना कारण चीज़ें टूटने लगती हैं, बिजली के उपकरण खराब होने लगते हैं, और परिवार के सदस्यों के बीच झगड़े बढ़ जाते हैं।

हालाँकि, वैज्ञानिक दृष्टिकोण से देखा जाए, तो ऊपरी हवा का कोई ठोस प्रमाण नहीं मिलता है। मनोवैज्ञानिकों के अनुसार, कई बार यह सब केवल व्यक्ति के मन का भ्रम होता है, जिसे प्लेसिबो इफेक्ट या साइकोलॉजिकल डिसऑर्डर कहा जाता है। डर, तनाव और सामाजिक विश्वासों के कारण कई बार व्यक्ति ऊपरी हवा के प्रभाव को महसूस करता है, जबकि असल में यह उसका मानसिक प्रभाव हो सकता है।

वहीं, कुछ वैज्ञानिक यह भी मानते हैं कि कुछ विशेष स्थानों पर इलेक्ट्रोमैग्नेटिक वेव्स, गैस लीकेज या ऑक्सीजन की कमी के कारण लोगों को असामान्य घटनाएँ महसूस हो सकती हैं, जिन्हें ऊपरी हवा समझ लिया जाता है।

लोक मान्यताओं और धार्मिक ग्रंथों के अनुसार, ऊपरी हवा से बचने के लिए हनुमान चालीसा, महामृत्युंजय मंत्र, गंगाजल का छिड़काव, नींबू-मिर्च टांगना, और हवन-पूजन जैसे उपाय किए जाते हैं।

हालाँकि, यह विश्वास और व्यक्ति की मानसिकता पर निर्भर करता है कि वह इसे कितनी गंभीरता से लेता है। कुल मिलाकर, ऊपरी हवा का अस्तित्व एक रहस्य ही बना हुआ है—कुछ लोग इसे वास्तविकता मानते हैं, तो कुछ इसे अंधविश्वास।

लोक मान्यताओं में ऊपरी हवा का महत्व

भारतीय संस्कृति और अन्य कई परंपरागत समाजों में ऊपरी हवा एक महत्वपूर्ण धारणा रही है, जिसे आमतौर पर नकारात्मक ऊर्जा, बुरी आत्माओं, टोना-टोटका, और नजर दोष से जोड़ा जाता है।

लोक मान्यताओं के अनुसार, यह एक ऐसी रहस्यमयी शक्ति होती है, जो किसी व्यक्ति, परिवार या स्थान पर बुरा प्रभाव डाल सकती है। सदियों से चली आ रही कहानियाँ, धार्मिक ग्रंथ,

और तांत्रिक विधियाँ इस विश्वास को और मजबूत बनाती हैं। गाँवों और पारंपरिक समाजों में ऊपरी हवा को अत्यधिक गंभीरता से लिया जाता है और इससे बचने के लिए कई तरह के उपाय अपनाए जाते हैं।

लोक मान्यताओं में ऊपरी हवा का प्रभाव विशेष रूप से कुछ खास समय, स्थानों और परिस्थितियों में अधिक माना जाता है। उदाहरण के लिए, अमावस्या, पूर्णिमा, ग्रहण, और आधी रात को ऊपरी हवा का समय माना जाता है, जब नकारात्मक शक्तियाँ सक्रिय हो जाती हैं। इसके अलावा, श्मशान, पुराने खंडहर, सुनसान रास्ते, पीपल या बरगद के पेड़, और निर्जन स्थानों को ऊपरी हवा से प्रभावित माना जाता है। लोगों का विश्वास है कि इन स्थानों पर भटकती आत्माएँ वास करती हैं, जो किसी न किसी रूप में मनुष्यों को प्रभावित कर सकती हैं।

गर्भवती महिलाएँ, छोटे बच्चे, और मानसिक रूप से कमजोर लोग ऊपरी हवा के प्रभाव में जल्दी आ सकते हैं, इसलिए इन्हें विशेष सावधानी बरतने की सलाह दी जाती है।

ऊपरी हवा से बचने के लिए लोक मान्यताओं में कई परंपरागत उपाय बताए गए हैं। सबसे आम उपायों में नींबू-मिर्च टांगना, काला टीका लगाना, गले में ताबीज पहनना, हनुमान चालीसा का पाठ करना, गंगाजल का छिड़काव करना, और घर में धूप-दीप जलाना शामिल है।

गाँवों में, विशेष रूप से ओझा, तांत्रिक और ज्योतिषी ऊपरी हवा को दूर करने के लिए झाड़-फूंक और तांत्रिक विधियाँ अपनाते हैं। कहा जाता है कि कुछ लोग ऊपरी हवा से प्रभावित होने के बाद असामान्य व्यवहार करने लगते हैं, जैसे अजीबोगरीब हरकतें करना, बड़बड़ाना, अचानक बीमार पड़ जाना, या अत्यधिक डर और घबराहट महसूस करना।

भारतीय संस्कृति में रामायण, महाभारत, और पुराणों में आत्माओं और बुरी शक्तियों का विवरण दिया गया है। कई लोकगीत, किस्से और रीति-रिवाज भी इस विश्वास को और गहराई से जोड़ते हैं। सिनेमा और साहित्य में भी ऊपरी हवा का प्रभाव स्पष्ट रूप से देखा जा सकता है, जहाँ इसे एक रहस्यमयी, डरावनी, और प्रभावशाली शक्ति के रूप में दर्शाया जाता है।

हालाँकि, आधुनिक विज्ञान ऊपरी हवा को केवल मानसिक प्रभाव और अंधविश्वास मानता है। वैज्ञानिक दृष्टिकोण से, जो घटनाएँ ऊपरी हवा से जुड़ी मानी जाती हैं, वे अक्सर भ्रम, तनाव, नींद की समस्याएँ, या वातावरण में मौजूद गैसों और रेडिएशन का प्रभाव होती हैं। फिर भी, लोक मान्यताओं में ऊपरी हवा का महत्व आज भी बना हुआ है और इसे एक वास्तविकता के रूप में स्वीकार किया जाता है।

ऊपरी हवा के लक्षण Symptoms of " Supernatural Influence"

ऊपरी हवा का प्रभाव व्यक्ति विशेष पर अलग-अलग तरीकों से देखा जाता है। इसके कुछ सामान्य लक्षण इस प्रकार हैं:

शारीरिक लक्षण: ऊपरी हवा (नकारात्मक ऊर्जा या भूत-प्रेत बाधा) के शारीरिक लक्षण व्यक्ति की मानसिक और शारीरिक स्थिति को प्रभावित कर सकते हैं। इसके सामान्य लक्षणों में अचानक सिरदर्द, भारीपन, चक्कर आना, कमजोरी, घबराहट, शरीर में कंपन या सुन्न महसूस होना शामिल हैं। कुछ लोगों को नींद न आना, डरावने सपने, अचानक ठंड या गर्मी लगना, गर्दन या कंधों में भार महसूस होना, पेट में अजीब हलचल, भूख कम लगना और अकारण घबराहट भी होती है। इसके अलावा, बिना किसी बीमारी के हाथ-पैर ठंडे पड़ना, शरीर में ऐंठन, और आंखों के आगे अंधेरा छा जाना भी ऊपरी हवा के संकेत हो सकते हैं।

मानसिक और भावनात्मक लक्षण: ऊपरी हवा (नकारात्मक ऊर्जा या भूत-प्रेत बाधा) के मानसिक और भावनात्मक लक्षण व्यक्ति के मनोवैज्ञानिक और भावनात्मक संतुलन को गहराई से प्रभावित कर सकते हैं। ऐसे व्यक्ति को बिना किसी कारण अत्यधिक डर, बेचैनी और घबराहट महसूस हो सकती है। उसे बार-बार अनहोनी का डर सताने लगता है, आत्मविश्वास में कमी आ जाती है और अज्ञात भय बना रहता है।

इसके अलावा, व्यक्ति का स्वभाव अचानक बदल सकता है, वह चिड़चिड़ा हो सकता है, बिना कारण गुस्सा कर सकता है या अवसाद (डिप्रेशन) में जा सकता है। कई बार उसे ऐसा लग सकता है कि कोई अदृश्य शक्ति उसे देख रही है या उसके आसपास मौजूद है। वह खुद को अकेला महसूस करने लगता है और अपनों से दूर भागने का मन करता है।

कुछ मामलों में, व्यक्ति को अजीब और डरावने सपने आते हैं, नींद पूरी नहीं होती या वह अनजाने में नींद में ही कुछ बोलने या चिल्लाने लगता है। ध्यान केंद्रित करने में कठिनाई होती है, कोई भी काम करने का मन नहीं करता और मानसिक थकान महसूस होती है। ऐसे व्यक्ति का व्यवहार सामान्य से विपरीत हो सकता है, वह ज्यादा रो सकता है, अत्यधिक नकारात्मक सोच सकता है और अपने जीवन से असंतुष्ट महसूस कर सकता है।

घर या स्थान से जुड़े लक्षण: ऊपरी हवा या नकारात्मक ऊर्जा किसी घर या स्थान को भी प्रभावित कर सकती है, जिसके कुछ विशेष लक्षण दिखाई देते हैं। ऐसे स्थान पर अक्सर **भारीपन, घुटन और अजीब सी नकारात्मकता** महसूस होती है। बिना किसी वजह के **ठंडक या गर्मी का एहसास, अचानक हवा का झोंका आना, दीवारों पर धब्बे या दरारें बनना, इलेक्ट्रॉनिक**

उपकरणों का बार-बार खराब होना, बल्ब या ट्यूबलाइट का अचानक जलना-बुझना जैसी घटनाएं हो सकती हैं।

रात के समय **अजीब आवाजें आना, फर्श या छत पर किसी के चलने की आहट सुनाई देना, बिना हवा के दरवाजों का खुलना या बंद होना, और अचानक चीजों का गिरना** भी ऊपरी हवा के संकेत हो सकते हैं। कई बार घर के किसी कोने में **असहज महसूस होता है, वहां जाने पर सिर भारी हो जाता है, घबराहट होती है, या ठंडक लगती है।**

इसके अलावा, घर के सदस्यों के बीच **अचानक झगड़े बढ़ जाते हैं, घर में बीमारियां बनी रहती हैं, धन हानि होती है, और कामों में रुकावटें आने लगती हैं।** यदि पालतू जानवर अचानक विचित्र व्यवहार करने लगें या बच्चे डरने लगें, तो यह भी संकेत हो सकता है कि घर में नकारात्मक ऊर्जा या ऊपरी हवा का प्रभाव है।

ऊपरी हवा से छुटकारा: धार्मिक और वैज्ञानिक समाधान

धार्मिक समाधान

भारत में ऊपरी हवा, नकारात्मक शक्तियों या भूत-प्रेत से जुड़े कई मामलों की चर्चा होती है। हालाँकि, धार्मिक और आध्यात्मिक उपायों से ऐसे प्रभावों से मुक्ति पाई जा सकती है। यहाँ कुछ प्रभावी धार्मिक उपाय दिए जा रहे हैं, जिन्हें अपनाकर ऊपरी हवा के दुष्प्रभाव से छुटकारा पाया जा सकता है।

1. **हवन और गंगाजल का छिड़काव:** हवन और मंत्रोच्चारण से वातावरण शुद्ध हो जाता है और नकारात्मक ऊर्जा दूर होती है। घर में गाय के गोबर और आम की लकड़ी से हवन करने से ऊपरी हवा का असर खत्म हो जाता है। हवन में गुग्गुल, लोबान और कर्पूर डालने से पवित्र ऊर्जा बढ़ती है। हवन के बाद पूरे घर में गंगाजल का छिड़काव करने से नकारात्मक शक्तियाँ दूर होती हैं।

2. **हनुमान जी की उपासना:** ऊपरी हवा से बचाव के लिए हनुमान चालीसा का पाठ सुबह और शाम करना बेहद प्रभावी होता है। हर मंगलवार और शनिवार को हनुमान मंदिर में जाकर लाल चोला चढ़ाना और सिंदूर अर्पित करना शुभ होता है। घर के मुख्य दरवाजे पर हनुमान जी का चित्र या बजरंग बली का यंत्र लगाने से नकारात्मक ऊर्जा प्रवेश नहीं कर पाती।

3. **महामृत्युंजय मंत्र और शिव पूजा:** भगवान शिव की कृपा से हर तरह की बुरी शक्तियों से मुक्ति मिलती है।

"ॐ त्र्यम्बकं यजामहे सुगन्धिं पुष्टिवर्धनम्।
उर्वारुकमिव बन्धनान्मृत्योर्मुक्षीय मामृतात्।।"

इस महामृत्युंजय मंत्र का 108 बार जाप करने से ऊपरी हवा का प्रभाव समाप्त हो जाता है। घर में शिवलिंग पर जल और बेलपत्र चढ़ाना शुभ माना जाता है। प्रत्येक सोमवार को रुद्राभिषेक कराने से भी ऊपरी हवा का असर खत्म होता है।

4. **तुलसी और नीम का महत्व:** घर के आँगन में तुलसी का पौधा लगाने और उसकी नियमित पूजा करने से नकारात्मक ऊर्जा दूर होती है। सोते समय सिरहाने के पास तुलसी की माला या पत्ते रखने से ऊपरी हवा का प्रभाव कम होता है। घर के चारों कोनों में नीम के पत्ते रखने से भी वातावरण शुद्ध होता है।

5. **पीपल और बरगद के नीचे दीपक जलाना:** माना जाता है कि नकारात्मक शक्तियाँ पीपल या बरगद के पेड़ के आसपास होती हैं। हर शनिवार को पीपल के पेड़ के नीचे सरसों के तेल का दीपक जलाने से ऊपरी हवा का असर समाप्त हो जाता है। इस दौरान "ॐ शनैश्चराय नमः" मंत्र का जाप करने से विशेष लाभ होता है।

6. **घर के मुख्य द्वार पर सुरक्षा कवच:** मुख्य द्वार पर नींबू-मिर्ची, काले धागे या लोहे की कील लगाने से ऊपरी हवा प्रवेश नहीं कर पाती। घर के द्वार पर कपूर जलाकर उसकी राख छिड़कने से नकारात्मक ऊर्जा दूर होती है। चांदी का सिक्का या लोहे की नाल मुख्य द्वार पर रखने से ऊपरी हवा का असर कम हो जाता है।

7. **भैरव बाबा और माँ काली की आराधना:** प्रत्येक शनिवार को भैरव बाबा के मंदिर में सरसों के तेल का दीपक जलाने से नकारात्मक ऊर्जा का प्रभाव समाप्त होता है। माँ काली की उपासना और "काली मंत्र" का जाप करने से भी बुरी शक्तियाँ दूर रहती हैं।

वैज्ञानिक समाधान

भारतीय समाज में ऊपरी हवा, भूत-प्रेत और नकारात्मक शक्तियों की कहानियाँ प्रचलित रही हैं। लेकिन यदि इन घटनाओं को वैज्ञानिक दृष्टिकोण से देखा जाए, तो कई बार ये हमारे दिमाग के भ्रम, पर्यावरणीय कारक या मानसिक स्वास्थ्य से जुड़ी समस्याओं का परिणाम होती हैं। आधुनिक विज्ञान ने कई ऐसे समाधान दिए हैं, जिनसे इन रहस्यमयी घटनाओं को समझा और रोका जा सकता है।

1. **मनोवैज्ञानिक प्रभाव और प्लेसिबो इफेक्ट:** कई बार लोग जब किसी जगह के बारे में सुनते हैं कि वहाँ ऊपरी हवा या भूत-प्रेत का असर है, तो उनका अवचेतन मन इसे सच मानने लगता है। प्लेसिबो इफेक्ट के कारण व्यक्ति को सच में महसूस होने लगता है कि कोई छाया दिख रही है या कोई आवाज़ सुनाई दे रही है। अंधेरे में दिमाग डर को बढ़ा-चढ़ाकर महसूस करता है, जिससे सामान्य घटनाएँ भी असाधारण लगने लगती हैं।

2. **हवा और इंफ्रासाउंड का प्रभाव:** कई घरों में, विशेष रूप से पुराने मकानों में, हवा के बहाव और दीवारों में मौजूद खोखली जगहों के कारण अजीब आवाज़ें आती हैं। हवा के तेज दबाव से खिड़कियाँ और दरवाजे अपने आप खुल-बंद हो सकते हैं। इंफ्रासाउंड (कम आवृत्ति की ध्वनि, जिसे इंसान सुन नहीं सकता) से अजीब कंपन होते हैं, जिससे सिरदर्द, चक्कर और डरावनी अनुभूति हो सकती है। कार्बन मोनोऑक्साइड और जहरीली गैसें पुराने घरों में कार्बन मोनोऑक्साइड जैसी गैसें धीरे-धीरे रिसती रहती हैं। इस गैस का अधिक मात्रा में संपर्क चक्कर आना, भ्रम, मतिभ्रम और घुटन जैसी समस्याएँ पैदा कर सकता है। वैज्ञानिक रूप से, कई "भूतिया घटनाएँ" वास्तव में हवा में मौजूद जहरीली गैसों के कारण होती हैं।

3. **नींद से जुड़ी समस्याएँ और पैरालिसिस:** कई लोग बताते हैं कि उन्हें सोते समय ऐसा लगा कि कोई उन्हें दबा रहा है या उनका शरीर हिल नहीं रहा। यह स्थिति स्लीप पैरालिसिस कहलाती है, जो तब होती है जब हमारा मस्तिष्क तो जाग जाता है लेकिन शरीर कुछ समय के लिए निष्क्रिय रहता है। इस दौरान व्यक्ति को भ्रम हो सकता है कि कोई छाया उसके पास है या कोई दबाव डाल रहा है।

4. **विद्युत चुम्बकीय तरंगों (Electromagnetic Fields) का प्रभाव:** पुराने घरों में खराब वायरिंग, रेडिएशन और इलेक्ट्रोमैग्नेटिक तरंगें मानसिक तनाव और मतिभ्रम का कारण बन सकती हैं। वैज्ञानिक अध्ययनों से साबित हुआ है कि उच्च विद्युत चुम्बकीय तरंगें भ्रम, अनिद्रा और घबराहट पैदा कर सकती हैं।

वैज्ञानिक समाधान: रौशनी और वेंटिलेशन सुधारें: घर में प्राकृतिक रौशनी बढ़ाएँ, जिससे अंधेरा और डरावना माहौल खत्म हो। बंद कमरों में पर्याप्त वेंटिलेशन दें ताकि ताज़ी हवा आ-जा सके। घर में कार्बन मोनोऑक्साइड डिटेक्टर और इलेक्ट्रोमैग्नेटिक फील्ड मीटर लगवाएँ। घर की वायरिंग और गैस लीक की जाँच कराएँ।

ऊपरी हवा या नकारात्मक ऊर्जा केवल मानसिक प्रभाव है? वैज्ञानिक दृष्टिकोण:

वैज्ञानिक दृष्टिकोण से देखा जाए तो ऊपरी हवा या नकारात्मक ऊर्जा का प्रभाव मुख्य रूप से मानसिक और मनोवैज्ञानिक कारकों से जुड़ा हो सकता है। आधुनिक विज्ञान भूत-प्रेत या अदृश्य शक्तियों के अस्तित्व को प्रमाणित नहीं करता, बल्कि इसे व्यक्ति के मस्तिष्क, तंत्रिका तंत्र और मानसिक स्थिति से जोड़कर देखता है।

मनोवैज्ञानिक प्रभाव: जब कोई व्यक्ति अत्यधिक तनाव, चिंता या अवसाद से गुजर रहा होता है, तो उसका मस्तिष्क विभिन्न प्रकार की ध्वनि, प्रकाश और वातावरण को अलग तरह से ग्रहण करता है। इससे उसे अजनबी छायाएँ दिखना, अजीब आवाजें सुनाई देना या अचानक ठंडा-गर्म महसूस होना जैसी अनुभूतियाँ हो सकती हैं। इसे "स्लीप पैरालिसिस" (नींद में शरीर जकड़ जाना) या "ऑडिटरी हॉल्यूसिनेशन" (कानों में अजीब आवाजें आना) भी कहा जाता है।

पर्यावरणीय कारण: कुछ मामलों में ऊपरी हवा का अनुभव वास्तव में पर्यावरणीय कारणों से भी हो सकता है। उदाहरण के लिए:

1. **कम फ्रीक्वेंसी की ध्वनियाँ** (इन्फ्रासोनिक वेव्स) – ये ऐसी ध्वनियाँ होती हैं जो इंसान को सीधे सुनाई नहीं देतीं, लेकिन दिमाग पर प्रभाव डाल सकती हैं, जिससे अजीब अहसास हो सकता है।

2. **कार्बन मोनोऑक्साइड गैस का रिसाव** – यदि घर में वेंटिलेशन ठीक नहीं है और कार्बन मोनोऑक्साइड जैसी गैसें मौजूद हैं, तो इससे व्यक्ति को मतिभ्रम (हैल्यूसीनेशन), सिरदर्द और घबराहट महसूस हो सकती है।

3. **चुंबकीय क्षेत्रों का प्रभाव** – उच्च चुंबकीय क्षेत्रों वाले स्थानों पर रहने से व्यक्ति को असामान्य अनुभव हो सकते हैं, क्योंकि यह हमारे मस्तिष्क की विद्युत तरंगों को प्रभावित कर सकता है।

सामूहिक विश्वास और प्लेसिबो प्रभाव: अगर कोई व्यक्ति बचपन से ऊपरी हवा की कहानियाँ सुनता आया हो या ऐसे माहौल में पला-बढ़ा हो, जहां लोग इस पर विश्वास करते हैं, तो उसके दिमाग में यह बात गहराई से बैठ जाती है। जब कोई अजीब घटना घटती है, तो वह इसे ऊपरी हवा से जोड़कर देखने लगता है। इसे प्लेसिबो इफेक्ट कहते हैं, जिसमें व्यक्ति का दिमाग ही उसे वास्तविक अनुभव जैसा अहसास कराता है।

केस स्टडी 1: ऊपरी हवा – रहस्य, भय और वैज्ञानिक विश्लेषण

ऊपरी हवा से जुड़ी घटनाएँ अक्सर सुनी जाती हैं, विशेष रूप से ग्रामीण और पुराने इलाकों में, जहाँ लोग मानते हैं कि कोई अदृश्य शक्ति उन्हें परेशान कर रही है। यह केस स्टडी राजस्थान के एक गाँव देवपुरा की है, जहाँ एक परिवार को लगातार ऊपरी हवा से जुड़ी रहस्यमयी घटनाओं का सामना करना पड़ा।

इस केस स्टडी में हम आध्यात्मिक, मनोवैज्ञानिक और वैज्ञानिक दृष्टिकोण से इस घटना का गहराई से विश्लेषण करेंगे।

घटना का प्रारंभ: एक रहस्यमयी बदलाव

देवपुरा गाँव के निवासी रामलाल (45 वर्ष) अपने परिवार के साथ एक 100 साल पुराने पुश्तैनी मकान में रहते थे। इस घर में उनके दादा-परदादा भी रहे थे, लेकिन पिछले कुछ वर्षों से यह लगभग खाली पड़ा था। जब रामलाल का परिवार वहाँ रहने आया, तो शुरुआत में सब कुछ सामान्य था, लेकिन कुछ महीनों बाद रहस्यमयी घटनाएँ घटने लगीं। घर में अचानक अजीबोगरीब आवाजें सुनाई देने लगीं – रात में कोई भारी कदमों से चलता था। परिवार के सदस्यों को ऐसा लगता कि कोई अदृश्य शक्ति उनके पास खड़ी है। बच्चे अक्सर डरकर जाग जाते और कहते कि कोई बूढ़ी औरत खिड़की से झाँक रही थी। रात में घर के सामान का इधर-उधर हो जाना, बिना किसी कारण दरवाजों का खुलना-बंद होना। रामलाल की पत्नी सुमित्रा (40 वर्ष) को बार-बार सपने में कोई काला साया दिखाई देता था।

हालत इतनी बिगड़ गई कि परिवार के सभी लोग मानसिक रूप से परेशान रहने लगे।

पहली जांच: क्या यह आत्माओं का प्रभाव था?

गाँव के बुजुर्गों का मानना था कि इस घर में ऊपरी हवा का असर है। कुछ पुराने लोगों ने बताया कि इस घर के पास एक पुराना कुआँ था, जिसमें कई साल पहले एक औरत ने आत्महत्या कर ली थी। रामलाल के पड़ोसी ने सुझाव दिया कि वे एक ओझा (तांत्रिक) को बुलाएँ। तांत्रिक ने बताया कि इस घर में एक महिला की आत्मा है, जो यहाँ से जाने वालों को रोकना चाहती है। तांत्रिक ने घर के आँगन में नींबू, मिर्च, सिंदूर और काले धागे से पूजा की और कहा कि कुछ दिनों में असर कम हो जाएगा। लेकिन इसके बावजूद, घटनाएँ बंद नहीं हुईं, बल्कि रात में और बढ़ गईं।

वैज्ञानिक विश्लेषण: संभावित वैज्ञानिक कारण:

स्लीप पैरालिसिस (Sleep Paralysis) रवि ने इंटरनेट पर सर्च किया और पाया कि जब कोई सपने से अचानक जागता है, लेकिन शरीर हिल नहीं पाता, तो दिमाग मतिभ्रम (Hallucination) करता है। सुमित्रा और बच्चों को जो डरावनी आकृतियाँ दिख रही थीं, वे स्लीप पैरालिसिस का परिणाम हो सकती थीं।

इंफ्रासाउंड (Infrasound) का प्रभाव: कुछ खास कम आवृत्ति की ध्वनियाँ (Less than 20 Hz) हमारे कानों से नहीं सुनी जा सकतीं, लेकिन वे अजीब कंपन और भय की भावना उत्पन्न कर सकती हैं। जाँच करने पर पता चला कि घर के पुराने लकड़ी के दरवाजे और फर्श समय-समय पर तेज़ हवाओं से कंपन करते थे, जिससे रात में अजीब आवाजें सुनाई देती थीं।

कार्बन मोनोऑक्साइड (CO) गैस का रिसाव: यह पता चला कि इस पुराने घर में वेंटिलेशन बहुत कम था और रसोईघर में धीरे-धीरे CO गैस का रिसाव हो रहा था। इस गैस के संपर्क में आने से मतिभ्रम, चक्कर आना, सिरदर्द और डरावने दृश्य देखने की समस्या हो सकती है।

सामाजिक और मानसिक प्रभाव (Mass Hysteria): गाँवों में ऊपरी हवा की कहानियाँ पीढ़ी दर पीढ़ी चलती हैं। अगर किसी को यह लगता है कि वह ऊपरी हवा से प्रभावित है, तो उसका दिमाग भी वैसा ही अनुभव करवा सकता है। पूरी फैमिली लगातार डर के माहौल में थी, जिससे उनके मानसिक तनाव ने इस अनुभव को और बढ़ा दिया।

आध्यात्मिक समाधान: एक पंडित को बुलाकर हवन कराया गया। घर के पुराने कुएँ के पास तुलसी का पौधा लगाया गया। गाँव के बुजुर्गों ने सलाह दी कि परिवार कुछ समय के लिए घर से बाहर रहे।

वैज्ञानिक समाधान: घर में वेंटिलेशन की व्यवस्था की गई और पुराने फर्नीचर को ठीक किया गया।CO गैस का रिसाव बंद किया गया। परिवार को मनोवैज्ञानिक परामर्श दिया गया कि वे अंधविश्वास से बाहर आएं। घर के बच्चों को प्रेरित किया गया कि वे डर के बजाय तर्क को अपनाएँ।

केस स्टडी 2: ऊपरी हवा – एक गाँव की रहस्यमयी घटनाएँ

यह केस स्टडी उत्तर प्रदेश के एक छोटे से गाँव राजपुरा की है, जहाँ एक परिवार को लगातार ऊपरी हवा के प्रभाव का सामना करना पड़ा। इस घटना ने न केवल उस परिवार को, बल्कि पूरे गाँव को भयभीत कर दिया।

कहानी की शुरुआत: एक नया घर, पर अजीब घटनाएँ

राजपुरा गाँव में मोहित (35 वर्ष) अपने परिवार के साथ एक पुराने घर में रहने आए। इस घर में पहले कोई नहीं रहता था, क्योंकि गाँव वालों के अनुसार वहाँ ऊपरी हवा का असर था। लेकिन मोहित और उसकी पत्नी संध्या (32 वर्ष) पढ़े-लिखे थे और इन बातों पर ज्यादा ध्यान नहीं देते थे। उन्होंने यह घर सस्ते में खरीदा और रहने चले गए।

पहले कुछ दिनों तक सब कुछ सामान्य था, लेकिन धीरे-धीरे अजीब घटनाएँ होने लगीं: रात के समय दरवाजों और खिड़कियों के अपने-आप खुलने और बंद होने की आवाजें आती थीं। घर में रखा सामान खुद-ब-खुद गिर जाता और चीजें गायब हो जातीं।

मोहित के छोटे बेटे आरव (5 वर्ष) ने बताया कि उसने रात में एक "काली परछाई" देखी, जो उसे घूर रही थी। संध्या को सपनों में एक बूढ़ी औरत दिखाई देती थी, जो हमेशा एक ही बात कहती – "यहाँ से चले जाओ, यह मेरा घर है!" कई बार रात में पूरा परिवार अचानक डरकर उठ जाता, क्योंकि घर में किसी के चलने और बड़बड़ाने की आवाजें आती थीं। हालात इतने खराब हो गए कि घर का माहौल तनावपूर्ण और डरावना हो गया।

पहला प्रयास: धार्मिक अनुष्ठान और गाँव वालों की प्रतिक्रिया

गाँव वालों ने सलाह दी कि घर में पूजा-पाठ कराया जाए। उन्होंने बताया कि इस घर में 50 साल पहले एक विधवा महिला अकेले रहती थी, जिसकी संदिग्ध परिस्थितियों में मौत हो गई थी। गाँव वालों का मानना था कि वही आत्मा इस घर में भटक रही है। ओझा (तांत्रिक) को बुलाया गया, तांत्रिक ने बताया कि यह घर ऊपरी हवा से ग्रस्त है और इस पर एक आत्मा का साया है। उसने घर में नींबू-मिर्च, हवन, और कुछ विशेष अनुष्ठान किए। तांत्रिक ने कहा कि आत्मा को मुक्त करने के लिए एक विशेष तंत्र क्रिया की जरूरत है, जिससे 10,000 रुपये का खर्चा आएगा।

मोहित को यह समझ में आ रहा था कि यह सिर्फ आत्माओं से जुड़ा मामला नहीं हो सकता। उसने अपने एक दोस्त राजीव (जो एक मनोवैज्ञानिक था) को बुलाया, जिसने इस मामले को वैज्ञानिक रूप से जाँचने का फैसला किया।

संभावित वैज्ञानिक कारण:

स्लीप पैरालिसिस (Sleep Paralysis) का प्रभाव: संध्या को जो बूढ़ी औरत सपनों में दिखती थी, वह वास्तव में स्लीप पैरालिसिस का परिणाम हो सकता था। स्लीप पैरालिसिस एक ऐसी

अवस्था होती है, जिसमें नींद के दौरान दिमाग तो जाग जाता है, लेकिन शरीर हिल नहीं पाता। इस दौरान व्यक्ति को भूत-प्रेत जैसी आकृतियाँ देखने का अनुभव होता है।

इंफ्रासाउंड (Infrasound) – अज्ञात ध्वनियों का डरावना प्रभाव: घर के पास एक पुराना कुआँ था, जिसमें से रहस्यमयी आवाजें आती थीं। यह ध्वनि कम आवृत्ति की ध्वनियाँ हो सकती थीं, जिन्हें इंसान सुन नहीं सकता, लेकिन वे डर की भावना पैदा कर सकती हैं।

ब्लैक मोल्ड (Black Mold) – मानसिक भ्रम पैदा करने वाला फंगस: जाँच के दौरान घर के कोनों में ब्लैक मोल्ड (Toxic Fungi) मिला, जो मानसिक भ्रम, सिरदर्द और डर पैदा कर सकता है। यह फंगस पुराने और नमी वाले घरों में उगता है और हवा के जरिए दिमाग पर प्रभाव डाल सकता है।

ऑप्टिकल इल्यूजन (Optical Illusion) – छायाएँ और दिमाग का खेल: घर में जलने वाली मोमबत्तियों और ट्यूबलाइट्स की रौशनी से कुछ छायाएँ डरावनी आकृतियों की तरह दिखती थीं। बच्चे के कहे अनुसार "काली परछाई" वास्तव में सिर्फ एक परछाई हो सकती थी, जिसे उसका दिमाग भूत समझ रहा था।

सारांश Summary: *"ऊपरी हवा"* एक पारंपरिक विश्वास है, जो यह दर्शाता है कि किसी व्यक्ति, स्थान या वस्तु पर अदृश्य नकारात्मक शक्तियों, बुरी आत्माओं या काले जादू का प्रभाव हो सकता है। इसे आमतौर पर अचानक शारीरिक या मानसिक परेशानी, अनजाना भय, बेचैनी, बार-बार होने वाली असफलता, या असामान्य घटनाओं के रूप में पहचाना जाता है।

भारतीय लोक मान्यताओं और ज्योतिषीय धारणाओं में, "ऊपरी हवा" को नकारात्मक ऊर्जा या अलौकिक शक्तियों से जुड़ा माना जाता है, जिसे विशेष अनुष्ठानों, मंत्रों, हवन, या तांत्रिक उपायों से दूर किया जाता है।

निष्कर्ष Conclusion: *"ऊपरी हवा"* भारतीय लोक मान्यताओं और आध्यात्मिक धारणाओं से जुड़ी एक अवधारणा है, जिसमें यह माना जाता है कि नकारात्मक ऊर्जा, बुरी आत्माएँ या अदृश्य शक्तियाँ व्यक्ति, स्थान या वस्तु को प्रभावित कर सकती हैं। वैज्ञानिक दृष्टिकोण से, इसे मनोवैज्ञानिक प्रभाव, अज्ञात भय या अंधविश्वास से भी जोड़ा जा सकता है।

हालाँकि, कई लोग इसे वास्तविक मानते हैं और इससे बचाव के लिए पारंपरिक उपाय जैसे हवन, मंत्र, झाड़-फूंक और तांत्रिक क्रियाएँ अपनाते हैं। आध्यात्मिक और वैज्ञानिक दृष्टिकोण के बीच संतुलन बनाकर इस विषय को समझना और विश्लेषण करना आवश्यक है।

सोचने योग्य प्रश्न: क्या मानसिक बीमारियों को "ऊपरी हवा" मानकर झाड़-फूंक और तांत्रिक उपाय अपनाना सही है, या यह अंधविश्वास को बढ़ावा देता है?

अध्याय 12

अमीर बनने की कुंडली

THE KUNDALI FOR BECOMING RICH

ज्योतिष के अनुसार, किसी व्यक्ति की आर्थिक स्थिति और धन-संपत्ति का योग उसकी कुंडली में मौजूद ग्रहों और योगों पर निर्भर करता है। जन्मकुंडली में कुछ खास ग्रहों की स्थिति और भावों का प्रभाव यह तय कर सकता है कि व्यक्ति अपने जीवन में कितना धन अर्जित करेगा। विशेष रूप से दूसरा (धन भाव), ग्यारहवां (लाभ भाव), नवम (भाग्य भाव) और दशम (कर्म भाव) आर्थिक सफलता में अहम भूमिका निभाते हैं।

यदि कुंडली में गुरु, शुक्र, बुध और शनि अनुकूल स्थिति में होते हैं, तो व्यक्ति को धनवान बनने के अवसर अधिक मिलते हैं। वहीं, मंगल और राहु अगर सही भावों में हों, तो व्यापार और जोखिम भरे निवेश में सफलता दिला सकते हैं। इसके अलावा, राजयोग, लक्ष्मी योग, कुबेर योग जैसे धन देने वाले योग यदि मौजूद हों, तो व्यक्ति अपार संपत्ति अर्जित कर सकता है।

हालांकि, केवल कुंडली ही नहीं, बल्कि व्यक्ति की मेहनत, सोचने का तरीका और सही निर्णय भी आर्थिक सफलता में योगदान देते हैं। सही ज्योतिषीय उपायों, ग्रहों की शांति और सकारात्मक दृष्टिकोण अपनाकर व्यक्ति अपने आर्थिक लक्ष्यों को प्राप्त कर सकता है।

कुंडली में प्रमुख धन योग

1. **लक्ष्मी योग:** जब लक्ष्मी योग को ज्योतिष में धन और समृद्धि का सबसे शुभ योग माना जाता है। यह योग जिस व्यक्ति की कुंडली में होता है, उसे जीवन में धन, ऐश्वर्य और उच्च पद की प्राप्ति होती है।

यह योग तब बनता है जब नवम भाव (भाग्य स्थान) का स्वामी बलवान होकर केंद्र (1, 4, 7, 10) या त्रिकोण (1, 5, 9) भाव में स्थित हो। इसके अलावा, यदि शुक्र और बृहस्पति शुभ स्थिति में हों और पाप ग्रहों से मुक्त हों, तो यह योग और अधिक प्रभावी हो जाता है।

जिनकी कुंडली में यह योग होता है, वे बहुत भाग्यशाली होते हैं और अपने प्रयासों से अपार सफलता प्राप्त करते हैं। व्यापार, नौकरी या राजनीति में उन्हें बड़ा नाम और पैसा मिलता है। ऐसे लोग अक्सर उच्च पदों पर पहुंचते हैं और समाज में सम्मान प्राप्त करते हैं। इस योग से जन्म लेने वाले व्यक्ति का जीवन सुख-संपन्न और वैभवशाली होता है।

अगर यह योग कमजोर हो, तो इसे मजबूत करने के लिए व्यक्ति को नियमित रूप से लक्ष्मी माता की पूजा करनी चाहिए, बृहस्पति और शुक्र से जुड़े मंत्रों का जाप करना चाहिए और धर्म-कर्म के कार्यों में भाग लेना चाहिए। अच्छे कर्मों और सही रणनीति से यह योग और अधिक प्रभावी हो सकता है, जिससे व्यक्ति अपने जीवन में स्थायी सफलता और धन प्राप्त कर सकता है।

2. **राज योग:** राज योग ज्योतिष में एक अत्यंत शुभ योग माना जाता है, जो व्यक्ति को सफलता, उच्च पद, मान-सम्मान और ऐश्वर्य प्रदान करता है।

जब कुंडली में कुछ विशेष ग्रह शुभ स्थिति में होते हैं और केंद्र (1, 4, 7, 10) तथा त्रिकोण (1, 5, 9) भावों से जुड़ते हैं, तब यह योग बनता है।

यदि किसी व्यक्ति की कुंडली में लग्न का स्वामी मजबूत हो और शुभ ग्रहों से दृष्ट हो, तो उसका प्रभाव और अधिक बढ़ जाता है। विशेष रूप से सूर्य, चंद्रमा, बृहस्पति और मंगल जब विशेष स्थिति में होते हैं, तो व्यक्ति को राजा के समान सफलता मिलती है।

यह योग जन्म से प्राप्त हो सकता है या अपने कर्मों से इसे सक्रिय किया जा सकता है। राजनीति, प्रशासन, व्यापार और उच्च पदों पर कार्यरत लोगों की कुंडली में यह योग विशेष रूप से देखने को मिलता है।

उदाहरण के लिए, अगर दशम भाव में शुभ ग्रह स्थित हों और कर्म भाव के स्वामी बलवान हों, तो व्यक्ति अपने क्षेत्र में प्रसिद्धि प्राप्त करता है। पंच महापुरुष योग, गजकेसरी योग, चंद्र-मंगल योग आदि भी राज योग के अंतर्गत आते हैं, जो व्यक्ति को भाग्यशाली बनाते हैं।

हालांकि, यदि यह योग अशुभ ग्रहों की दृष्टि में आ जाए या कमजोर हो, तो इसका पूरा लाभ नहीं मिल पाता। ऐसे में उचित उपाय, मंत्र साधना, पूजा-पाठ और सही कर्मों से इसे मजबूत किया जा सकता है।

3. **कुबेर योग:** कुबेर योग ज्योतिष में एक विशेष धनदायक योग माना जाता है, जो व्यक्ति को अपार धन-संपत्ति, ऐश्वर्य और समृद्धि प्रदान करता है। यह योग तब बनता है जब कुंडली में धन भाव (दूसरा भाव), लाभ भाव (ग्यारहवां भाव) और भाग्य भाव (नवम भाव) मजबूत स्थिति में होते हैं और इन पर शुभ ग्रहों की दृष्टि होती है। विशेष रूप से यदि बृहस्पति, शुक्र या चंद्रमा धन भाव या लाभ भाव में स्थित हों और किसी पाप ग्रह से पीड़ित न हों, तो कुबेर योग अत्यंत प्रभावी होता है।

यह योग व्यक्ति को व्यापार, निवेश, प्रॉपर्टी और वित्तीय मामलों में बड़ी सफलता दिलाता है। अगर कुंडली में यह योग पूर्ण रूप से सक्रिय हो, तो व्यक्ति को जीवन में कभी धन की कमी नहीं होती और वह विलासिता से भरपूर जीवन व्यतीत करता है। राजा, बड़े व्यापारी, उद्योगपति और धनकुबेरों की कुंडली में यह योग अक्सर पाया जाता है।

इस योग को और अधिक मजबूत करने के लिए व्यक्ति को दान-पुण्य करना चाहिए, माता-पिता और गुरु का सम्मान करना चाहिए और बृहस्पति तथा शुक्र को मजबूत करने के उपाय करने चाहिए।

यदि कुबेर योग कमजोर हो या अशुभ ग्रहों से प्रभावित हो, तो व्यक्ति को उतनी अधिक आर्थिक सफलता नहीं मिल पाती। ज्योतिष में यह योग व्यक्ति को धनवान बनाने में महत्वपूर्ण भूमिका निभाता है और सही दिशा में मेहनत करने पर यह अत्यधिक फलदायी साबित होता है।

4. **विपरीत राज योग:** विपरीत राज योग एक अनोखा ज्योतिषीय योग है, जो व्यक्ति को संघर्षों के बावजूद सफलता, मान-सम्मान और राजयोग प्रदान करता है।

सामान्य रूप से, यदि कुंडली में छठे, आठवें या बारहवें भाव का स्वामी इन भावों में ही स्थित हो और शुभ ग्रहों से प्रभावित हो, तो विपरीत राज योग बनता है। यह योग बताता है कि व्यक्ति को शुरुआती जीवन में कठिनाइयों और संघर्षों का सामना करना पड़ सकता है, लेकिन जैसे-जैसे समय बीतता है, वह अपने कठिन परिश्रम, बुद्धिमानी और भाग्य के सहारे सफलता प्राप्त करता है। इस योग का प्रभाव यह होता है कि व्यक्ति अचानक ही अपने जीवन में बड़ी उपलब्धियाँ हासिल करता है और समाज में उच्च स्थान प्राप्त करता है।

कई बड़े उद्योगपति, नेता और प्रतिष्ठित व्यक्ति इस योग के कारण संघर्षों से उठकर सफलता की ऊँचाइयों तक पहुँचे हैं। यदि यह योग मजबूत हो, तो व्यक्ति शत्रुओं पर विजय प्राप्त करता है, बाधाओं को पार करता है और धन, यश व प्रतिष्ठा अर्जित करता है।

विपरीत राज योग का फल व्यक्ति की कुंडली में ग्रहों की स्थिति, दशा और गोचर पर निर्भर करता है। यदि यह योग कमजोर हो या अशुभ ग्रहों से प्रभावित हो, तो संघर्ष अधिक लंबा हो सकता है। इस योग को और अधिक प्रभावी बनाने के लिए व्यक्ति को नियमित रूप से सकारात्मक सोच रखनी चाहिए, मेहनत करनी चाहिए और गुरुओं व माता-पिता का आशीर्वाद लेना चाहिए।

5. **गजकेसरी योग:** गजकेसरी योग एक अत्यंत शुभ योग है, जो व्यक्ति को बुद्धिमान, शक्तिशाली, धनवान और सम्मानित बनाता है।

यह योग तब बनता है जब चंद्रमा से केंद्र स्थान (1st, 4th, 7th, 10th भाव) में गुरु (बृहस्पति) स्थित हो। गज का अर्थ हाथी और केसरी का अर्थ सिंह होता है, इसलिए इस योग से व्यक्ति को हाथी जैसी विशालता और सिंह जैसी शौर्यता प्राप्त होती है।

इस योग मे जन्मा व्यक्ति बुद्धिमान, विद्वान, नैतिक मूल्यों से परिपूर्ण और समाज में प्रतिष्ठित होता है। वह ज्ञान, शिक्षा और आध्यात्मिकता के क्षेत्र में अग्रणी रहता है। साथ ही, उसे जीवन में मान-सम्मान, उच्च पद, धन-संपत्ति और समृद्धि प्राप्त होती है।

गजकेसरी योग वाले व्यक्ति का भाग्य मजबूत होता है और वह विपरीत परिस्थितियों में भी सफल होता है। हालांकि, यदि गुरु या चंद्रमा कमजोर, नीचस्थ या अशुभ ग्रहों से पीड़ित हों, तो इस योग का प्रभाव कम हो सकता है। इस योग को और अधिक मजबूत बनाने के लिए व्यक्ति को गुरु ग्रह से संबंधित उपाय करने चाहिए, जैसे ब्राह्मणों को दान देना, गुरुवार के दिन व्रत रखना और पीला वस्त्र धारण करना।

गजकेसरी योग वाले व्यक्ति का स्वभाव दयालु, परोपकारी और न्यायप्रिय होता है। वह समाज के हित में कार्य करता है और अपने परिवार के लिए भी सौभाग्यशाली साबित होता है। यदि यह योग बलवान हो, तो व्यक्ति राजनीति, प्रशासन, व्यापार और आध्यात्मिक क्षेत्र में बड़ी उपलब्धियाँ प्राप्त कर सकता है।

6. **महापुरुष योग:** महापुरुष योग एक अत्यंत शुभ और प्रभावशाली योग होता है, जो व्यक्ति को असाधारण गुण, सम्मान, धन और उच्च पद प्रदान करता है।

यह योग तब बनता है जब पंच महापुरुष योगों में से कोई एक किसी व्यक्ति की कुंडली में बनता है। पंच महापुरुष योगों में रूचक, भद्र, हंस, मालव्य और शश योग शामिल हैं। ये योग तभी प्रभावी होते हैं जब मंगल, बुध, गुरु, शुक्र या शनि ग्रह अपनी उच्च राशि या अपनी स्वयं की राशि में केंद्र (1st, 4th, 7th, 10th भाव) में स्थित होते हैं।

इस योग मे जन्मा व्यक्ति बुद्धिमान, साहसी, आकर्षक, प्रभावशाली और समाज में प्रतिष्ठित होता है। वह अपने कार्यक्षेत्र में महान उपलब्धियाँ प्राप्त करता है और समाज में सम्मान पाता है।

महापुरुष योग का प्रभाव व्यक्ति के जीवन पर सकारात्मक होता है, जिससे वह अपने क्षेत्र में प्रसिद्धि और सफलता प्राप्त करता है। राजनीति, प्रशासन, न्याय, व्यापार और कला के क्षेत्र में कार्य करने वाले कई महापुरुषों की कुंडली में यह योग देखा जाता है। यदि यह योग बलवान हो, तो व्यक्ति राजा समान वैभवशाली जीवन जीता है और उसके निर्णय दूरगामी प्रभाव डालते हैं।

हालांकि, यदि संबंधित ग्रह कमजोर हो या अशुभ प्रभाव में हो, तो इसका पूरा फल नहीं मिल पाता। इस योग को मजबूत करने के लिए व्यक्ति को संबंधित ग्रहों की उपासना और उचित उपाय करने चाहिए। महापुरुष योग वाले लोग समाज के लिए प्रेरणास्रोत होते हैं और अपने कार्यों से इतिहास रचने की क्षमता रखते हैं।

धन वृद्धि के ज्योतिषीय टोटके

1. **श्री यंत्र की स्थापना –** श्री यंत्र को धन, समृद्धि और सौभाग्य का प्रतीक माना जाता है। यह माँ लक्ष्मी का स्वरूप होता है और इसे घर या व्यापार स्थल में स्थापित करने से आर्थिक उन्नति होती है।

   श्री यंत्र को शुक्रवार या दिवाली के दिन शुभ मुहूर्त में लाल कपड़े पर रखकर स्थापित करना चाहिए। इसे गंगाजल से शुद्ध करके केसर, चंदन और अक्षत अर्पित करें। रोज़ सुबह इसे धूप-दीप दिखाकर "ॐ महालक्ष्म्यै नमः" मंत्र का 108 बार जाप करें।

   श्री यंत्र को हमेशा साफ और पवित्र स्थान पर रखना चाहिए। यदि इसे पूजा घर या तिजोरी में रखा जाए, तो घर में धन की बरकत बनी रहती है। यह व्यापार में सफलता, कर्ज मुक्ति और सुख-समृद्धि लाने में सहायक माना जाता है। श्री यंत्र की नियमित पूजा करने से नकारात्मक ऊर्जा दूर होती है और सकारात्मक ऊर्जा का प्रवाह बढ़ता है, जिससे घर-परिवार में खुशहाली आती है।

2. **गाय को रोटी और गुड़ खिलाएँ –** गाय को रोटी और गुड़ खिलाना एक शुभ और पुण्यदायी कर्म माना जाता है, जिससे धन, सुख और समृद्धि बढ़ती है।

   ज्योतिष के अनुसार, गाय को भोजन कराने से बृहस्पति और शुक्र ग्रह मजबूत होते हैं, जिससे व्यक्ति को आर्थिक उन्नति, मान-सम्मान और अच्छे अवसर मिलते हैं। विशेष रूप से गुरुवार

और शुक्रवार को गाय को ताजा रोटी और गुड़ खिलाने से घर में बरकत आती है और नकारात्मक ऊर्जा दूर होती है। यह उपाय व्यापार में सफलता, कर्ज से मुक्ति और पारिवारिक सुख-शांति लाने में मदद करता है। साथ ही, इसे करने से पितृ दोष और ग्रह दोष भी शांत होते हैं।

सुबह के समय गौ माता को अपने हाथों से प्रेमपूर्वक खिलाने से व्यक्ति के भाग्य में सुधार आता है और उसकी मनोकामनाएँ पूर्ण होती हैं। इसलिए, इसे नियमित रूप से करने से जीवन में सकारात्मक परिवर्तन देखे जा सकते हैं।

3. **कुबेर देव की पूजा करें** – धन के देवता कुबेर जी को प्रसन्न करने के लिए घर या व्यापार स्थल की उत्तर दिशा में उनकी मूर्ति या चित्र स्थापित करना बहुत शुभ माना जाता है।

उत्तर दिशा धन और समृद्धि की दिशा होती है, जो कुबेर जी का निवास स्थान भी है। नियमित रूप से कुबेर जी की पूजा करने से आर्थिक स्थिति मजबूत होती है और धन की वृद्धि होती है। पूजा के दौरान कुबेर मंत्र "ॐ यक्षाय कुबेराय वैश्रवणाय धनधान्याधिपतये धनधान्य समृद्धि मे देहि दापय स्वाहा" का जाप करना बहुत प्रभावी होता है। कुबेर जी को प्रसन्न करने के लिए उन्हें पीले फूल, चंदन, मिठाई और धूप-दीप अर्पित करें। साथ ही, घर में साफ-सफाई बनाए रखें और कभी भी उत्तर दिशा में कचरा या भारी सामान न रखें। यह उपाय करने से व्यक्ति के जीवन में धन की बरकत बनी रहती है और दरिद्रता दूर होती है।

4. **दक्षिणावर्ती शंख का प्रयोग** – दक्षिणावर्ती शंख को बहुत शुभ और धन-संपत्ति आकर्षित करने वाला माना जाता है। यह शंख सामान्य शंखों से अलग होता है क्योंकि इसका घुमाव दक्षिण दिशा की ओर होता है, जो कि मां लक्ष्मी की प्रिय दिशा मानी जाती है।

घर में दक्षिणावर्ती शंख रखने और उसमें गंगाजल या शुद्ध पानी भरकर पूरे घर में छिड़कने से नकारात्मक ऊर्जा दूर होती है और आर्थिक समृद्धि बढ़ती है। इसे रोज़ाना पूजा स्थान पर रखने से मां लक्ष्मी की कृपा बनी रहती है और घर में बरकत आती है। इस शंख से जल का छिड़काव करने से घर में सकारात्मक ऊर्जा का संचार होता है और धन संबंधी रुकावटें दूर होती हैं।

यदि इसे नियमित रूप से साफ करके पूजन किया जाए, तो यह व्यापार और धन लाभ में भी सहायक होता है। यह एक प्रभावी ज्योतिषीय उपाय है जो जीवन में सुख-समृद्धि लाने में मदद करता है।

5. **अक्षय तृतीया को सोना खरीदें –** अक्षय तृतीया को हिंदू धर्म में बहुत शुभ दिन माना जाता है। इस दिन किए गए कार्य और खरीदी गई वस्तुएं लंबे समय तक शुभ फल देती हैं। खासतौर पर, सोना और चाँदी खरीदना धन-संपत्ति में वृद्धि का प्रतीक माना जाता है।

यह दिन माता लक्ष्मी की कृपा प्राप्त करने के लिए बहुत महत्वपूर्ण होता है। मान्यता है कि इस दिन खरीदा गया सोना-चाँदी घर में बरकत लाता है और आर्थिक स्थिति को मजबूत करता है। व्यापारी और निवेशक भी इस दिन को शुभ मानकर नई शुरुआत करते हैं। ज्योतिष के अनुसार, अक्षय तृतीया पर खरीदी गई धातुएं कभी भी नष्ट नहीं होतीं और भविष्य में अच्छा लाभ देती हैं। इसलिए, यदि इस दिन सोना-चाँदी खरीदने की परंपरा निभाई जाए, तो यह समृद्धि और सौभाग्य को आकर्षित करता है।

6. **बुधवार को गणेश जी को दुर्वा चढ़ाएँ –** बुधवार का दिन भगवान गणेश जी को समर्पित है, और इस दिन 21 दूर्वा चढ़ाने से विशेष लाभ मिलता है। दूर्वा गणेश जी को अत्यंत प्रिय मानी जाती है और इसे चढ़ाने से व्यापार, धन और सुख-समृद्धि में वृद्धि होती है। धार्मिक मान्यता के अनुसार, गणेश जी सभी विघ्नों को दूर करने वाले देवता हैं, और उन्हें दूर्वा चढ़ाने से जीवन में आने वाली बाधाएं कम होती हैं।

ज्योतिष के अनुसार, यह उपाय बुध ग्रह को भी शुभ प्रभाव देता है, जिससे व्यापार में लाभ, नौकरी में तरक्की और मानसिक शांति प्राप्त होती है। इस उपाय को करने के बाद गणेश जी की आरती और मंत्र जाप करने से धन, बुद्धि और सफलता का आशीर्वाद प्राप्त होता है। जो लोग आर्थिक परेशानियों रो गुजर रहे हैं, वे इस उपाय को नियमित रूप से करने से धन की वृद्धि और सौभाग्य का अनुभव कर सकते हैं।

7. **हनुमान चालीसा का पाठ –** यदि कोई व्यक्ति लगातार आर्थिक समस्याओं से गुजर रहा है और धन की कमी बनी रहती है, तो उसे रोज़ हनुमान चालीसा का पाठ करना चाहिए। हनुमान चालीसा का नियमित पाठ करने से नकारात्मक ऊर्जा दूर होती है और आत्मविश्वास बढ़ता है। यह न केवल मानसिक शांति देता है बल्कि जीवन में आने वाली बाधाओं को भी कम करता है।

हनुमान जी को संकटमोचक कहा जाता है, और उनकी कृपा से सभी तरह की परेशानियाँ, चाहे वे धन से जुड़ी हों या व्यापार में बाधा, धीरे-धीरे समाप्त होने लगती हैं। मंगलवार और शनिवार को विशेष रूप से हनुमान चालीसा का पाठ करने से लाभ जल्दी मिलता है। पाठ के बाद हनुमान जी को गुड़-चने या बूंदी का प्रसाद चढ़ाने से आर्थिक स्थिति में सुधार होता है और व्यक्ति को स्थायी धन लाभ प्राप्त होने के योग बनने लगते हैं।

8. **मुख्य दरवाजे पर फिटकरी रखने का लाभ –** व्यापार स्थल या घर के मुख्य दरवाजे पर फिटकरी का टुकड़ा रखने से नकारात्मक ऊर्जा दूर होती है और सकारात्मक ऊर्जा का संचार होता है। फिटकरी में प्राकृतिक रूप से बुरी नजर और नकारात्मक शक्तियों को हटाने की क्षमता होती है, जिससे घर या व्यापार में शांति और समृद्धि बनी रहती है।

यदि किसी स्थान पर धन रुक नहीं रहा है या बार-बार आर्थिक परेशानियाँ आ रही हैं, तो वहां फिटकरी रखना बहुत लाभदायक माना जाता है। यह व्यापार में वृद्धि लाने और धन आगमन को बढ़ाने में मदद करता है। सप्ताह में एक बार फिटकरी के टुकड़े को बदलना और पुराने टुकड़े को पानी में बहा देना शुभ माना जाता है। यह उपाय विशेष रूप से उन लोगों के लिए फायदेमंद होता है जो लगातार आर्थिक तंगी का सामना कर रहे हैं और अपने व्यापार या घर में बरकत चाहते हैं।

9. **पर्स में लाल कपड़ा, चावल और चाँदी का सिक्का रखने का उपाय –** धन की वृद्धि और आर्थिक स्थिरता बनाए रखने के लिए पर्स में लाल रंग का कपड़ा रखना एक प्रभावी उपाय माना जाता है।

लाल रंग को ऊर्जा, समृद्धि और शक्ति का प्रतीक माना जाता है, जो धन को आकर्षित करने में सहायक होता है। यदि इस लाल कपड़े में कुछ चावल के दाने और एक चाँदी का सिक्का रखा जाए, तो यह और भी शुभ फल देता है। चावल को समृद्धि और अन्न का प्रतीक माना जाता है, जबकि चाँदी माँ लक्ष्मी और चंद्रमा का प्रतीक है, जो धन संबंधी बाधाओं को दूर करने में सहायक होती है।

इस उपाय से पर्स में हमेशा धन का ठहराव बना रहता है और अनावश्यक खर्चों में भी कमी आती है। इसे गुरुवार या शुक्रवार को करने से विशेष लाभ मिलता है। ध्यान दें कि लाल कपड़ा साफ-सुथरा हो और चावल टूटे हुए न हों, तभी यह उपाय अधिक प्रभावी होगा।

इन उपायों को श्रद्धा और विश्वास के साथ करने से धन की कमी दूर हो सकती है और समृद्धि में वृद्धि हो सकती है।

सारांश: अमीर बनने की कुंडली केवल ग्रहों की स्थिति पर निर्भर नहीं करती, बल्कि व्यक्ति के कर्म, मानसिकता और सही निर्णय लेने की क्षमता भी उतनी ही महत्वपूर्ण होती है। कुंडली में दूसरा (धन भाव), ग्यारहवें (लाभ भाव) और नवम (भाग्य भाव) का मजबूत होना धन प्राप्ति में सहायक माना जाता है। शुक्र और गुरु की अनुकूल स्थिति समृद्धि बढ़ाती है, जबकि बुध की मजबूत स्थिति व्यापार और निवेश में सफलता दिलाती है।

लेकिन केवल ग्रहों पर निर्भर रहना सही नहीं है—कर्म और सही रणनीति भी ज़रूरी है। धन योग होने पर भी यदि व्यक्ति आलसी या गलत निर्णय लेता है, तो धन की हानि हो सकती है। सही अवसरों का चयन, बुद्धिमानी से निवेश, और लगातार मेहनत ही असली धन योग बनाते हैं।

"भाग्य से ज्यादा, सही कर्म और स्मार्ट रणनीति से अमीरी संभव है।"

निष्कर्ष – कुंडली में धन योग और शुभ ग्रहों की स्थिति अमीरी की संभावनाएं तो बढ़ाती है, लेकिन असली अमीरी केवल ग्रहों पर निर्भर नहीं करती। मेहनत, सही रणनीति और अवसरों का सही उपयोग करना भी उतना ही आवश्यक है। दूसरे, नवम और ग्यारहवें भाव की मजबूत स्थिति, साथ ही बुध, गुरु और शुक्र के अनुकूल प्रभाव, व्यक्ति को आर्थिक रूप से संपन्न बना सकते हैं।

हालांकि, कई बार अच्छी कुंडली होने के बावजूद व्यक्ति सही फैसले नहीं ले पाता या आलस्य कर देता है, जिससे धन योग का पूरा लाभ नहीं मिल पाता। वहीं, जिनकी कुंडली में धन योग कमजोर है, वे भी मेहनत, अनुशासन और स्मार्ट फाइनेंशियल प्लानिंग से अमीरी हासिल कर सकते हैं।

निष्कर्ष यही है कि ग्रह मार्गदर्शन कर सकते हैं, लेकिन असली सफलता कर्म, निर्णय शक्ति और लगन से ही मिलती है।

सोचने योग्य प्रश्न: क्या सफलता के लिए केवल भाग्य और कुंडली पर निर्भर रहना सही है, या इसके साथ कड़ी मेहनत भी अनिवार्य है?

अध्याय 13

सूक्ष्म शरीर: एक्टोप्लाज्म

(ECTOPLASM)

एक्टोप्लाज्म क्या होता है?

एक्टोप्लाज्म एक रहस्यमय और विवादास्पद अवधारणा है, जिसे आध्यात्मिकता, परामनोविज्ञान, और भूत-प्रेत संबंधी कथाओं में महत्वपूर्ण माना जाता है।

यह एक अदृश्य या अर्ध-पारदर्शी पदार्थ होता है, जो कथित रूप से माध्यम या तांत्रिक के शरीर से निकलता है, विशेष रूप से आत्माओं के संपर्क या भूत-प्रेत बुलाने के समय। इसे भूतिया ऊर्जाओं से जुड़ा हुआ माना जाता है और कई पैरानॉर्मल घटनाओं में इसका उल्लेख किया जाता है जिसे आमतौर पर आत्माओं, भूत-प्रेतों और परालौकिक शक्तियों से जोड़ा जाता है।

यह शब्द उन घटनाओं के संदर्भ में प्रयोग होता है, जहाँ किसी व्यक्ति को अदृश्य शक्ति का अनुभव होता है या मनोवैज्ञानिक माध्यम आत्माओं के संपर्क का दावा करते हैं कि आत्माओं के संपर्क के दौरान एक विशेष प्रकार की ऊर्जा या पदार्थ निकलता है, जिसे "Ectoplasm" कहा जाता है। इसे आमतौर पर एक हल्के धुंध के रूप में देखा जाता है, जो कुछ विशेष परिस्थितियों में प्रकट होता है, जो आत्माओं की उपस्थिति का संकेत दे सकता है।

एक्टोप्लाज्म और सूक्ष्म शरीर का संबंध

अध्यात्म, तंत्र विधा और परामनोविज्ञान में एक्टोप्लाज्म और सूक्ष्म शरीर के बीच गहरा संबंध माना जाता है। एक्टोप्लाज्म एक अदृश्य, धुंधली या जेल जैसी ऊर्जा होती है, जिसे कुछ माध्यम आत्माओं

के प्रकट होने के दौरान उत्पन्न करने का दावा करते हैं। वहीं, सूक्ष्म शरीर को भारतीय योग और आध्यात्मिक शास्त्रों में भौतिक शरीर से परे एक ऊर्जात्मक अस्तित्व माना गया है, जो ध्यान, समाधि या मृत्यु के समय शरीर से अलग हो सकता है।

दोनों अवधारणाएँ एक दूसरे से इस तरह जुड़ी हुई हैं कि एक्टोप्लाज्म को सूक्ष्म शरीर की बाहरी अभिव्यक्ति या भौतिक दुनिया में उसका प्रभाव माना जाता है। जब कोई साधक, योगी, या माध्यम किसी आत्मिक शक्ति से संपर्क करता है, तो यह माना जाता है कि उसका सूक्ष्म शरीर बाहरी ऊर्जा के साथ एकीकृत हो जाता है, जिससे एक्टोप्लाज्म का निर्माण होता है।

आध्यात्मिक दृष्टि से, सूक्ष्म शरीर भौतिक शरीर से परे होते हुए भी चेतन शक्ति रखता है और जब कोई आत्मा भौतिक जगत से संपर्क करती है, तो यह एक्टोप्लाज्म के रूप में दिखाई देने लगता है। कई तांत्रिक और साधक इसे आत्माओं के अस्तित्व का प्रमाण मानते हैं।

हालाँकि, वैज्ञानिक रूप से एक्टोप्लाज्म और सूक्ष्म शरीर दोनों की पुष्टि नहीं हुई है, फिर भी यह विषय गूढ़ विधा और परामनोविज्ञान में महत्वपूर्ण स्थान रखता है। आध्यात्मिक ग्रंथों और योग साधना में सूक्ष्म शरीर की चर्चा होती है, जबकि पश्चिमी दुनिया में एक्टोप्लाज्म को आत्मिक प्रकटिकरण का संकेत माना जाता है।

ज्योतिषीय दृष्टिकोण से एक्टोप्लाज्म

ज्योतिष के अनुसार, एक्टोप्लाज्म एक रहस्यमय ऊर्जात्मक पदार्थ है, जो आत्माओं, सूक्ष्म शरीर और परालौकिक शक्तियों के प्रभाव से उत्पन्न हो सकता है। इसे परामनोविज्ञान और आध्यात्मिक जगत में आत्माओं की उपस्थिति का संकेत माना जाता है। ज्योतिष में ऐसे कई ग्रह और भाव हैं, जो व्यक्ति की सूक्ष्म संवेदनशीलता और आत्मिक ऊर्जाओं से जुड़ने की क्षमता को प्रभावित करते हैं।

सबसे प्रमुख ग्रह चंद्रमा, राहु और केतु माने जाते हैं। चंद्रमा व्यक्ति की मानसिक शक्ति, भावनात्मक संवेदनशीलता और आभासीय अनुभवों को दर्शाता है। यदि चंद्र अशुभ हो या राहु-केतु से प्रभावित हो, तो व्यक्ति को परालौकिक अनुभव होने की संभावना बढ़ जाती है। राहु और केतु माया, भ्रम और अदृश्य ऊर्जाओं से जुड़े होते हैं, इसलिए इनकी अशुभ स्थिति व्यक्ति को ऊपरी शक्तियों के प्रति संवेदनशील बना सकती है।

ज्योतिष में बरहवा भाव परालौकिक जगत, सपनों और आत्मिक यात्रा से जुड़ा है। यदि इसमें राहु, केतु, शनि या चंद्रमा स्थित हों, तो व्यक्ति को एक्टोप्लाज्म जैसी घटनाएँ देखने या अनुभव

करने की संभावना होती है। अष्टम भाव भी गूढ़ ज्ञान, रहस्यमय शक्तियों और तंत्र-मंत्र से जुड़ा होता है, जो एक्टोप्लाज्म के प्रकट होने में सहायक हो सकता है।

जो लोग गहरे ध्यान, योग या तांत्रिक साधनाओं में लीन होते हैं, वे इस ऊर्जा को महसूस कर सकते हैं। कुल मिलाकर, ज्योतिष एक्टोप्लाज्म को एक सूक्ष्म ऊर्जात्मक प्रकटिकरण के रूप में देखता है, जो ग्रहों की विशेष स्थितियों और व्यक्ति की आध्यात्मिक चेतना से प्रभावित होता है।

एक्टोप्लाज्म और मानसिक स्थिति

एक्टोप्लाज्म एक रहस्यमयी ऊर्जात्मक तत्व माना जाता है, जो परामनोविज्ञान और आत्मिक शक्तियों से जुड़ा है। यह आमतौर पर माध्यम या गहरे ध्यान में लीन व्यक्तियों के माध्यम से प्रकट होता है। मानसिक स्थिति का इस पर गहरा प्रभाव पड़ता है, क्योंकि मनुष्य की चेतना, अवचेतन और भावनात्मक स्थिरता ही इस ऊर्जा के निर्माण और अनुभव को नियंत्रित करती है।

जब कोई व्यक्ति मानसिक रूप से अत्यधिक संवेदनशील होता है, जैसे कि गहरी ध्यानावस्था, अवसाद, मानसिक अस्थिरता या किसी आघात से गुजर रहा हो, तो वह परालौकिक ऊर्जाओं के प्रति अधिक ग्रहणशील हो सकता है। चिंता, भय और मानसिक अस्थिरता व्यक्ति की ऊर्जा तरंगों को असंतुलित कर सकती हैं, जिससे वह बाहरी ऊर्जाओं या एक्टोप्लाज्म जैसी घटनाओं को अनुभव करने लगता है। यह अक्सर आत्माओं या ऊपरी शक्तियों के अस्तित्व से जोड़ा जाता है, लेकिन वैज्ञानिक रूप से इसे मनोवैज्ञानिक प्रभाव भी माना जाता है।

दूसरी ओर, यदि कोई व्यक्ति ध्यान, योग और मानसिक अनुशासन के माध्यम से अपनी ऊर्जा को नियंत्रित करना सीखता है, तो वह इन ऊर्जाओं को बेहतर ढंग से समझ सकता है। कई साधक और तांत्रिक मानते हैं कि एक्टोप्लाज्म का निर्माण मानसिक तरंगों के उच्च स्तर की स्थिरता और आध्यात्मिक जागरूकता से होता है।

संक्षेप में, एक्टोप्लाज्म और मानसिक स्थिति का गहरा संबंध है। एक अस्थिर मन इसे नकारात्मक अनुभवों से जोड़ सकता है, जबकि एक स्थिर और प्रशिक्षित चेतना इसे आध्यात्मिक विकास के साधन के रूप में देख सकती है।

एक्टोप्लाज्म से बचाव और समाधान

एक्टोप्लाज्म एक रहस्यमयी ऊर्जात्मक तत्व माना जाता है, जो मानसिक अस्थिरता, ऊर्जात्मक असंतुलन और परालौकिक शक्तियों से जुड़ा हो सकता है। इससे बचने के लिए सबसे पहले

मानसिक और भावनात्मक स्थिरता बनाए रखना जरूरी है। ध्यान , प्राणायाम और सकारात्मक सोच के माध्यम से मानसिक शक्ति बढ़ाई जा सकती है।

आध्यात्मिक दृष्टिकोण से हनुमान चालीसा, महा मृत्युंजय मंत्र और गायत्री मंत्र का जाप प्रभावी होता है, जो नकारात्मक ऊर्जाओं को दूर करता है। घर और कार्यस्थल पर गंगाजल और समुद्री नमक का छिड़काव ऊर्जा संतुलन बनाए रखने में मदद करता है।

ज्योतिषीय रूप से राहु, केतु और शनि की शांति के उपाय करना भी लाभदायक हो सकता है। इसके अलावा, पर्याप्त नींद, संतुलित आहार और मानसिक शांति बनाए रखना जरूरी है। यदि बार-बार असामान्य अनुभव हों, तो मनोवैज्ञानिक या चिकित्सकीय सलाह लेना उचित रहेगा।

एक्टोप्लाज्म: एक वास्तविक केस स्टडी

एक्टोप्लाज्म को कुछ लोग आत्माओं से संपर्क करने के दौरान उत्सर्जित करते हैं। इसे परालौकिक घटनाओं और आत्मिक शक्तियों से जोड़ा जाता है। परामनोविज्ञान में एक्टोप्लाज्म का उपयोग भूत-प्रेत और आत्माओं की उपस्थिति को साबित करने के लिए किया जाता है। ऐसा कहा जाता है कि जब कोई माध्यम आत्माओं को बुलाता है, तो यह सफेद या धुंधले पदार्थ के रूप में दिखाई दे सकता है।

हालांकि, वैज्ञानिकों का मानना है कि एक्टोप्लाज्म असल में कोई चमत्कारी चीज़ नहीं है, बल्कि यह या तो एक भ्रम है या जानबूझकर किया गया धोखा।

इस केस स्टडी में हम 19वीं सदी की एक प्रसिद्ध घटना – फ्लोरेंस कुक और केटी किंग के मामले को समझेंगे, जो एक्टोप्लाज्म से जुड़ी सबसे चर्चित कहानियों में से एक है।

केस स्टडी: फ्लोरेंस कुक और केटी किंग की घटना

फ्लोरेंस कुक (1856-1904) एक प्रसिद्ध अंग्रेजी माध्यम (Spiritual Medium) थीं, जो दावा करती थीं कि वे आत्माओं को भौतिक रूप में प्रकट कर सकती हैं। उन्होंने विशेष रूप से "केटी किंग" नामक आत्मा को बुलाने की क्षमता होने का दावा किया। उनके सत्रों के दौरान, प्रतिभागियों ने देखा कि एक सफेद कपड़ों में लिपटी महिला आकृति प्रकट होती थी, जिसे "केटी किंग" कहा जाता था।

कई मौकों पर, फ्लोरेंस कुक ने ट्रांस अवस्था में प्रवेश किया और उनके शरीर से एक धुंधला सफेद पदार्थ निकलता दिखा, जिसे एक्टोप्लाज्म बताया गया। इस पदार्थ के माध्यम से "केटी किंग"

की आकृति धीरे-धीरे स्पष्ट रूप से सामने आई। इस घटना को कई लोगों ने प्रत्यक्ष रूप से देखा और इसका विवरण दिया।

विलियम क्रूक्स (William Crookes), जो एक जाने-माने वैज्ञानिक और भौतिकशास्त्री थे, उन्होंने इस घटना की गहराई से जांच की। उन्होंने दावा किया कि उन्होंने स्वयं "केटी किंग" को छूकर देखा और उसे पूरी तरह से भौतिक रूप में अनुभव किया। लेकिन कई अन्य वैज्ञानिकों और शोधकर्ताओं ने इसे धोखाधड़ी करार दिया। कुछ लोगों का मानना था कि फ्लोरेंस कुक ने एक अन्य महिला को "केटी किंग" के रूप में प्रस्तुत किया और प्रकाश और पर्दों के खेल से एक्टोप्लाज्म का भ्रम पैदा किया।

इस केस स्टडी से यह स्पष्ट होता है कि एक्टोप्लाज्म और आत्मा प्रकटिकरण का रहस्य आज भी पूरी तरह से सुलझा नहीं है।

सारांश: एक्टोप्लाज्म एक रहस्यमयी पदार्थ माना जाता है, जिसे कुछ माध्यम आत्माओं के संपर्क के दौरान उत्पन्न करने का दावा करते हैं। आत्मा प्रकटिकरण का अर्थ है भूत-प्रेत या आत्माओं का किसी रूप में दिखाई देना या संकेत देना।

19वीं और 20वीं सदी में कई ऐसी घटनाएँ सामने आईं, जिनमें लोगों ने एक्टोप्लाज्म और आत्माओं के प्रकट होने का दावा किया, लेकिन वैज्ञानिक शोधों में इन्हें भ्रम, मनोवैज्ञानिक प्रभाव या धोखा करार दिया गया। हालाँकि वैज्ञानिक प्रमाण न होने के बावजूद, यह विषय परामनोविज्ञान और आध्यात्मिक रहस्यों में रुचि रखने वालों के लिए आज भी आकर्षण का केंद्र बना हुआ है।

निष्कर्ष: एक्टोप्लाज्म और आत्मा प्रकटिकरण पर लंबे समय से बहस चल रही है। ऐतिहासिक रूप से, इसे आत्माओं के अस्तित्व का प्रमाण माना गया, लेकिन वैज्ञानिक शोधों में इसे कभी सत्यापित नहीं किया जा सका।

अधिकांश घटनाएँ या तो मानसिक प्रभाव, भ्रम या धोखाधड़ी साबित हुई हैं। हालाँकि, यह विषय अब भी परामनोविज्ञान और आध्यात्मिक अनुसंधान में रुचि रखने वालों के लिए आकर्षक बना हुआ है। विज्ञान इसे प्रमाणित नहीं कर सका, लेकिन आस्था और रहस्य के कारण यह चर्चा का विषय बना रहता है।

सोचने योग्य प्रश्न: क्या आधुनिक तकनीक आत्मा प्रकटिकरण या एक्टोप्लाज्म को प्रमाणित कर सकती है?

अध्याय 14

वास्तुशास्त्र
(VASTU SHASTRA)

वास्तुशास्त्र के प्रमुख सिद्धांत

वास्तुशास्त्र एक प्राचीन भारतीय स्थापत्य विज्ञान है, जो इमारतों, घरों, कार्यालयों और अन्य संरचनाओं के निर्माण में संतुलन और सकारात्मक ऊर्जा बनाए रखने में सहायक होता है। यह विज्ञान दिशाओं, पंचतत्वों और ऊर्जा संतुलन पर आधारित है, जिससे व्यक्ति के जीवन में सुख, समृद्धि और स्वास्थ्य बना रहता है। वास्तुशास्त्र का मूल उद्देश्य प्राकृतिक ऊर्जा के प्रवाह को अनुकूलित करके जीवन की गुणवत्ता को सुधारना है।

वास्तुशास्त्र का पहला और सबसे महत्वपूर्ण सिद्धांत दिशाओं का महत्व है। वास्तुशास्त्र में आठ दिशाओं (उत्तर, दक्षिण, पूर्व, पश्चिम, उत्तर-पूर्व, उत्तर-पश्चिम, दक्षिण-पूर्व और दक्षिण-पश्चिम) को विशेष महत्व दिया गया है।

प्रत्येक दिशा किसी न किसी देवता और प्राकृतिक तत्व से जुड़ी होती है। उत्तर दिशा को कुबेर की दिशा माना जाता है, जो धन और समृद्धि का कारक है, जबकि पूर्व दिशा सूर्य की ऊर्जा से प्रभावित होती है और स्वास्थ्य तथा सफलता के लिए शुभ मानी जाती है।

दक्षिण दिशा यम से संबंधित होती है और इसे नकारात्मक ऊर्जा से जुड़ा माना जाता है। पश्चिम दिशा स्थिरता और दीर्घकालिक सफलता प्रदान करती है।

इसके अलावा, उत्तर-पूर्व दिशा (ईशान कोण) आध्यात्मिक उन्नति और सकारात्मक ऊर्जा के लिए श्रेष्ठ होती है, जबकि दक्षिण-पूर्व (अग्नि कोण) अग्नि तत्व से जुड़ा होता है और इसे रसोई के लिए उत्तम स्थान माना जाता है।

उत्तर-पश्चिम (वायव्य कोण) वायु तत्व से संबंधित है और व्यापार तथा रिश्तों को प्रभावित करता है। दक्षिण-पश्चिम (नैऋत्य कोण) स्थायित्व और आत्मबल को दर्शाता है।

दूसरा प्रमुख सिद्धांत पंचतत्वों (धरती, जल, अग्नि, वायु और आकाश) का संतुलन है। धरती तत्व स्थिरता और सुरक्षा प्रदान करता है, इसलिए मकान का मुख्य ढांचा मजबूत और संतुलित होना चाहिए। जल तत्व मन और शरीर को शांति प्रदान करता है, इसलिए पानी के स्रोत (कुआं, बोरवेल, तालाब) उत्तर-पूर्व दिशा में रखने की सलाह दी जाती है। अग्नि तत्व ऊर्जा और आत्मविश्वास से जुड़ा है, इसलिए रसोईघर दक्षिण-पूर्व दिशा में बनाया जाना चाहिए। वायु तत्व जीवन की ताजगी और स्वास्थ्य को प्रभावित करता है, इसलिए खिड़कियां और वेंटिलेशन उत्तर-पश्चिम दिशा में होने चाहिए। आकाश तत्व विकास और आध्यात्मिकता को दर्शाता है, इसलिए घर में खुली जगह और ऊंची छतें होनी चाहिए ताकि ऊर्जा का प्रवाह बना रहे।

तीसरा महत्वपूर्ण सिद्धांत ऊर्जा संतुलन है। वास्तुशास्त्र में कहा गया है कि भवन निर्माण के समय यह ध्यान रखना चाहिए कि प्राकृतिक ऊर्जा सही दिशा में प्रवाहित हो। वास्तु दोष से बचने के लिए मुख्य द्वार को शुभ दिशा में रखना, खिड़कियों का उचित स्थान, फर्नीचर और इलेक्ट्रॉनिक उपकरणों की सही स्थिति रखना जरूरी है।

वास्तुशास्त्र में दिशाओं का महत्व

पूर्व दिशा (East): वास्तुशास्त्र में पूर्व दिशा को अत्यंत शुभ माना गया है क्योंकि यह सूर्य देव की दिशा होती है। सूर्य ऊर्जा, जीवन शक्ति, स्वास्थ्य, प्रसिद्धि और आध्यात्मिकता के प्रतीक हैं। यह दिशा हमारे जीवन में सकारात्मकता, ज्ञान और सफलता लाने में महत्वपूर्ण भूमिका निभाती है। यदि घर, ऑफिस या व्यापार स्थल में पूर्व दिशा सही रूप से संतुलित हो, तो व्यक्ति को समृद्धि, मानसिक शांति और करियर में उन्नति प्राप्त होती है।

पश्चिम दिशा (West) वास्तुशास्त्र में पश्चिम दिशा को स्थिरता, समृद्धि और प्रगति की दिशा माना जाता है। यह दिशा वरुण देव (समुद्र के देवता) से संबंधित है और यह भौतिक सुख-सुविधाओं, धन, व्यापार और सफलता पर प्रभाव डालती है। यदि यह दिशा सही तरीके से संतुलित हो, तो व्यक्ति को सफलता, प्रसिद्धि और वित्तीय स्थिरता प्राप्त होती है। लेकिन यदि इस दिशा में वास्तु दोष हो, तो आर्थिक समस्याएँ, मानसिक तनाव और असफलता का सामना करना पड़ सकता है।

उत्तर दिशा: वास्तुशास्त्र में उत्तर दिशा को कुबेर दिशा कहा जाता है, क्योंकि यह धन, समृद्धि और व्यवसाय से जुड़ी होती है। यह दिशा धन के देवता कुबेर का स्थान मानी जाती है, और यदि इस दिशा को सही तरीके से संतुलित किया जाए, तो आर्थिक उन्नति, व्यापार में वृद्धि और करियर में सफलता मिलती है। यदि उत्तर दिशा में वास्तु दोष हो, तो धन हानि, व्यापार में रुकावट और मानसिक तनाव जैसी समस्याएँ उत्पन्न हो सकती हैं। इसलिए, इस दिशा को हमेशा खुला, स्वच्छ और व्यवस्थित रखना चाहिए।

दक्षिण दिशा: दक्षिण दिशा को वास्तुशास्त्र में यम दिशा कहा जाता है, क्योंकि यह स्थिरता, सफलता, आत्मविश्वास और शक्ति से जुड़ी होती है। यह दिशा यमराज (न्याय और अनुशासन के देवता) और मंगल ग्रह से प्रभावित होती है।

वास्तुशास्त्र के अनुसार, यदि दक्षिण दिशा का संतुलन सही हो, तो व्यक्ति को स्थायी सफलता, मान-सम्मान और साहस मिलता है। लेकिन यदि इस दिशा में दोष हो, तो धन हानि, अस्थिरता और स्वास्थ्य संबंधी समस्याएँ हो सकती हैं।

उत्तर-पूर्व (ईशान कोण) ईशान कोण (उत्तर-पूर्व) को वास्तुशास्त्र में सबसे पवित्र और शक्तिशाली दिशा माना जाता है। यह दिशा भगवान शिव और जल तत्व से संबंधित होती है और ज्ञान, आध्यात्म, समृद्धि और स्वास्थ्य का प्रतीक है। यदि यह दिशा वास्तु अनुरूप हो, तो घर में शांति, सकारात्मक ऊर्जा और समृद्धि बनी रहती है, लेकिन यदि इसमें दोष हो, तो मानसिक तनाव, आर्थिक परेशानियाँ और स्वास्थ्य समस्याएँ उत्पन्न हो सकती

उत्तर-पश्चिम (वायव्य कोण) उत्तर-पश्चिम दिशा (वायव्य कोण) को वास्तुशास्त्र में वायु तत्व से जोड़ा जाता है। यह दिशा संबंधों, सामाजिकता, व्यापार और निर्णय लेने की क्षमता को प्रभावित करती है। यदि यह दिशा संतुलित होती है, तो व्यक्ति के सामाजिक संबंध अच्छे रहते हैं, व्यापार में सफलता मिलती है और निर्णय शक्ति मजबूत होती है। लेकिन यदि इसमें वास्तु दोष हो, तो मानसिक अशांति, कानूनी विवाद, रिश्तों में दरार और अस्थिरता आ सकती है।

दक्षिण-पूर्व (आग्नेय कोण) दक्षिण-पूर्व दिशा (आग्नेय कोण) को वास्तुशास्त्र में अग्नि तत्व से जोड़ा जाता है। यह दिशा ऊर्जा, शक्ति, स्वास्थ्य, धन, और आत्मविश्वास से संबंधित होती है। यदि यह दिशा संतुलित होती है, तो व्यक्ति को उन्नति, अच्छा स्वास्थ्य और आर्थिक समृद्धि मिलती है। लेकिन यदि इसमें वास्तु दोष हो, तो घर में लड़ाई-झगड़े, आर्थिक नुकसान, बीमारियाँ और मानसिक तनाव आ सकता है।

दक्षिण-पश्चिम (नैऋत्य कोण) दक्षिण-पश्चिम दिशा (नैऋत्य कोण) को वास्तुशास्त्र में स्थायित्व, समृद्धि, सुरक्षा, और शक्ति का प्रतीक माना जाता है। यह दिशा पृथ्वी तत्व से जुड़ी हुई है, जो स्थिरता, मजबूती और स्थायित्व का प्रतिनिधित्व करती है। यदि यह दिशा संतुलित हो, तो धन, प्रसिद्धि, शक्ति और मानसिक स्थिरता प्रदान करती है, लेकिन अगर इसमें वास्तु दोष हो, तो आर्थिक अस्थिरता, स्वास्थ्य समस्याएँ, पारिवारिक कलह और मानसिक तनाव उत्पन्न हो सकता है।

आकाश तत्व (ऊर्ध्व दिशा) आकाश वास्तुशास्त्र के पंचतत्वों में से सबसे महत्वपूर्ण तत्व है। यह ऊर्जा, संचार, विस्तार, ज्ञान और आध्यात्मिक उन्नति का प्रतीक है। इस दिशा का सीधा संबंध ब्रह्मांडीय ऊर्जा, सकारात्मक ऊर्जा और मानसिक शांति से होता है। यदि घर, कार्यालय या भवन में आकाश तत्व का सही संतुलन हो, तो वहां सकारात्मकता, समृद्धि और मानसिक शांति बनी रहती है।

पाताल (अधो दिशा) वास्तुशास्त्र में अधो दिशा या पाताल दिशा का संबंध जमीन के नीचे की ऊर्जा, स्थिरता, रहस्यमय शक्तियों और छुपे हुए प्रभावों से होता है। यह गुप्त ऊर्जा, अज्ञात शक्तियों, दबे हुए विचारों और मानसिक स्थिति को दर्शाती है। अधो दिशा में संतुलन होने पर मजबूत नींव, आर्थिक स्थिरता और मानसिक दृढ़ता मिलती है, जबकि इसके दोष से नकारात्मक ऊर्जा, भय, अस्थिरता और आर्थिक परेशानियाँ उत्पन्न हो सकती हैं।

आधुनिक विज्ञान और वास्तुशास्त्र – (Modern Science and Vastu Shastra)

आधुनिक विज्ञान और वास्तुशास्त्र के बीच गहरा संबंध है, क्योंकि दोनों का उद्देश्य मानव जीवन को अधिक सहज, संतुलित और सकारात्मक बनाना है।

वास्तुशास्त्र, जो प्राचीन भारतीय स्थापत्य विज्ञान पर आधारित है, किसी भी स्थान में ऊर्जा के प्रवाह, दिशा, प्रकृति और संरचना के संतुलन को बनाए रखने की विधा है। वहीं, आधुनिक विज्ञान भी ऊर्जा, चुंबकीय क्षेत्र, गुरुत्वाकर्षण, वायु प्रवाह, प्रकाश और वातावरण के प्रभाव को स्वीकार करता है।

विज्ञान यह प्रमाणित कर चुका है कि पृथ्वी का चुंबकीय क्षेत्र, सूर्य की किरणें, वायुमंडलीय दबाव और जल तत्व का प्रवाह किसी भी स्थान के लोगों के मानसिक और शारीरिक स्वास्थ्य पर प्रभाव डालता है। वास्तुशास्त्र भी इन्हीं तत्वों का उपयोग करके भवन निर्माण और आंतरिक सज्जा की दिशा तय करता है।

विज्ञान ने यह सिद्ध किया है कि सकारात्मक ऊर्जा और सही वातावरण से व्यक्ति की कार्यक्षमता और मानसिक शांति में वृद्धि होती है। उदाहरण के लिए, प्राकृतिक रोशनी का उचित प्रबंधन वैज्ञानिक रूप से भी आवश्यक है, क्योंकि सूर्य का प्रकाश न केवल जीवनी शक्ति देता है, बल्कि विटामिन-डी के निर्माण में भी सहायक होता है। इसी तरह, वेंटिलेशन और एयर सर्कुलेशन का वैज्ञानिक महत्व है, जो वास्तुशास्त्र में भी अनिवार्य रूप से देखा जाता है।

वास्तुशास्त्र में दिशाओं का महत्व बताया गया है, जैसे कि घर का मुख्य द्वार उत्तर या पूर्व दिशा में होना चाहिए, क्योंकि पृथ्वी के चुंबकीय क्षेत्र और सूर्य की गति को देखते हुए यह दिशा ऊर्जा के अनुकूल होती है।

वैज्ञानिक रूप से, वास्तुशास्त्र क्वांटम फिजिक्स, जियोमैग्नेटिक एनर्जी और इलेक्ट्रोमैग्नेटिक फील्ड्स से जुड़ा हुआ है। वास्तुशास्त्र में दी गई दिशा संबंधी बातें सूर्य की रोशनी, वेंटिलेशन और ऊर्जा प्रवाह को नियंत्रित करने में मदद करती हैं। मनोवैज्ञानिक दृष्टिकोण से, वास्तु नियमों का पालन करने से व्यक्ति को मानसिक संतुलन और शांति मिलती है।

कई बड़ी IT कंपनियाँ (Google, Apple) अपने कार्यालयों में ऊर्जा संतुलन, रोशनी और दिशाओं का विशेष ध्यान रखती हैं ताकि कर्मचारियों की उत्पादकता और मानसिक स्वास्थ्य बेहतर बना रहे।

वास्तुशास्त्र और ध्यान का संबंध – (Relationship Between Vastu Shastra and Meditation)

वास्तुशास्त्र और ध्यान दोनों का गहरा संबंध है, क्योंकि दोनों का मूल उद्देश्य व्यक्ति के मन, शरीर और आत्मा में सकारात्मक ऊर्जा का प्रवाह बनाए रखना है। वास्तुशास्त्र, व्यक्ति के चारों ओर के स्थान को इस तरह व्यवस्थित करने में मदद करता है कि वहां सकारात्मक ऊर्जा का प्रवाह बना रहे, जिससे मन शांत और स्थिर बना रहे। ध्यान भी मानसिक शांति और आध्यात्मिक उन्नति का माध्यम है, जो व्यक्ति को आंतरिक संतुलन और एकाग्रता प्रदान करता है।

ध्यान करने के लिए उपयुक्त स्थान और सही ऊर्जा संतुलन आवश्यक होते हैं। वास्तुशास्त्र के अनुसार, ध्यान करने के लिए उत्तर-पूर्व दिशा सबसे अच्छी मानी जाती है, क्योंकि इसे आध्यात्मिक जागरूकता और सकारात्मक ऊर्जा का केंद्र माना जाता है। इसके अलावा, ध्यान कक्ष में हल्के और प्राकृतिक रंगों का प्रयोग, पर्याप्त प्राकृतिक रोशनी, शांत और स्वच्छ वातावरण, तथा सुव्यवस्थित स्थान ध्यान की गहराई को बढ़ाते हैं।

यदि ध्यान कक्ष वास्तु के सिद्धांतों के अनुरूप बनाया जाए, तो ध्यान अधिक प्रभावी और फलदायी हो सकता है। सही स्थान और ऊर्जा प्रवाह व्यक्ति की एकाग्रता, मानसिक शांति और आत्मिक उन्नति को बढ़ाते हैं। वहीं, अगर स्थान में नकारात्मक ऊर्जा का प्रवाह हो या वास्तु दोष हों, तो मन में अशांति, बेचैनी और ध्यान में विघ्न आने की संभावना बढ़ जाती है।

इस प्रकार, वास्तुशास्त्र और ध्यान एक-दूसरे के पूरक हैं। यदि व्यक्ति अपने ध्यान स्थल को वास्तु सिद्धांतों के अनुसार व्यवस्थित करता है, तो ध्यान की गुणवत्ता बढ़ जाती है, जिससे मानसिक स्पष्टता, आत्म-साक्षात्कार और आंतरिक शांति प्राप्त होती है।

वास्तुशास्त्र और भूत-प्रेत का संबंध – (Relationship Between Vastu Shastra and Ghosts/Paranormal Entities)

वास्तुशास्त्र में ऊर्जा संतुलन का विशेष महत्व होता है, और यह माना जाता है कि किसी स्थान का सही या गलत वास्तु वहाँ की ऊर्जा को प्रभावित करता है। जब किसी भवन या स्थान का वास्तु दोषपूर्ण होता है, तो वहाँ नकारात्मक ऊर्जा का संचार बढ़ सकता है, जिससे भय, अशांति, बीमारियाँ, आर्थिक हानि और मानसिक तनाव उत्पन्न हो सकता है। कई मान्यताओं के अनुसार, ऐसे स्थानों पर भूत-प्रेत या नकारात्मक शक्तियों का प्रभाव अधिक हो सकता है।

वास्तुशास्त्र के अनुसार, यदि किसी स्थान पर उत्तर-पूर्व (ईशान कोण) अवरुद्ध हो, दक्षिण-पश्चिम (नैऋत्य कोण) कमजोर हो, या घर में उचित वेंटिलेशन और सूर्य प्रकाश का अभाव हो, तो वहाँ नकारात्मक ऊर्जा का प्रभाव बढ़ सकता है। अंधेरी, गंदी, और लंबे समय तक खाली पड़ी जगहों पर नकारात्मक शक्तियाँ अधिक आकर्षित होती हैं।

वास्तु दोषों को दूर करने के लिए कुछ उपाय बताए गए हैं, जैसे घर में नियमित पूजा-पाठ, दीपक जलाना, सकारात्मक ऊर्जा बढ़ाने के लिए तुलसी या अन्य पवित्र पौधे लगाना, और उचित दिशाओं में निर्माण करवाना।

वैज्ञानिक दृष्टि से, ऐसे स्थानों पर कम वेंटिलेशन, सीलन, और कार्बन मोनोऑक्साइड जैसी गैसें भी भय और नकारात्मक अनुभवों का कारण बन सकती हैं।

इसलिए, वास्तुशास्त्र और भूत-प्रेत का संबंध ऊर्जा संतुलन से जुड़ा है। यदि स्थान सही वास्तु के अनुसार हो, तो सकारात्मक ऊर्जा बनी रहती है और भय व नकारात्मकता से बचा जा सकता है।

वास्तुशास्त्र और भूत-प्रेत: एक रहस्यमयी केस स्टडी

राजीव और उसका परिवार एक बड़े और पुराने घर में रहने आए थे, जिसे उन्होंने काफी कम कीमत पर खरीदा था। शुरू में सबकुछ सामान्य लग रहा था, लेकिन कुछ ही दिनों बाद घर में अजीब घटनाएँ घटने लगीं। रात के समय किसी के चलने की आवाज़ें सुनाई देतीं, किचन में रखे बर्तन अचानक गिर जाते, और दरवाज़े अपने आप खुलने और बंद होने लगते। सबसे डरावनी बात यह थी कि परिवार के छोटे बच्चे अक्सर आधी रात को डरकर जाग जाते और किसी अनजान साए की बातें करने लगते।

समय के साथ परिवार के सदस्यों में मानसिक तनाव और स्वास्थ्य समस्याएँ बढ़ने लगीं। राजीव की पत्नी ने घर में हमेशा एक अजीब सा दबाव और घुटन महसूस की। कई बार उन्होंने किसी अदृश्य शक्ति की उपस्थिति का भी अहसास किया। जब डॉक्टरों और मनोचिकित्सकों से कोई समाधान नहीं मिला, तो उन्होंने एक वास्तुशास्त्री से परामर्श लेने का फैसला किया।

वास्तु विशेषज्ञ ने घर का गहराई से निरीक्षण किया और पाया कि इसमें कई वास्तु दोष थे। सबसे पहला दोष यह था कि घर का दक्षिण-पश्चिम कोना भारी और गंदा था, जहाँ पुराने टूटे-फूटे फर्नीचर और बेकार सामान रखा हुआ था। वास्तुशास्त्र के अनुसार, दक्षिण-पश्चिम कोना स्थिरता और सुरक्षा का प्रतीक होता है, और अगर यह अव्यवस्थित हो, तो घर में नकारात्मक ऊर्जा बढ़ सकती है।

दूसरा बड़ा दोष यह था कि उत्तर-पूर्व दिशा (ईशान कोण) में अंधकार और गंदगी थी। यह दिशा आध्यात्मिक ऊर्जा और सकारात्मकता का स्रोत होती है, और इसका दूषित होना नकारात्मक शक्तियों को आकर्षित कर सकता है। घर की सीढ़ियाँ भी इस दिशा में शुरू हो रही थीं, जिससे ऊर्जा का प्रवाह बाधित हो रहा था।

सबसे चौंकाने वाली बात यह थी कि घर के नीचे एक पुराना कुआँ था, जिसे बिना किसी शुद्धिकरण के बंद कर दिया गया था। वास्तुशास्त्र में यह माना जाता है कि बंद किए गए कुएँ और भूमिगत जल स्रोतों में नकारात्मक ऊर्जा या अशुभ शक्तियाँ निवास कर सकती हैं, जो घर के निवासियों को प्रभावित कर सकती हैं।

विशेषज्ञ ने तुरंत कुछ उपाय सुझाए। सबसे पहले, दक्षिण-पश्चिम कोने की सफाई करवाई गई और वहाँ एक पीतल का दीपक जलाया गया। बेकार का सामान हटाकर वहाँ भारी और सकारात्मक ऊर्जा देने वाली वस्तुएँ, जैसे क्रिस्टल और भगवान की मूर्तियाँ रखी गईं। इसके बाद,

उत्तर-पूर्व दिशा को स्वच्छ और हल्के रंगों से सजाया गया। वहाँ एक तुलसी का पौधा लगाया गया और नियमित रूप से गंगाजल का छिड़काव किया जाने लगा।

सबसे महत्वपूर्ण उपाय यह किया गया कि बंद कुएँ की उचित शुद्धि करवाई गई और वहाँ एक पीली रोशनी का प्रबंध किया गया। साथ ही, वास्तु विशेषज्ञ ने घर के मुख्य दरवाजे पर सकारात्मक ऊर्जा के लिए पंचमुखी हनुमान जी की तस्वीर लगाने की सलाह दी।

इन सभी उपायों के बाद कुछ ही हफ्तों में घर का माहौल बदलने लगा। रहस्यमयी घटनाएँ कम हो गईं, बच्चों का डर खत्म हो गया और परिवार के सदस्यों की मानसिक स्थिति में सुधार आने लगा। राजीव की पत्नी, जो हमेशा घबराहट महसूस करती थी, अब पहले की तुलना में अधिक सहज और सकारात्मक महसूस करने लगी।

निष्कर्ष: यह केस दर्शाता है कि कई बार अजीब और रहस्यमयी घटनाओं के पीछे मानसिक या काल्पनिक कारण नहीं, बल्कि वास्तु दोष भी जिम्मेदार हो सकते हैं। वास्तुशास्त्र के अनुसार, ऊर्जा का प्रवाह घर के वातावरण को प्रभावित करता है, और जब दिशाएँ बाधित होती हैं या अशुद्धियाँ मौजूद होती हैं, तो नकारात्मकता बढ़ सकती है। इस केस स्टडी में दिखाया गया कि वास्तु दोषों को सुधारने और शुद्धिकरण करने से भूत-प्रेत जैसी समस्याओं से छुटकारा पाया जा सकता है।

वास्तुशास्त्र के कुछ सरल लेकिन प्रभावी टोटके

वास्तुशास्त्र जीवन में सकारात्मक ऊर्जा बनाए रखने के लिए कुछ सरल लेकिन प्रभावी उपाय सुझाता है। ये टोटके घर, व्यापार और व्यक्तिगत जीवन में शांति और समृद्धि लाने में मदद कर सकते हैं।

1. **मुख्य द्वार पर स्वस्तिक और ॐ का चिह्न** – घर के मुख्य दरवाजे पर स्वस्तिक, ॐ या शुभ-लाभ लिखने से नकारात्मक ऊर्जा दूर होती है और सकारात्मक ऊर्जा का प्रवाह बना रहता है।

2. **तुलसी का पौधा लगाना** – उत्तर-पूर्व दिशा में तुलसी का पौधा लगाने से घर में शुद्ध और सकारात्मक ऊर्जा बनी रहती है। रोजाना तुलसी को जल अर्पित करना शुभ माना जाता है।

3. **दक्षिण-पश्चिम दिशा में भारी सामान** – घर की दक्षिण-पश्चिम दिशा को हमेशा भारी और स्थिर बनाए रखना चाहिए। यह दिशा स्थिरता और सफलता का प्रतीक होती है।

4. **नमक और पानी से पोछा लगाना** – घर में नकारात्मक ऊर्जा को कम करने के लिए सप्ताह में कम से कम एक बार नमक मिले पानी से पोछा लगाना चाहिए।

5. **किचन में अग्रि तत्व का संतुलन** – रसोई घर में गैस स्टोव को दक्षिण-पूर्व दिशा में रखना सबसे शुभ माना जाता है। इससे आर्थिक और स्वास्थ्य संबंधी समस्याएँ कम होती हैं।

6. **पर्स और तिजोरी में लाल कपड़ा** – आर्थिक खुशहाली के लिए पर्स में लाल कपड़ा रखना शुभ होता है। साथ ही, तिजोरी को दक्षिण की दीवार से सटाकर उत्तर दिशा में खोलने से धन की वृद्धि होती है।

7. **शीशे का सही स्थान** – घर में उत्तर या पूर्व दिशा में शीशा लगाना शुभ माना जाता है, जबकि दक्षिण दिशा में शीशा लगाने से नकारात्मकता बढ़ सकती है।

8. **सोते समय सिरहाना सही दिशा में हो** – सोते समय सिर उत्तर की ओर नहीं रखना चाहिए। सबसे अच्छी दिशा दक्षिण मानी जाती है, जिससे स्वास्थ्य और मानसिक शांति बनी रहती है।

9. **गंगाजल का छिड़काव** – घर में नकारात्मकता को दूर करने के लिए रोजाना या सप्ताह में एक बार गंगाजल का छिड़काव करना लाभदायक होता है।

10. **घर में टूटी-फूटी चीजें न रखें** – वास्तु के अनुसार, घर में टूटी हुई घड़ियाँ, बंद पड़े इलेक्ट्रॉनिक सामान और बेकार की चीजें नकारात्मक ऊर्जा को बढ़ाती हैं, इसलिए इन्हें तुरंत हटा देना चाहिए।

इन सरल वास्तु उपायों को अपनाकर जीवन में सुख-शांति, और सकारात्मक ऊर्जा को बढ़ाया जा सकता है।

घर का वास्तुः सुख-समृद्धि और शांति के लिए सही दिशा और नियम

वास्तुशास्त्र के अनुसार, घर का निर्माण और उसके अंदर की व्यवस्था सही ऊर्जा प्रवाह के लिए बहुत महत्वपूर्ण होती है। सही वास्तु के अनुसार घर बनाने से न केवल सकारात्मक ऊर्जा बनी रहती है, बल्कि जीवन में समृद्धि, शांति और सुख भी प्राप्त होता है।

1. **मुख्य दरवाजे का वास्तुः** घर का मुख्य दरवाजा उत्तर, उत्तर-पूर्व या पूर्व दिशा में होना सबसे शुभ माना जाता है। दरवाज़े के पास कोई भी अवरोध नहीं होना चाहिए, जैसे कि कूड़ा, टूटे फर्नीचर या गंदगी। दरवाजे पर स्वस्तिक या शुभ संकेत बनाने से सकारात्मक ऊर्जा का संचार होता है।

2. **रसोई घर का वास्तु:** रसोई दक्षिण-पूर्व (अग्नि कोण) दिशा में होनी चाहिए, क्योंकि यह अग्नि तत्व से जुड़ी होती है। गैस स्टोव या चूल्हा दक्षिण-पूर्व में रखा जाए और खाना बनाते समय मुख पूर्व दिशा में हो। किचन में पानी और अग्नि तत्व (गैस, स्टोव) पास-पास नहीं रखने चाहिए, इससे घर में कलह और आर्थिक समस्या हो सकती है।

3. **पूजा घर का वास्तु:** पूजा घर उत्तर-पूर्व (ईशान कोण) में होना सबसे शुभ माना जाता है। मूर्तियों को दीवार से थोड़ा दूर रखें और भगवान की मूर्तियाँ 9 इंच से अधिक बड़ी नहीं होनी चाहिए। पूजा घर में अंधेरा नहीं होना चाहिए, रोज़ दीप जलाना चाहिए।

4. **बेडरूम का वास्तु:** बेडरूम दक्षिण-पश्चिम (नैऋत्य कोण) में होना चाहिए, जिससे मन में स्थिरता बनी रहती है। सोते समय सिर दक्षिण या पूर्व दिशा में रखें, उत्तर दिशा में सिर रखने से मानसिक तनाव हो सकता है। बेडरूम में दर्पण (शीशा) न रखें, यदि रखें तो सोते समय ढक दें।

5. **बाथरूम और टॉयलेट का वास्तु:** बाथरूम और टॉयलेट घर के दक्षिण-पश्चिम या पश्चिम दिशा में होना चाहिए। टॉयलेट के दरवाजे को हमेशा बंद रखें और उसमें गंगाजल का छिड़काव करें। नल से पानी टपकना वास्तु दोष माना जाता है, जिससे आर्थिक हानि हो सकती है।

6. **ड्राइंग रूम और हॉल का वास्तु:** बैठक कक्ष उत्तर-पूर्व दिशा में होना चाहिए। सोफे और फर्नीचर दक्षिण या पश्चिम दिशा में रखें। टीवी और इलेक्ट्रॉनिक सामान दक्षिण-पूर्व दिशा में रखें।

7. **तिजोरी और धन रखने का स्थान:** तिजोरी को दक्षिण दीवार से लगाकर उत्तर दिशा में खोलने का नियम सबसे शुभ माना जाता है। धन रखने वाली अलमारी के पास एक छोटा सा दर्पण रखना शुभ होता है, जिससे धन में वृद्धि होती है।

8. **सीढ़ियों और वेंटिलेशन का वास्तु:** सीढ़ियाँ दक्षिण या पश्चिम दिशा में बनानी चाहिए और हमेशा क्लॉकवाइज (घड़ी की दिशा में) होनी चाहिए। घर में पर्याप्त रोशनी और वेंटिलेशन होना चाहिए, जिससे सकारात्मक ऊर्जा बनी रहे।

9. **नकारात्मक ऊर्जा से बचने के उपाय:** घर में टूटे-फूटे सामान, खराब घड़ी, सूखे फूल या बंद घड़ियाँ न रखें। गंगाजल का नियमित छिड़काव करें और घर के मुख्य द्वार पर तोरण या तुलसी का पौधा लगाएँ। घर के उत्तर-पूर्व कोना हमेशा साफ और हल्का रखना चाहिए, जिससे सकारात्मक ऊर्जा बनी रहे।

सारांश: वास्तुशास्त्र प्राचीन भारतीय स्थापत्य विज्ञान है, जो भवन निर्माण और दिशाओं के अनुसार ऊर्जा संतुलन पर आधारित है। इसका उद्देश्य घर, ऑफिस और अन्य स्थानों में सकारात्मक ऊर्जा को बढ़ाना और नकारात्मक प्रभावों को कम करना है। यह दिशाओं, पांच तत्वों (पृथ्वी, जल, अग्नि, वायु, आकाश) और प्राकृतिक ऊर्जा प्रवाह के संतुलन पर जोर देता है।

सही वास्तु सिद्धांतों का पालन करने से सुख-शांति, स्वास्थ्य और समृद्धि में वृद्धि होती है, जबकि वास्तु दोष अशांति और बाधाओं का कारण बन सकते हैं। उचित उपायों और वास्तु अनुरूप निर्माण से इन दोषों को दूर किया जा सकता है, जिससे जीवन में सकारात्मक बदलाव आता है।

निष्कर्ष: आधुनिक वैज्ञानिक दृष्टिकोण से इसे पूरी तरह प्रमाणित नहीं किया गया है, फिर भी कई लोग मानते हैं कि वास्तु-संगत वातावरण से जीवन में संतुलन और सकारात्मकता आती है। अगर घर का वास्तु सही होता है तो जीवन में सुख, शांति और समृद्धि बनी रहती है। वास्तु दोषों को दूर करके सकारात्मक ऊर्जा को आकर्षित किया जा सकता है। घर के निर्माण और व्यवस्था में वास्तु नियमों का पालन करने से पारिवारिक सुख, स्वास्थ्य और आर्थिक उन्नति होती है।

सोचने योग्य सवाल: क्या वास्तुशास्त्र केवल एक व्यवसाय बन चुका है, जहाँ लोग डर का फायदा उठाकर समाधान बेचते हैं?

अध्याय 15

दिव्य दृष्टि

(THE DIVINE VISION)

परिचय: दिव्य दृष्टि एक अलौकिक या आध्यात्मिक शक्ति है, जिसके माध्यम से व्यक्ति सामान्य इंद्रियों से परे जाकर भूत, भविष्य और वर्तमान को देख सकता है। यह शक्ति योग, ध्यान और आध्यात्मिक साधना के माध्यम से प्राप्त की जा सकती है।

भारतीय पौराणिक ग्रंथों में दिव्य दृष्टि का उल्लेख कई महापुरुषों और ऋषियों के संदर्भ में किया गया है, जैसे कि महाभारत में संजय को भगवान कृष्ण द्वारा दी गई दिव्य दृष्टि, जिससे उन्होंने धृतराष्ट्र को युद्ध का आँखों देखा हाल सुनाया। यह शक्ति मुख्य रूप से अज्ञा चक्र के जागरण से जुड़ी होती है, जो मानसिक और आत्मिक चेतना को विकसित करती है।

वैज्ञानिक दृष्टिकोण से देखा जाए तो इसे अंतर्ज्ञान या सिक्स्थ सेंस भी कहा जा सकता है, जिससे व्यक्ति को आने वाली घटनाओं का आभास हो सकता है। कुछ विशेष योग और ध्यान साधनाओं, जैसे कि त्राटक साधना, प्राणायाम, और मंत्र जाप से दिव्य दृष्टि को जाग्रत किया जा सकता है। कई लोग इसे टेलीपैथी, क्लैरवॉयन्स और भविष्य दृष्टि के रूप में भी अनुभव करते हैं।

भगवान शिव की तीसरी आँख दिव्य दृष्टि का प्रतीक मानी जाती है, जो ज्ञान, चेतना और शक्ति को दर्शाती है। यह शक्ति केवल कुछ विशेष साधकों को ही प्राप्त होती है, जो आत्म-अनुशासन, ध्यान और आंतरिक जागरूकता के उच्च स्तर पर पहुँच चुके होते हैं। सही साधनाओं और आध्यात्मिक अभ्यास से व्यक्ति अपने मानसिक और आध्यात्मिक क्षमताओं को विकसित कर सकता है और दिव्य दृष्टि के रहस्य को समझ सकता है।

दिव्य दृष्टि का अर्थ और महत्व – (Meaning and Importance of Divya Drishti)

दिव्य दृष्टि का महत्व आध्यात्मिक जागरूकता, आत्मबोध और ब्रह्मांडीय सत्य को समझने में निहित है। यह एक ऐसी शक्ति है जो व्यक्ति को भूत, भविष्य और वर्तमान की गूढ़ घटनाओं को देखने और समझने की क्षमता प्रदान करती है।

भारतीय ग्रंथों में दिव्य दृष्टि का विशेष उल्लेख मिलता है, जहाँ ऋषि-मुनि और योगी ध्यान और साधना के माध्यम से इस अद्त क्षमता को प्राप्त करते थे। महाभारत में संजय की दिव्य दृष्टि का उल्लेख मिलता है, जिससे उन्होंने धृतराष्ट्र को कुरुक्षेत्र युद्ध का आँखों देखा हाल सुनाया। यह शक्ति केवल शारीरिक नेत्रों से देखने तक सीमित नहीं है, बल्कि यह आंतरिक ज्ञान, आत्मचेतना और उच्च मानसिक क्षमता का प्रतीक भी है। दिव्य दृष्टि व्यक्ति को सही निर्णय लेने, संभावित खतरों को पहले से भांपने और आध्यात्मिक रूप से विकसित होने में सहायता करती है।

वैज्ञानिक दृष्टिकोण से इसे अंतर्ज्ञान या छठी इंद्रिय कहा जाता है, जो मस्तिष्क की अवचेतन शक्ति का परिणाम होती है। योग और ध्यान की प्राचीन विधियाँ, जैसे कि त्राटक साधना, प्राणायाम और अज्ञा चक्र पर ध्यान केंद्रित करने से इस शक्ति को विकसित किया जा सकता है।

यह केवल आध्यात्मिक या धार्मिक संदर्भ में ही नहीं, बल्कि जीवन के हर क्षेत्र में मार्गदर्शन, सूझबूझ और आत्म-जागृति लाने में सहायक होती है, जिससे व्यक्ति उच्च स्तर की समझ और निर्णय लेने की क्षमता प्राप्त करता है।

दिव्य दृष्टि का आध्यात्मिक दृष्टिकोण: Spiritual Perspective of Divya Drishti

दिव्य दृष्टि का आध्यात्मिक दृष्टिकोण आत्मज्ञान, ब्रह्मांडीय सत्य और सूक्ष्म ऊर्जा को देखने की क्षमता से जुड़ा हुआ है। यह एक ऐसी मानसिक और आध्यात्मिक शक्ति है, जो व्यक्ति को भौतिक सीमाओं से परे जाकर अदृश्य जगत का अनुभव करने में सक्षम बनाती है। योग और ध्यान की गहन साधना के माध्यम से दिव्य दृष्टि विकसित होती है, जिससे व्यक्ति अज्ञा चक्र (तीसरी आँख) के जागरण के द्वारा आध्यात्मिक रहस्यों को समझ सकता है।

महर्षि वेदव्यास, नारद मुनि और अन्य ऋषियों को दिव्य दृष्टि प्राप्त थी, जिससे वे बिना वहाँ उपस्थित हुए भी दूरस्थ घटनाओं को देख सकते थे। भगवान शिव की तीसरी आँख दिव्य दृष्टि का प्रतीक मानी जाती है, जो ज्ञान, चेतना और ऊर्जा का केंद्र है। यह दृष्टि आत्मचेतना को जाग्रत कर व्यक्ति को सांसारिक मोह-माया से ऊपर उठने में सहायता करती है।

दिव्य दृष्टि को प्राप्त करने के लिए मन की शुद्धता, सात्विक जीवनशैली और नियमित ध्यान अनिवार्य माने जाते हैं, जिससे व्यक्ति अपनी आत्मा को पहचानकर ब्रह्मांडीय ज्ञान तक पहुँच सकता है।

दिव्य दृष्टि का ज्योतिषीय दृष्टिकोण – (Astrological Perspective of Divya Drishti)

दिव्य दृष्टि का ज्योतिषीय दृष्टिकोण ज्योतिष के गूढ़ रहस्यों, ग्रहों की ऊर्जा और मानव जीवन पर उनके प्रभाव को देखने और समझने से जुड़ा हुआ है। ज्योतिष में इसे एक विशेष मानसिक और आध्यात्मिक क्षमता माना जाता है, जो व्यक्ति को जन्मपत्रिका (कुंडली), ग्रहों की चाल और उनकी सूक्ष्म ऊर्जा को गहराई से देखने की शक्ति प्रदान करती है।

कई सिद्ध ज्योतिषी अपनी दिव्य दृष्टि के माध्यम से बिना किसी गणना के भी सटीक भविष्यवाणी करने में सक्षम होते हैं, क्योंकि उनकी अंतर्दृष्टि ग्रहों और नक्षत्रों की ऊर्जाओं को समझने में सक्षम होती है।

महर्षि भृगु, पराशर और अन्य प्राचीन ऋषियों ने दिव्य दृष्टि द्वारा ही ब्रह्मांडीय घटनाओं का पूर्वानुमान लगाया था और उनके आधार पर ज्योतिषीय ग्रंथों की रचना की। इसे कुंडली विश्लेषण में एक गहन अंतर्ज्ञान के रूप में भी देखा जाता है, जो अनुभवी ज्योतिषियों को केवल ग्रह स्थितियों को देखकर ही व्यक्ति के जीवन में होने वाली महत्वपूर्ण घटनाओं का ज्ञान दे सकता है।

ध्यान, मंत्र सिद्धि और ग्रहों की ऊर्जा को समझने की साधना से इस दृष्टि को विकसित किया जा सकता है, जिससे ज्योतिषी एक उच्च स्तर की भविष्यवाणी करने में सक्षम हो जाते हैं और व्यक्ति को सटीक मार्गदर्शन दे सकते हैं।

दिव्य दृष्टि का वैज्ञानिक दृष्टिकोण – (Scientific Perspective of Divya Drishti)

दिव्य दृष्टि का वैज्ञानिक दृष्टिकोण मुख्य रूप से मनोविज्ञान, न्यूरोसाइंस और ऊर्जा तरंगों की व्याख्या से जुड़ा हुआ है। इसे सामान्य भाषा में अंतर्ज्ञान, सिक्स्थ सेंस या "दूरदृष्टि" या "अतीन्द्रिय दृष्टि" (क्लैरवॉयंस-Clairvoyance) कहा जा सकता है, जो मस्तिष्क की गहन चेतना और अवचेतन मन की शक्ति से संबंधित है।

वैज्ञानिक दृष्टि से देखा जाए तो मानव मस्तिष्क विद्युत-चुंबकीय तरंगों का उत्सर्जन और ग्रहण करता है, जिससे भविष्य की संभावनाओं या छिपी हुई घटनाओं को अनुभव करने की क्षमता

विकसित होती है। न्यूरोलॉजिकल रिसर्च के अनुसार, पीनियल ग्लैंड , जिसे भारतीय परंपरा में अज्ञा चक्र या तीसरी आँख कहा जाता है, मानसिक सूचनाओं को संसाधित करने में महत्वपूर्ण भूमिका निभाता है। जब व्यक्ति ध्यान, योग और गहन मानसिक एकाग्रता का अभ्यास करता है, तो यह ग्लैंड अधिक सक्रिय हो जाता है, जिससे मानसिक जागरूकता बढ़ती है और व्यक्ति संभावित घटनाओं का अनुभव कर सकता है। क्वांटम फिजिक्स भी बताती है कि हमारा मस्तिष्क एक प्रकार की ऊर्जा तरंगों के माध्यम से सूक्ष्म स्तर पर ब्रह्मांडीय सूचनाएँ ग्रहण कर सकता है। यह सिद्धांत दर्शाता है कि दिव्य दृष्टि कोई जादुई शक्ति नहीं, बल्कि मस्तिष्क की गहराई में छिपी एक वैज्ञानिक क्षमता है, जिसे ध्यान और साधना द्वारा विकसित किया जा सकता है।

दिव्य दृष्टि के विभिन्न प्रकार - (Types of Divine Vision)

1. **योगिक दिव्य दृष्टि –** योगिक दिव्य दृष्टि एक उच्च आध्यात्मिक शक्ति है, जो गहन योग साधना, ध्यान और अज्ञा चक्र (तीसरी आँख) के जागरण से प्राप्त होती है। यह दृष्टि व्यक्ति को भौतिक जगत की सीमाओं से परे जाकर सूक्ष्म ऊर्जा, ब्रह्मांडीय चेतना और आत्मज्ञान को देखने की क्षमता प्रदान करती है।

   भारतीय योग परंपरा में इसे महत्त्वपूर्ण स्थान दिया गया है, क्योंकि यह आत्मसाक्षात्कार और आध्यात्मिक उन्नति का मार्ग प्रशस्त करती है। प्राचीन ऋषि-मुनि गहन तपस्या द्वारा इस दृष्टि को प्राप्त कर समय, स्थान और पदार्थ की सीमाओं से मुक्त होकर सत्य का साक्षात्कार कर सकते थे। त्राटक साधना, प्राणायाम, कुंडलिनी जागरण और गहन ध्यान इस दृष्टि को विकसित करने में सहायक होते हैं। यह केवल रहस्यवाद तक सीमित नहीं, बल्कि मानसिक स्पष्टता, अंतर्ज्ञान और सूक्ष्म ऊर्जा को समझने का साधन भी है, जिससे व्यक्ति आत्मबोध प्राप्त कर जीवन में संतुलन और शांति पा सकता है।

2. **भविष्यदर्शी दिव्य दृष्टि (Precognitive Vision)** भविष्यदर्शी दिव्य दृष्टि एक अद्त मानसिक और आध्यात्मिक क्षमता है, जिसके द्वारा व्यक्ति आने वाली घटनाओं का पूर्वाभास कर सकता है। यह शक्ति गहन ध्यान, अंतर्ज्ञान और ऊर्जा तरंगों को समझने की क्षमता से विकसित होती है। भारतीय धर्मग्रंथों में कई ऋषि-मुनियों को यह दृष्टि प्राप्त थी, जिससे वे भविष्य की घटनाओं को पहले ही जान लेते थे।

   महाभारत में वेदव्यास ने युद्ध की घटनाओं का पूर्वानुमान किया था, जो भविष्यदर्शी दृष्टि का उदाहरण है। यह दृष्टि साधना, मानसिक शुद्धता और आध्यात्मिक उन्नति के माध्यम से जाग्रत होती है। कई लोगों को स्वप्न या आंतरिक संकेतों के माध्यम से भविष्य की झलक मिलती है, जिसे वैज्ञानिक रूप से "प्रीकॉग्निशन" कहा जाता है। यह दृष्टि टेलीपैथी और सूक्ष्म ऊर्जा संचार

से भी जुड़ी होती है, जिससे व्यक्ति संभावित घटनाओं का आभास कर सकता है और सही निर्णय लेने में सक्षम होता है।

3. **भूतकालिक दिव्य दृष्टि (Retrocognitive Vision)** भूतकालिक दिव्य दृष्टि एक विशेष आध्यात्मिक और मानसिक क्षमता है, जिससे व्यक्ति अतीत की घटनाओं को देख और अनुभव कर सकता है, चाहे वह स्वयं उन घटनाओं का साक्षी न रहा हो। इसे आध्यात्मिक रूप से ऋषियों और सिद्ध योगियों द्वारा आत्मज्ञान की उच्च अवस्था में प्राप्त किया जाता है। भारतीय धर्मग्रंथों में महर्षि भृगु और पराशर जैसे विद्वानों के पास यह दृष्टि थी, जिससे वे किसी भी व्यक्ति या स्थान के अतीत को जान सकते थे।

वैज्ञानिक दृष्टि से, इसे "रेट्रोकॉग्निशन" कहा जाता है, जो अवचेतन मन की गहराई और ब्रह्मांडीय ऊर्जा से जुड़े रहस्यों को समझने की शक्ति से संबंधित है। कुछ लोगों को स्वप्न, ध्यान या गहरी मानसिक अवस्था में भूतकाल की झलक मिलती है, जिससे वे अतीत की गूढ़ घटनाओं का अनुभव कर सकते हैं। यह दृष्टि इतिहास को समझने, पिछले कर्मों का विश्लेषण करने और आत्मज्ञान प्राप्त करने का साधन मानी जाती है।

4. **दैविक दिव्य दृष्टि –** यह दृष्टि व्यक्ति को सामान्य इंद्रियों से परे जाकर ब्रह्मांडीय रहस्यों, अदृश्य लोकों और दिव्य शक्तियों का साक्षात्कार करने में सक्षम बनाती है। महाभारत में संजय को भगवान कृष्ण द्वारा यही दृष्टि प्रदान की गई थी, जिससे उन्होंने धृतराष्ट्र को युद्ध का संपूर्ण वर्णन किया।

यह दृष्टि उन संतों, ऋषियों और तपस्वियों को प्राप्त होती है, जो गहन आध्यात्मिक साधना और परमात्मा की भक्ति में लीन रहते हैं। इसे योगबल, तपस्या और आत्मिक शुद्धता से भी जाग्रत किया जा सकता है। यह दृष्टि व्यक्ति को केवल भूत, भविष्य या वर्तमान की घटनाओं को देखने की शक्ति नहीं देती, बल्कि सत्य, धर्म और ब्रह्मांडीय ऊर्जा का वास्तविक अनुभव कराती है। यह केवल ईश्वर द्वारा दी जाने वाली शक्ति होती है, जिसे न तो अभ्यास से प्राप्त किया जा सकता है और न ही किसी सांसारिक साधन से।

5. **सपनों के माध्यम से दिव्य दृष्टि –** सपनों के माध्यम से दिव्य दृष्टि एक रहस्यमयी और आध्यात्मिक अनुभव है, जिसमें व्यक्ति को सोते समय विशेष संकेत, भविष्य की झलकियाँ या दैवीय संदेश प्राप्त होते हैं। भारतीय धर्मशास्त्रों में ऐसे कई उदाहरण मिलते हैं, जहाँ ऋषि-मुनियों और संतों को सपनों में अदृश्य शक्तियों से मार्गदर्शन मिला। यह दृष्टि सामान्य स्वप्नों से भिन्न होती है, क्योंकि इसमें देखे गए दृश्य अक्सर भविष्य की घटनाओं से मेल खाते हैं या किसी गूढ़ सत्य को प्रकट करते हैं। विज्ञान इसे "लूसिड ड्रीमिंग" और "प्रीकॉग्निटिव ड्रीम्स" के

रूप में परिभाषित करता है, जहाँ मस्तिष्क अवचेतन स्तर पर संभावित घटनाओं को महसूस कर लेता है। यह दृष्टि आत्मिक चेतना, मानसिक शुद्धता और आध्यात्मिक ऊर्जा से प्रभावित होती है। कई संत और योगी गहन साधना द्वारा इस क्षमता को विकसित कर सपनों के माध्यम से दिव्य संदेश प्राप्त करते हैं, जिससे उन्हें सही निर्णय लेने और जीवन मार्गदर्शन प्राप्त करने में सहायता मिलती है।

6. **टेलीपैथिक दिव्य दृष्टि –** टेलीपैथिक दिव्य दृष्टि एक अद्दत मानसिक और आध्यात्मिक क्षमता है, जिसके द्वारा व्यक्ति बिना किसी भौतिक संचार के दूसरों के विचारों, भावनाओं और इरादों को समझ सकता है।

यह दृष्टि साधना, मानसिक एकाग्रता और ऊर्जा तरंगों को पकड़ने की क्षमता से विकसित होती है। प्राचीन ऋषि-मुनियों और योगियों में यह शक्ति पाई जाती थी, जिससे वे दूरस्थ स्थानों पर घटित घटनाओं को बिना किसी बाहरी संचार माध्यम के जान सकते थे।

आधुनिक विज्ञान इसे "टेलीपैथी" के रूप में पहचानता है, जिसमें मस्तिष्क ऊर्जा तरंगों के माध्यम से सूचनाओं का आदान-प्रदान करता है। यह क्षमता विशेष रूप से जुड़वाँ बच्चों, आत्मीय संबंधों और गहन साधना करने वालों में देखी जाती है। योग, ध्यान और मानसिक शुद्धता इस दृष्टि को विकसित करने में सहायक होते हैं।

यह केवल रहस्यवाद तक सीमित नहीं है, बल्कि मानसिक विकास और संवेदनशीलता को भी दर्शाता है, जिससे व्यक्ति दूसरों की भावनाओं और विचारों को गहराई से समझ सकता है।

7. **आत्मिक दिव्य दृष्टि –** आत्मिक दिव्य दृष्टि एक गूढ़ आध्यात्मिक क्षमता है, जिसके माध्यम से व्यक्ति अपनी आत्मा, पूर्वजन्मों और ब्रह्मांडीय ऊर्जा को साक्षात अनुभव कर सकता है। यह दृष्टि आत्मचेतना की उच्च अवस्था में प्रवेश करने से उत्पन्न होती है, जहाँ व्यक्ति अपने वास्तविक स्वरूप को पहचानता है और भौतिक सीमाओं से परे जाकर आत्मज्ञान प्राप्त करता है।

प्राचीन ऋषि-मुनियों और योगियों ने गहन ध्यान, साधना और तपस्या द्वारा इस दृष्टि को जाग्रत किया, जिससे वे आत्मा के गूढ़ रहस्यों और पुनर्जन्म के सिद्धांत को समझ सके। भारतीय ग्रंथों में वर्णित मोक्ष और आत्म-साक्षात्कार इसी दृष्टि से जुड़े हैं। विज्ञान इसे "सुपरकॉन्शियसनेस" या उच्च चेतना के रूप में देखता है, जिसमें व्यक्ति ब्रह्मांडीय ऊर्जा के प्रवाह को समझने में सक्षम होता है। यह दृष्टि व्यक्ति को आत्मविश्लेषण, आध्यात्मिक उन्नति और ब्रह्मांड से गहरे जुड़ाव की अनुभूति कराती है, जिससे वह शांति और परम सत्य की ओर अग्रसर होता है।

8. **क्लैरवॉयन्स (Clairvoyance)** एक अलौकिक मानसिक क्षमता है, जिसमें व्यक्ति बिना किसी भौतिक इंद्रिय संपर्क के सूक्ष्म या दूरस्थ घटनाओं, वस्तुओं और व्यक्तियों को देख सकता है। इसे "तीसरी आँख" या "अतिसंवेदी दृष्टि" भी कहा जाता है, जो व्यक्ति को वर्तमान, भूतकाल या भविष्य की झलक प्राप्त करने में सक्षम बनाती है।

यह शक्ति गहन ध्यान, योग, और मानसिक संवेदनशीलता से विकसित होती है। कई आध्यात्मिक गुरुओं, योगियों और रहस्यवादी संतों ने इस क्षमता को जाग्रत कर दूरस्थ स्थानों और अन्य आयामों की घटनाओं को देखा है। विज्ञान इसे "साइकोकाइनेसिस" या "एक्स्ट्रा सेंसरी परसेप्शन (ESP)" के रूप में मान्यता देता है, जहाँ मस्तिष्क ऊर्जा तरंगों और अवचेतन संकेतों के माध्यम से अदृश्य सूचनाओं को ग्रहण करता है।

यह शक्ति आत्मज्ञान, अंतर्ज्ञान और आध्यात्मिक उन्नति से जुड़ी होती है, जिससे व्यक्ति भौतिक सीमाओं से परे जाकर ब्रह्मांडीय सत्य का अनुभव कर सकता है।

निष्कर्ष: दिव्य दृष्टि केवल कल्पना नहीं, बल्कि योग और ध्यान से प्राप्त की जाने वाली एक उच्च मानसिक अवस्था है। यह आत्म-जागरण और आंतरिक शक्ति का परिणाम होती है। चाहे इसे विज्ञान (सिक्स्थ सेंस) कहे या आध्यात्मिक जागरूकता, यह मनुष्य की चेतना को ऊँचे स्तर पर ले जाने की क्षमता रखती है। उचित साधना और अभ्यास से दिव्य दृष्टि प्राप्त की जा सकती है, जो हमें सत्य को समझने और अपने जीवन को संतुलित करने में सहायता करती है।

सोचने योग्य प्रश्न: क्या दिव्य दृष्टि के माध्यम से भविष्य या दूर की घटनाओं को देखना संभव है?

अध्याय 16

टाइम ट्रैवल और ज्योतिष

TIME TRAVEL AND ASTROLOGY

टाइम ट्रैवल और ज्योतिष, दोनों ही समय की अवधारणा से जुड़े हुए रहस्यमयी विषय हैं। जहाँ टाइम ट्रैवल (समय यात्रा) विज्ञान की दृष्टि से समय के एक बिंदु से दूसरे बिंदु पर जाने की कल्पना करता है, वहीं ज्योतिष ग्रह-नक्षत्रों की स्थिति के आधार पर भूत, भविष्य और वर्तमान को समझने का दावा करता है।

ज्योतिष में कुंडली, नाड़ी शास्त्र और विभिन्न विधाओं के माध्यम से भविष्य की घटनाओं को जानने का प्रयास किया जाता है। कुछ लोग इसे "मानसिक टाइम ट्रैवल" मानते हैं, जहाँ व्यक्ति ग्रहों की चाल और उनके प्रभावों के आधार पर भविष्य की संभावनाओं को देख सकता है।

भारत के नाड़ी ज्योतिष में तो यह भी कहा जाता है कि कुछ ऋषियों ने हजारों साल पहले ताड़पत्रों पर हर इंसान का भविष्य लिख दिया था, जिसे पढ़कर कोई व्यक्ति अपने अतीत और भविष्य के बारे में जान सकता है।

कुंडली: एक टाइम मशीन Kundali: A Time Machine

हमारी कुंडली को एक तरह से टाइम मशीन कहा जा सकता है, क्योंकि यह भूत, वर्तमान और भविष्य की झलक देती है। जिस तरह विज्ञान में टाइम मशीन का सिद्धांत हमें समय में आगे या पीछे जाने की कल्पना देता है, उसी तरह कुंडली भी हमारे जीवन की विभिन्न घटनाओं को समझने और भविष्य की संभावनाओं को जानने का साधन है।

जब कोई व्यक्ति जन्म लेता है, तो उस समय ग्रहों और नक्षत्रों की स्थिति के आधार पर उसकी कुंडली बनाई जाती है। ज्योतिषी इस कुंडली का अध्ययन करके व्यक्ति के अतीत, वर्तमान और भविष्य के बारे में बताते हैं। दशाएँ, गोचर और ग्रहों की स्थिति से यह जाना जा सकता है कि किसी विशेष समय में कौन-सी घटनाएँ घटित हो सकती हैं।

कुंडली के माध्यम से कोई भी अपने भूतकाल को समझ सकता है, यह जान सकता है कि पिछले जन्मों का उसके जीवन पर क्या प्रभाव है, और भविष्य में क्या संभावनाएँ हैं। हालाँकि, यह किसी वैज्ञानिक टाइम मशीन की तरह हमें भौतिक रूप से अतीत या भविष्य में नहीं ले जा सकती, लेकिन यह हमें आने वाले समय की संभावनाओं की जानकारी देकर सही निर्णय लेने में मदद कर सकती है।

इस तरह, कुंडली एक अदृश्य टाइम मशीन की तरह काम करती है, जो हमें समय का आभास कराती है और जीवन को सही दिशा में ले जाने का मार्ग दिखाती है।

प्राचीन ऋषियों के समय यात्रा से जुड़े रहस्यमयी शास्त्र

भारतीय ग्रंथों और शास्त्रों में समय यात्रा के कई रहस्यमयी उल्लेख मिलते हैं। हमारे प्राचीन ऋषि समय और ब्रह्मांड के गहरे रहस्यों को समझते थे, और कई ऐसे योग, मंत्र और सिद्धियाँ थीं, जिनके माध्यम से वे समय की सीमाओं को पार कर सकते थे।

1. **महाभारत में राजा काकुदमी और समय यात्रा:** महाभारत महाभारत में राजा काकुदमी की कहानी एक रहस्यमयी समय यात्रा का उदाहरण मानी जाती है। काकुदमी अपनी बेटी रेवती के लिए एक योग्य वर की तलाश में ब्रह्मलोक गए, जहाँ उन्होंने ब्रह्मा जी से परामर्श लिया। ब्रह्मलोक में कुछ ही समय बीता, लेकिन जब वे वापस पृथ्वी पर लौटे, तो यहाँ हजारों साल गुजर चुके थे और उनकी पूरी सभ्यता समाप्त हो चुकी थी। उन्हें यह जानकर आश्चर्य हुआ कि समय ब्रह्मलोक और पृथ्वी पर अलग-अलग गति से चलता है।

   यह घटना आधुनिक सापेक्षता के सिद्धांत से मेल खाती है, जिसमें कहा गया है कि समय की गति अलग-अलग स्थानों पर भिन्न हो सकती है। अंत में, राजा काकुदमी ने अपनी बेटी का विवाह भगवान विष्णु के अवतार बलराम से कर दिया। यह कथा दिखाती है कि हमारे प्राचीन ग्रंथों में समय यात्रा और ब्रह्मांडीय रहस्यों की गहरी समझ थी।

2. **अश्वत्थामा और चिरंजीवी ऋषि:** महाभारत के महान योद्धा अश्वत्थामा को भगवान कृष्ण ने श्राप दिया था कि वे हजारों वर्षों तक पृथ्वी पर भटकते रहेंगे और अमर (चिरंजीवी) रहेंगे। ऐसा कहा जाता है कि आज भी वे जीवित हैं और उन्हें कभी-कभी कुछ पवित्र

स्थानों पर देखा जाता है। चिरंजीवी का अर्थ है जो अमर हो या बहुत लंबे समय तक जीवित रहे।

अश्वत्थामा के अलावा, हिन्द धर्म में कई अन्य चिरंजीवी ऋषियों का वर्णन मिलता है, जैसे महर्षि वेदव्यास, जो महाभारत के रचयिता थे, और हनुमान जी, जो आज भी पृथ्वी पर हैं और भगवान राम के भक्तों की सहायता करते हैं। इनके अलावा परशुराम, विभीषण, और कृपाचार्य भी चिरंजीवी माने जाते हैं।

इन कथाओं से पता चलता है कि प्राचीन ऋषि समय और आयु पर नियंत्रण पाने की अद्त शक्तियाँ रखते थे, जो आज भी रहस्य बनी हुई हैं।

3. **महर्षि नारद और समय यात्रा:** महर्षि नारद हिन्द धर्म के महान ऋषि और भगवान विष्णु के अनन्य भक्त माने जाते हैं। वे अपनी दिव्य शक्ति से पृथ्वी, स्वर्ग और पाताल लोक सहित सभी लोकों में बड़ी आसानी से यात्रा कर सकते थे। कहा जाता है कि वे बिना किसी रुकावट के एक लोक से दूसरे लोक में जा सकते थे, जिससे वे समय और स्थान की सीमाओं से परे थे।

महर्षि नारद को देवताओं का संदेशवाहक भी कहा जाता है। वे जहाँ भी जाते, वहाँ ज्ञान, भक्ति और प्रेम का प्रचार करते थे। वे हमेशा अपने हाथ में वीणा रखते थे और "नारायण-नारायण" का जाप करते रहते थे। उनकी इस दिव्य यात्रा शक्ति को आज के टाइम ट्रैवल से जोड़ा जा सकता है। उनकी कहानियाँ यह दर्शाती हैं कि प्राचीन ऋषियों के पास समय और स्थान पर नियंत्रण रखने की अद्त क्षमताएँ थीं, जो आधुनिक विज्ञान के लिए भी एक रहस्य हैं।

4. **योग, तपस्या और समय पर नियंत्रण:** प्राचीन ऋषि-मुनि अपनी कठोर तपस्या और ध्यान के माध्यम से समय (काल) पर नियंत्रण पाने में सक्षम थे। वे गहरी साधना करके अपनी आयु बढ़ा सकते थे और हजारों वर्षों तक जीवित रह सकते थे। कुछ ऋषियों ने तो इतने वर्षों तक ध्यान किया कि जब वे अपनी समाधि से बाहर आए, तब पृथ्वी पर युग बदल चुके थे।

उदाहरण के लिए, महर्षि वाल्मीकि और महर्षि वेदव्यास जैसे संतों का उल्लेख किया जाता है, जो हजारों वर्षों तक जीवित रहे और समय की सीमाओं से परे थे। इसके अलावा, कुछ ऋषि गहरी तपस्या में इतने लीन हो जाते थे कि उनके लिए समय रुक सा जाता था। यह सिद्ध करता है कि हमारे प्राचीन ऋषि ध्यान और योग के माध्यम से शरीर

और मन को इस हद तक नियंत्रित कर सकते थे कि वे समय से भी आगे बढ़ सकते थे, जो आज के विज्ञान के लिए भी एक रहस्य बना हुआ है।

5. **वेदों और पुराणों में कालचक्र**: वेदों वेदों और पुराणों में कालचक्र को एक अनिवार्य और शाश्वत प्रक्रिया माना गया है, जो सृष्टि की रचना, स्थिति और विनाश को नियंत्रित करता है। हिन्द शास्त्रों के अनुसार, समय कभी भी स्थिर नहीं रहता, बल्कि एक चक्रीय रूप में चलता रहता है। इसे चार मुख्य युगों में बाँटा गया है – सत्ययुग, त्रेतायुग, द्वापरयुग और कलियुग। इन चारों युगों का एक चक्र पूरा होने पर फिर से नया चक्र शुरू हो जाता है।

सत्ययुग को सबसे पवित्र युग माना जाता है, जिसमें धर्म 100% था। त्रेतायुग में धर्म 75% रह गया, द्वापरयुग में यह घटकर 50% हुआ और कलियुग में यह मात्र 25% रह गया है। पुराणों के अनुसार, जब कलियुग समाप्त होगा, तब महाप्रलय आएगा और फिर से नया सत्ययुग प्रारंभ होगा।

भगवान विष्णु को कालचक्र का संरक्षक माना जाता है। वेदों में यह भी बताया गया है कि समय केवल भौतिक जगत तक सीमित नहीं है, बल्कि आध्यात्मिक स्तर पर भी कार्य करता है। आधुनिक विज्ञान में भी बिग बैंग और बिग क्रंच जैसे सिद्धांत मिलते हैं, जो बताते हैं कि ब्रह्मांड का निर्माण और विनाश भी एक चक्रीय प्रक्रिया में चलता है।

इस तरह, वेदों और पुराणों में वर्णित कालचक्र केवल धार्मिक विश्वास ही नहीं, बल्कि समय और ब्रह्मांड की गहरी समझ को दर्शाता है, जो आधुनिक विज्ञान से भी मेल खाती है।

भौतिकी में टाइम ट्रैवल: आइंस्टीन का सापेक्षता का सिद्धांत कहता है कि अगर कोई वस्तु प्रकाश की गति के करीब पहुंचे, तो उसके लिए समय धीरे-धीरे चलने लगता है। यह एक वैज्ञानिक अवधारणा है, जिसे "Time Dilation" कहते हैं। ब्लैक होल, वर्महोल और क्वांटम यांत्रिकी में भी समय यात्रा की संभावनाएं मौजूद हैं।

क्या कुंडली टाइम ट्रैवल का एक वैज्ञानिक रूप है?

अगर हम वैज्ञानिक दृष्टिकोण से देखें, तो कुंडली को डेटा-एनालिटिक्स और सांख्यिकी आधारित टाइम ट्रैवल सिस्टम माना जा सकता है। यह ग्रहों और नक्षत्रों के पैटर्न के आधार पर संभावनाओं का अनुमान लगाती है। यह पूरी तरह निर्णयात्मक भविष्यवाणी नहीं है, लेकिन यह संभावनात्मक विश्लेषण जरूर देती है। किसी व्यक्ति के जीवन में आने वाली घटनाओं का संकेत ग्रहों के गणितीय गणना से निकाला जाता है, जो कि एक वैज्ञानिक दृष्टिकोण से भविष्य में देखने जैसा ही है।

ज्योतिष में जन्म कुंडली किसी व्यक्ति के अतीत, वर्तमान और भविष्य की स्थिति को दर्शाती है। यह एक ब्रह्मांडीय टाइम मशीन की तरह कार्य करती है क्योंकि कुंडली में केतु और शनि जैसे ग्रह हमारे पिछले जन्म के कर्म और जीवन के मुख्य उद्देश्यों को प्रकट कर सकते हैं।

जातक-परिजात और बृहत् पाराशर होरा शास्त्र में भी यह उल्लेख मिलता है कि ग्रहों की स्थिति हमें पूर्वजन्म के कर्मों का संकेत देती है। कुछ लोग पिछले जन्म की स्मृतियों की मदद से इसे जोड़ने की कोशिश करते हैं।

भविष्य में झांकने की क्षमता: ज्योतिष में दशा प्रणाली किसी व्यक्ति के जीवन में आने वाली घटनाओं को पहले से बताने का प्रयास करती है। गोचर और ग्रहों की चाल यह तय करती है कि कौन-सा समय अनुकूल है और कौन-सा प्रतिकूल। ज्योतिषियों ने भविष्यवाणियां की हैं जो सच साबित हुई हैं, जिससे यह धारणा बनती है कि ज्योतिष भी एक तरह का टाइम ट्रैवल सिस्टम है।

सारांश: टाइम ट्रैवल और ज्योतिष, दोनों ही समय की अवधारणा से जुड़े रहस्यमय विषय हैं, लेकिन इनके दृष्टिकोण भिन्न हैं। टाइम ट्रैवल को वैज्ञानिक सापेक्षता सिद्धांत के आधार पर संभावित माना गया है, जहाँ गुरुत्वाकर्षण और गति के प्रभाव से समय धीमा या तेज हो सकता है, जिससे सैद्धांतिक रूप से अतीत या भविष्य में यात्रा संभव हो सकती है।

वहीं, ज्योतिष समय की व्याख्या ग्रहों की चाल और उनके प्रभाव के आधार पर करता है। कुंडली विश्लेषण द्वारा भविष्य की घटनाओं का अनुमान लगाया जाता है, जिसे कुछ लोग "समय के चक्र" को पढ़ने की कला मानते हैं। कुछ ज्योतिषी मानते हैं कि समय के रहस्य को गहराई से समझने पर व्यक्ति अपनी नियति को प्रभावित कर सकता है। जबकि विज्ञान समय यात्रा को अभी तक केवल गणनाओं और प्रयोगों में सीमित रखता है, ज्योतिष समय को एक निरंतर प्रवाह मानकर उसका विश्लेषण करता है।

निष्कर्ष: टाइम ट्रैवल और ज्योतिष, दोनों ही समय की अवधारणा से जुड़े हैं, लेकिन उनकी व्याख्या अलग-अलग होती है। विज्ञान टाइम ट्रैवल को भौतिकी के नियमों, विशेष रूप से सापेक्षता सिद्धांत, वर्महोल, और क्वांटम मैकेनिक्स के आधार पर संभावित मानता है।

हालाँकि, अब तक इसे व्यावहारिक रूप से सिद्ध नहीं किया जा सका है। दूसरी ओर, ज्योतिष समय को एक चक्र के रूप में देखता है, जहाँ ग्रहों और नक्षत्रों की स्थिति से व्यक्ति के जीवन और घटनाओं की भविष्यवाणी की जाती है। कुछ ज्योतिषी मानते हैं कि समय की सही गणना और आध्यात्मिक ज्ञान से व्यक्ति अपनी नियति को प्रभावित कर सकता है।

हालांकि विज्ञान और ज्योतिष की पद्धतियाँ अलग हैं, दोनों ही समय के रहस्यों को समझने का प्रयास करते हैं। टाइम ट्रैवल भौतिक रूप से भविष्य या अतीत में जाने की संभावना तलाशता है, जबकि ज्योतिष समय के प्रभावों को पढ़ने और समझने का माध्यम प्रदान करता है।

सोचने योग्य प्रश्न: क्या ज्योतिष समय के प्रवाह को समझने और भविष्यवाणी करने का एक रूप है, और क्या इसे टाइम ट्रैवल से जोड़ा जा सकता है?

अध्याय 17

मौत की भविष्यवाणी

(PREDICTION OF DEATH)

मृत्यु जीवन का सबसे बड़ा रहस्य है। इसे समझने के लिए इंसान ने ज्योतिष, आध्यात्म और विज्ञान के कई आयामों को टटोला है। क्या मृत्यु का सही समय और कारण पहले से जाना जा सकता है? क्या किसी व्यक्ति की कुंडली में उसकी अंतिम घड़ी का संकेत होता है? या फिर यह केवल एक मिथक है? इस अध्याय में हम इन्हीं गूढ़ प्रश्नों की पड़ताल करेंगे।

ज्योतिष में यह माना जाता है कि किसी व्यक्ति की मृत्यु का समय उसकी जन्मकुंडली में ग्रहों और योगों के आधार पर आंका जा सकता है। ज्योतिष ग्रंथों में आयु निर्धारण के कई तरीके बताए गए हैं, जिनमें मुख्य रूप से अष्टकवर्ग, दशा प्रणाली, गोचर और मंगलीक दोष का विश्लेषण किया जाता है।

कुछ विशेष योग जैसे मृत्यु योग, मारक ग्रहों की दशा, अशुभ गोचर और ग्रहण योग मृत्यु के संभावित समय को संकेत कर सकते हैं। उदाहरण के लिए, जब कोई व्यक्ति अपनी मारकेश दशा में आता है और उस समय अशुभ ग्रहों की स्थिति मजबूत होती है, तो यह मृत्यु या गंभीर दुर्घटना का कारण बन सकता है।

हालाँकि, ज्योतिष में यह भी कहा गया है कि मृत्यु केवल संभाव्यता होती है, निश्चितता नहीं। आध्यात्मिक दृष्टिकोण से, अच्छे कर्म, पूजा-पाठ, और ध्यान से मृत्यु को टाला भी जा सकता है। वैज्ञानिक रूप से, मृत्यु की भविष्यवाणी करना बहुत कठिन है क्योंकि यह कई जैविक और बाहरी कारकों पर निर्भर करता है।

इसलिए, ज्योतिष मृत्यु के समय का अनुमान तो दे सकता है, लेकिन इसे पूरी तरह अटल मानना सही नहीं होगा।

ज्योतिष में मृत्यु के संकेत

1. **कुंडली में मृत्यु भाव (8वां घर):** ज्योतिष में अष्टम भाव (8वां घर) को मृत्यु, रहस्यों, पुनर्जन्म, आकस्मिक घटनाओं, गूढ़ ज्ञान, विरासत, बीमा, आध्यात्मिक जागरूकता और जीवन के गहरे बदलावों का प्रतीक माना जाता है।

    यह भाव केवल मृत्यु की भविष्यवाणी तक सीमित नहीं है, बल्कि यह व्यक्ति के जीवन में होने वाले महत्वपूर्ण परिवर्तनों को भी दर्शाता है। यदि इस भाव में गुरु, बुध या शुक्र जैसे शुभ ग्रह हों, तो व्यक्ति को आध्यात्मिक जागरूकता, गूढ़ ज्ञान और मानसिक शांति प्राप्त होती है, तथा उसकी मृत्यु प्राकृतिक और शांतिपूर्ण हो सकती है।

    वहीं, यदि राहु, केतु, शनि या मंगल जैसे अशुभ ग्रह अष्टम भाव में स्थित हों या इनका दुष्प्रभाव हो, तो व्यक्ति को दुर्घटनाएँ, गंभीर बीमारियाँ या असामयिक मृत्यु का सामना करना पड़ सकता है। शनि धीमी और दीर्घकालिक बीमारी से मृत्यु का संकेत देता है, जबकि मंगल और राहु हिंसक या आकस्मिक मृत्यु की ओर इशारा करते हैं।

    यह भाव व्यक्ति की पुनर्जन्म से जुड़ी संभावनाओं और पूर्व जन्म के कर्मों का भी संकेत देता है। कुंडली में मृत्यु भाव की स्थिति और दशाओं के आधार पर मृत्यु के संभावित कारणों का आकलन किया जा सकता है, लेकिन यह पूर्ण रूप से निश्चित नहीं किया जा सकता। अष्टम भाव के नकारात्मक प्रभावों को कम करने के लिए महामृत्युंजय मंत्र का जाप, दान-पुण्य, ध्यान और साधना को श्रेष्ठ उपाय माना जाता है। वास्तव में, अष्टम भाव केवल मृत्यु का प्रतीक नहीं है, बल्कि यह जीवन में गहरे बदलाव और आत्मज्ञान की ओर बढ़ने का एक महत्वपूर्ण द्वार भी है।

2. **मारक ग्रह (घातक ग्रह):** ज्योतिष में मारक ग्रह वे ग्रह होते हैं जो किसी व्यक्ति की कुंडली में आयु को क्षीण करने, गंभीर बीमारियाँ देने या मृत्यु के संभावित कारण बनने की क्षमता रखते हैं। ये ग्रह विशेष रूप से दूसरे भाव और सप्तम भाव के स्वामी होते हैं, क्योंकि दूसरे भाव जीवन शक्ति को कम करता है और सप्तम भाव अष्टम (मृत्यु) भाव से सीधे संबंध रखता है। यदि ये ग्रह अशुभ दशाओं में हों या पाप ग्रहों से पीड़ित हों, तो व्यक्ति को स्वास्थ्य समस्याएँ, दुर्घटनाएँ या अचानक मृत्यु का खतरा हो सकता है।

सामान्यतः, मंगल, शनि, राहु और केतु को मारक ग्रहों में गिना जाता है, लेकिन कुंडली के अनुसार सूर्य, चंद्र, बुध और शुक्र भी मारक ग्रह बन सकते हैं, यदि वे गलत भावों में स्थित हों या नीच स्थिति में हों। शनि दीर्घकालिक बीमारियों और वृद्धावस्था में मृत्यु का संकेत देता है, मंगल रक्तस्राव, दुर्घटनाओं और लड़ाई-झगड़े से मृत्यु का कारण बन सकता है, राहु रहस्यमयी बीमारियाँ, विष या असामान्य परिस्थितियों से मृत्यु दर्शाता है, जबकि केतु अचानक होने वाली घटनाओं, आत्महत्या या आध्यात्मिक मृत्यु से जुड़ा हो सकता है।

यदि मारक ग्रह अपनी महादशा या अंतर्दशा में सक्रिय हो जाएँ और कुंडली में इनका प्रभाव अष्टम भाव, बारहवें भाव या लग्न पर हो, तो व्यक्ति के जीवन में गंभीर संकट आ सकता है। इन ग्रहों के नकारात्मक प्रभाव को कम करने के लिए महामृत्युंजय मंत्र का जाप, रुद्राभिषेक, दान-पुण्य और हनुमान चालीसा का पाठ करना अत्यंत लाभकारी होता है।

3. **महादशा और अंतर्दशा:** ज्योतिष में मृत्यु का समय मुख्य रूप से महादशा, अंतर्दशा और गोचर के प्रभावों से जुड़ा होता है, जिसमें विशेष रूप से अष्टम भाव (मृत्यु भाव), बरहवे भाव (मोक्ष भाव), दूसरे भाव (आयुहंता भाव) और सप्तम भाव (मारक भाव) की भूमिका महत्वपूर्ण होती है।

जब किसी व्यक्ति की कुंडली में मारक ग्रहों की महादशा या उनकी अंतर्दशा सक्रिय होती है, तो वह जीवन के लिए घातक साबित हो सकती है, विशेषकर यदि वे ग्रह पापी हों और कुंडली के अष्टम, बारहवे या छठे भाव से संबंध रखते हों।

यदि शनि की महादशा चल रही हो और वह अष्टम या बारहवे भाव में हो, तो यह दीर्घकालिक बीमारी, कष्टदायक मृत्यु या वृद्धावस्था में कष्ट दर्शा सकता है।

राहु और केतु की महादशा में रहस्यमयी, विषैली या दुर्घटना संबंधी मृत्यु हो सकती है, जबकि मंगल की महादशा यदि अशुभ हो, तो रक्तस्राव, हथियार, आग या दुर्घटनाओं से मृत्यु की संभावना बनती है। यदि गुरु या बुध की महादशा हो और वे शुभ स्थिति में हों, तो व्यक्ति की मृत्यु प्राकृतिक हो सकती है।

इसके अलावा, जब गोचर में शनि, राहु या मंगल अष्टम भाव से गुजरते हैं और व्यक्ति की महादशा या अंतर्दशा भी मारक ग्रहों की हो, तो मृत्यु की संभावना अधिक होती है।

हालाँकि, मृत्यु का सटीक समय निकालना अत्यंत कठिन है और इसे केवल संभाव्यता के आधार पर देखा जा सकता है। इसके प्रभाव को कम करने के लिए महामृत्युंजय मंत्र का जाप, दान, संकल्प और आध्यात्मिक साधना को श्रेष्ठ उपाय माना जाता है।

क्या जन्म और मृत्यु के बीच की यात्रा ज्योतिष से समझी जा सकती है?

ज्योतिष केवल भौतिक जीवन को नहीं, बल्कि आत्मा की यात्रा को भी समझने का एक माध्यम है। हिन्द शास्त्रों में कहा गया है कि आत्मा अमर होती है और मृत्यु केवल एक पड़ाव है, जिसके बाद आत्मा अगले जन्म की ओर बढ़ती है। ज्योतिष में आत्मा की यात्रा को समझने के लिए कुंडली के बारहवें भाव, अष्टम भाव, और पंचम भाव का गहराई से अध्ययन किया जाता है।

अष्टम भाव मृत्यु और पुनर्जन्म से जुड़ा होता है, जबकि बारहवां भाव मोक्ष और आत्मा की अगली यात्रा को दर्शाता है। पंचम भाव पिछले जन्म के कर्मों (संचित कर्म) को दिखाता है, जो यह बताते हैं कि आत्मा इस जीवन में किन अनुभवों से गुजरेगी। ज्योतिष में सर्प दोष, पितृ दोष, या विशेष योगों से भी यह जाना जाता है कि आत्मा पूर्व जन्म में क्या अनुभव कर चुकी है और इस जन्म में किस दिशा में आगे बढ़ेगी।

कुछ लोग पिछले जन्म की यादें लेकर जन्म लेते हैं, जिनका ज्योतिषीय विश्लेषण किया जा सकता है। इसके अलावा, सत्यनारायण कथा, श्राद्ध कर्म और ग्रह शांति जैसे उपाय आत्मा की यात्रा को शांतिपूर्ण बनाने में मदद कर सकते हैं।

इस तरह, ज्योतिष जन्म और मृत्यु के बीच आत्मा की यात्रा को समझने का एक प्रभावी साधन हो सकता है, जो हमें जीवन के गहरे रहस्यों को जानने में सहायता करता है।

प्राचीन ग्रंथों में लिखी गई मौत की कुछ सत्य भविष्यवाणियाँ

श्रीकृष्ण द्वारा गांधारी को दिया गया श्राप: महाभारत युद्ध के बाद, जब कौरवों का संहार हो गया, तब गांधारी अत्यंत दुखी और क्रोधित थीं। उन्होंने श्रीकृष्ण को दोषी ठहराते हुए श्राप दिया कि जिस तरह उनके सौ पुत्र युद्ध में मारे गए, वैसे ही यादव वंश भी आपसी संघर्ष में नष्ट हो जाएगा।

श्रीकृष्ण ने गांधारी के श्राप को स्वीकार कर लिया और मुस्कुराते हुए कहा कि यह सत्य होगा, क्योंकि अधर्म की समाप्ति के बाद धर्म का संतुलन बनाए रखना आवश्यक है। 36 वर्षों बाद, गांधारी के श्राप के अनुसार, यादवों के बीच गृहयुद्ध हुआ और वे आपस में ही लड़कर नष्ट हो गए।

इसके बाद श्रीकृष्ण ने वन में तपस्या का मार्ग अपनाया, जहाँ जरा नामक शिकारी ने गलती से उन्हें तीर मार दिया, जिससे उनकी लीला समाप्त हुई। इस तरह, गांधारी का श्राप सत्य सिद्ध हुआ और श्रीकृष्ण ने इसे सहर्ष स्वीकार किया, यह दर्शाते हुए कि हर युग में संतुलन बनाए रखने के लिए परिवर्तन आवश्यक है।

सम्राट विक्रमादित्य की मृत्यु की भविष्यवाणी: सम्राट विक्रमादित्य अपनी बुद्धिमानी, न्यायप्रियता और पराक्रम के लिए प्रसिद्ध थे। वे न केवल एक महान शासक थे, बल्कि विद्वानों और ज्योतिषियों को भी बहुत मानते थे। कहा जाता है कि उनके राज ज्योतिषी ने भविष्यवाणी की थी कि उनकी मृत्यु असामान्य परिस्थितियों में होगी और वे 100 वर्ष की आयु तक जीवित नहीं रह पाएंगे।

विक्रमादित्य को इस भविष्यवाणी पर विश्वास नहीं था, लेकिन समय के साथ उन्होंने देखा कि कई भविष्यवाणियाँ सच साबित हो रही थीं। अपने अंतिम दिनों में, वे साधु-संतों और विद्वानों के साथ अधिक समय बिताने लगे। कुछ कथाओं के अनुसार, वे एक तांत्रिक के षड्यंत्र का शिकार हुए, जिसने उनकी मृत्यु की योजना बनाई।

एक अन्य कथा के अनुसार, किसी रहस्यमयी कारण से उन्होंने अपने शरीर का त्याग कर दिया। उनकी मृत्यु के समय को लेकर अलग-अलग मान्यताएँ हैं, लेकिन यह सच है कि ज्योतिषीय गणनाओं के अनुसार उनका जीवन उतना लंबा नहीं चला, जितना वे स्वयं चाहते थे। इस प्रकार, उनकी मृत्यु की भविष्यवाणी सत्य साबित हुई और वे इतिहास में अमर हो गए।

चाणक्य द्वारा चंद्रगुप्त मौर्य के अंत की भविष्यवाणी: चाणक्य न केवल एक महान राजनीतिज्ञ और कूटनीतिज्ञ थे, बल्कि वे ज्योतिष शास्त्र में भी पारंगत थे। कहा जाता है कि उन्होंने चंद्रगुप्त मौर्य के भविष्य को पहले ही भांप लिया था।

जब चाणक्य ने चंद्रगुप्त को मौर्य साम्राज्य का सम्राट बनाया, तब उन्होंने उसे शासन की जिम्मेदारियों के साथ-साथ आने वाले खतरों के प्रति भी सचेत किया था। उन्होंने भविष्यवाणी की थी कि चंद्रगुप्त का अंत एक साधारण राजा की तरह नहीं, बल्कि एक संन्यासी के रूप में होगा।

वर्षों बाद, चंद्रगुप्त ने राजपाट छोड़कर जैन धर्म अपना लिया और श्रवणबेलगोला में संन्यास ग्रहण कर लिया। उन्होंने कठोर तपस्या की और अंततः संलेखना (अन्न-जल त्याग कर मृत्यु प्राप्त करने की प्रक्रिया) के माध्यम से अपने प्राण त्याग दिए।

चाणक्य की यह भविष्यवाणी सत्य साबित हुई कि एक महान सम्राट का अंत एक तपस्वी के रूप में होगा। उनकी दूरदृष्टि और ज्योतिषीय गणनाएँ इतनी सटीक थीं कि चंद्रगुप्त का जीवन वैसा ही समाप्त हुआ, जैसा उन्होंने पहले ही बताया था।

स्वामी विवेकानंद की मृत्यु की भविष्यवाणी: स्वामी विवेकानंद एक महान संत, विचारक और आध्यात्मिक गुरु थे, जो अपने जीवन के उद्देश्य और भविष्य को भली-भांति समझते थे। उन्होंने कई बार संकेत दिया था कि वे अधिक समय तक जीवित नहीं रहेंगे। स्वामी विवेकानंद ने स्वयं भविष्यवाणी की थी कि वे 40 वर्ष की उम्र से अधिक नहीं जीएंगे। उनके शिष्यों और अनुयायियों

को यह सुनकर आश्चर्य होता था, लेकिन उन्होंने इसे गंभीरता से नहीं लिया। 4 जुलाई 1902 को, स्वामी विवेकानंद ने ध्यान में लीन होकर महासमाधि धारण की और अपने नश्वर शरीर का त्याग कर दिया। कहा जाता है कि उनकी मृत्यु से कुछ समय पहले, उन्होंने अपने नजदीकी शिष्यों से कहा था कि अब उनके जाने का समय आ गया है।

उनकी यह भविष्यवाणी पूरी तरह सच साबित हुई और वे ठीक 39 वर्ष की उम्र में इस दुनिया से विदा हो गए। उनकी मृत्यु को सामान्य घटना नहीं, बल्कि एक दिव्य यात्रा का हिस्सा माना जाता है।

भगवान बुद्ध द्वारा अपनी मृत्यु की भविष्यवाणी: भगवान बुद्ध ने अपने जीवन के अंतिम दिनों में अपनी मृत्यु की भविष्यवाणी कर दी थी। उन्होंने अपने शिष्यों से कहा था कि वे 80 वर्ष की आयु तक इस संसार में रहेंगे और फिर निर्वाण को प्राप्त करेंगे। जब वे अपने अंतिम यात्रा पर थे, तब उन्होंने संकेत दिया कि अब उनका शरीर अधिक समय तक नहीं टिकेगा।

कुशीनगर में पहुंचने के बाद, उन्होंने अंतिम बार अपने शिष्यों को उपदेश दिया और बताया कि हर जीव को मृत्यु का सामना करना पड़ता है, इसलिए किसी को भी दुखी नहीं होना चाहिए। कहा जाता है कि उन्होंने भोजन में एक विषाक्त पदार्थ ग्रहण किया, जिससे उनका स्वास्थ्य बिगड़ गया। इसके बावजूद, वे शांत और स्थिर बने रहे। अपने अंतिम क्षणों में उन्होंने आनंद से कहा कि अब समय आ गया है और वे महापरिनिर्वाण को प्राप्त करेंगे। उनकी यह भविष्यवाणी बिल्कुल सही साबित हुई और 80 वर्ष की उम्र में वे निर्वाण में लीन हो गए।

अचूक ज्योतिषी भास्कराचार्य की भविष्यवाणी: भास्कराचार्य, जिन्हें भास्कर द्वितीय के नाम से भी जाना जाता है, प्राचीन भारत के महान गणितज्ञ और ज्योतिषी थे। उन्होंने खगोल विज्ञान और ज्योतिष में कई अद्त खोजें कीं और अपने ग्रंथों में सटीक गणनाएँ प्रस्तुत कीं। कहा जाता है कि उन्होंने न केवल ग्रहों की चाल और खगोलीय घटनाओं की भविष्यवाणी की, बल्कि अपनी मृत्यु का समय भी पहले ही जान लिया था। एक दिन, उन्होंने अपने शिष्यों से कहा कि अब उनका जीवनकाल समाप्त होने वाला है और वे इस संसार से विदा लेने वाले हैं। उनकी यह भविष्यवाणी कुछ समय बाद सच साबित हुई, जब उन्होंने ध्यान में लीन होकर अपने शरीर का त्याग कर दिया। उनके गणितीय और ज्योतिषीय सिद्धांत इतने सटीक थे कि आज भी वैज्ञानिक और खगोलविद उनका अध्ययन करते हैं। उनकी भविष्यवाणियाँ, विशेष रूप से ग्रहण और ग्रहों की चाल को लेकर, एकदम सही साबित हुईं, जिससे वे भारत के महानतम ज्योतिषियों में से एक माने जाते हैं।

सारांश: ज्योतिष में मृत्यु का विश्लेषण मुख्य रूप से अष्टम भाव, बरहवा भाव, दूसरा भाव और सप्तम भाव के आधार पर किया जाता है। यदि इन भावों में अशुभ ग्रह स्थित हों या उनकी महादशा एवं अंतर्दशा सक्रिय हो, तो व्यक्ति के जीवन पर गंभीर संकट आ सकता है।

शनि, राहु, केतु और मंगल को अधिकतर मारक ग्रह माना जाता है, क्योंकि ये अचानक होने वाली घटनाओं, बीमारियों और दुर्घटनाओं से जुड़ते हैं। मृत्यु के समय को निर्धारित करने में महादशा, अंतर्दशा और गोचर की विशेष भूमिका होती है। यदि शनि या राहु की महादशा अष्टम भाव में हो और गोचर भी प्रतिकूल हो, तो यह दीर्घकालिक बीमारी या रहस्यमयी मृत्यु का संकेत दे सकता है।

हालाँकि, मृत्यु का सटीक समय निकालना कठिन होता है और इसे केवल संभाव्यता के आधार पर देखा जाता है। नकारात्मक प्रभावों को कम करने के लिए महामृत्युंजय मंत्र, दान-पुण्य, ध्यान और आध्यात्मिक साधना को श्रेष्ठ उपाय माना जाता है।

ज्योतिष मृत्यु को केवल अंत नहीं, बल्कि आत्मा की यात्रा का एक चरण मानता है, जो पुनर्जन्म और कर्म सिद्धांत से जुड़ा हुआ है।

निष्कर्ष: ज्योतिष में मृत्यु केवल जीवन का अंत नहीं, बल्कि आत्मा की अनवरत यात्रा का एक महत्वपूर्ण चरण है, जो कर्म और पुनर्जन्म के सिद्धांत से जुड़ा हुआ है।

कुंडली में मृत्यु के संभावित संकेतों को समझने के लिए मुख्य रूप से अष्टम भाव, बारहवे भाव, दूसरे भाव और सप्तम भाव का विश्लेषण किया जाता है। शनि, राहु, केतु और मंगल जैसे ग्रह यदि इन भावों में अशुभ स्थिति में हों, तो वे दीर्घकालिक बीमारी, दुर्घटना, रहस्यमयी घटनाओं या आकस्मिक मृत्यु का संकेत दे सकते हैं।

हालाँकि, मृत्यु का सटीक समय निकालना अत्यंत कठिन कार्य है और इसे केवल संभाव्यता के आधार पर देखा जाता है।

अतः मृत्यु को केवल एक नकारात्मक घटना के रूप में नहीं, बल्कि आत्मा के विकास और आध्यात्मिक उन्नति के अवसर के रूप में देखना चाहिए।

सोचने योग्य प्रश्न: क्या किसी विशेष ग्रह के उपाय करने से अकाल मृत्यु के योग को टाला जा सकता है?

अध्याय 18

रहस्यमयी जन्मचिह्न
(MYSTERIOUS BIRTHMARKS)

हमारे शरीर पर मौजूद जन्मचिह्न केवल एक साधारण त्वचा संबंधी निशान नहीं होते, बल्कि इनका संबंध हमारे पिछले जन्म, कर्मों और रहस्यमयी घटनाओं से हो सकता है। भारतीय ज्योतिष, तंत्र विधा, पुनर्जन्म के शोध और आधुनिक परामनोविज्ञान में जन्मचिह्नों को व्यक्ति के पूर्वजन्म से जुड़ा हुआ माना गया है। कई बार ये निशान अधूरे कर्मों, पिछले जन्म की मृत्यु, या किसी रहस्यमयी घटना के संकेत हो सकते हैं। जन्म से पहले ही इनका बन जाना यह दर्शाता है कि हमारी आत्मा अपने पूर्व जन्म के प्रभावों को अपने साथ लेकर आई है।

ज्योतिष और जन्मचिह्न का संबंध

ज्योतिष शास्त्र के अनुसार, जन्मचिह्नों का निर्माण ग्रहों की स्थिति, विशेष नक्षत्रों और पूर्व जन्म के कर्मों के आधार पर होता है। प्रत्येक जन्मचिह्न किसी ग्रह विशेष से प्रभावित हो सकता है, जो व्यक्ति के जीवन में शुभ या अशुभ प्रभाव डालता है।

- **मंगल और राहु से प्रभावित जन्मचिह्न** – मंगल और राहु से प्रभावित जन्मचिह्न आमतौर पर आक्रामकता, संघर्ष और रहस्यमयी घटनाओं से जुड़े होते हैं। ये जन्मचिह्न शरीर के उन हिस्सों पर हो सकते हैं, जहाँ किसी पिछले जीवन में चोट लगी हो या किसी दुर्घटना का अनुभव हुआ हो। मंगल के प्रभाव से जन्मचिह्न जलने, कटने या घाव के रूप में हो सकते हैं, जबकि राहु के कारण असामान्य आकार या धुंधले निशान देखे जा सकते हैं। ये व्यक्ति अक्सर साहसी, जिज्ञासु और असाधारण घटनाओं की ओर आकर्षित होते हैं।

ज्योतिष में इन प्रभावों को शांत करने के लिए मंत्र जाप, रत्न धारण और आध्यात्मिक उपाय सुझाए जाते हैं।

- **शनि और केतु से प्रभावित जन्मचिह्न** – शनि और केतु से प्रभावित जन्मचिह्न आमतौर पर रहस्यमयी और आध्यात्मिक संकेत माने जाते हैं। ये जन्मचिह्न हल्की रेखाओं, गहरे धब्बों या फीके रंग के निशानों के रूप में होते हैं। ऐसे चिह्न यह संकेत कर सकते हैं कि पिछले जन्म में व्यक्ति किसी गहरी साधना, तपस्या या रहस्यमयी अनुभवों से गुजरा था। कई मामलों में, यह अचानक हुई मृत्यु या अधूरे कर्मों का प्रतीक भी हो सकता है। शनि इन जन्मचिह्नों को कर्मों से जोड़ता है, जबकि केतु इन्हें आध्यात्मिकता और रहस्यों से। मंत्र साधना और ध्यान के अभ्यास से इनके प्रभाव को संतुलित किया जा सकता है।

- **गुरु और चंद्रमा से प्रभावित जन्मचिह्न** – गुरु और चंद्रमा से प्रभावित जन्मचिह्न को शुभ और सकारात्मक माना जाता है। ये जन्मचिह्न माथे, हथेली, पैर या छाती पर हों तो व्यक्ति को आध्यात्मिक उन्नति, सौभाग्य और मानसिक शांति प्राप्त होती है। गुरु ज्ञान, धार्मिकता और उच्च आध्यात्मिक स्तर का प्रतीक है, जबकि चंद्रमा मन, भावनाओं और अंतर्ज्ञान को नियंत्रित करता है। ऐसे व्यक्ति स्वभाव से दयालु, समझदार और आध्यात्मिक झुकाव वाले होते हैं। इनके जीवन में ईश्वरीय कृपा बनी रहती है, जिससे वे कठिन परिस्थितियों में भी संतुलन बनाए रखते हैं। ध्यान और भक्ति से इन शुभ प्रभावों को और अधिक मजबूत किया जा सकता है।

जन्मचिह्न का ज्योतिषीय महत्व

जन्मचिह्न का ज्योतिष में विशेष महत्व माना जाता है। प्राचीन मान्यताओं के अनुसार, शरीर पर मौजूद जन्मचिह्न व्यक्ति के पिछले जन्मों से जुड़े हो सकते हैं और उसके वर्तमान जीवन के बारे में संकेत दे सकते हैं। ज्योतिष शास्त्र में कहा गया है कि जन्मचिह्न का आकार, रंग और स्थान यह बता सकता है कि व्यक्ति के जीवन में कौन-से प्रमुख घटनाक्रम हो सकते हैं। कुछ जन्मचिह्न शुभ माने जाते हैं और जीवन में सफलता, धन और सौभाग्य का संकेत देते हैं, जबकि कुछ जन्मचिह्न यह दर्शाते हैं कि व्यक्ति को संघर्षों का सामना करना पड़ सकता है। माना जाता है कि जन्मचिह्न ग्रहों की स्थिति और कर्मों का परिणाम होते हैं, जो पिछले जन्मों के प्रभाव को दर्शाते हैं।

कुछ लोग यह भी मानते हैं कि जन्मचिह्न व्यक्ति की विशेष क्षमताओं, स्वभाव और जीवन पथ को दर्शाने में मदद करते हैं। विज्ञान भी इस बात को स्वीकार करता है कि जन्मचिह्न आनुवंशिकी या गर्भावस्था के दौरान होने वाले बदलावों के कारण होते हैं, लेकिन ज्योतिष के अनुसार, वे आत्मा की यात्रा और पूर्व जन्म के प्रभावों का प्रतीक हो सकते हैं।

पुनर्जन्म और जन्मचिह्न का वैज्ञानिक विश्लेषण

डॉ. इयान स्टीवेन्सन जैसे परामनोवैज्ञानिकों ने हजारों मामलों का अध्ययन किया, जिनमें जन्मचिह्न किसी व्यक्ति के पिछले जन्म में हुई घटना से जुड़े पाए गए।

- **गले पर गहरा निशान** – गले पर गहरा जन्मचिह्न रहस्यमयी संकेत माना जाता है। परामनोवैज्ञानिक शोधों में पाया गया है कि जिन लोगों के गले पर यह निशान होता है, वे अक्सर दबी हुई आवाज़, सांस की दिक्कत या घुटन जैसी अनुभूतियों की शिकायत करते हैं। पुनर्जन्म के मामलों में कई लोगों ने दावा किया कि पिछले जन्म में उनकी मृत्यु गला घोंटने, फांसी, या किसी हिंसक घटना से हुई थी। कुछ ज्योतिषीय मतों के अनुसार, यह निशान राहु और शनि के प्रभाव से बनता है और व्यक्ति को आत्म-अभिव्यक्ति में कठिनाइयाँ आ सकती हैं। मंत्र साधना और आध्यात्मिक उपाय इससे राहत दिला सकते हैं।

- **पीठ या छाती पर जलने जैसा निशान** – यह संकेत करता है कि पिछले जन्म में व्यक्ति आग से जलकर मरा हो सकता है। पुनर्जन्म के शोधों में पाया गया है कि जिन लोगों के शरीर पर यह निशान होता है, वे अक्सर आग, गर्मी या जलने से अजीब डर महसूस करते हैं। कई मामलों में, ऐसे लोगों ने पिछले जन्म में आग से जलकर मरने का दावा किया है। यह निशान पिछले जन्म के अधूरे कर्मों और गहरे सदमे का प्रतीक हो सकता है।

  ज्योतिष में इसे मंगल और केतु का प्रभाव माना जाता है, जो व्यक्ति के जीवन में उग्रता और रहस्यमयी अनुभवों को बढ़ा सकता है। उपायों से इसका प्रभाव कम किया जा सकता है।

- **बंदूक या धारदार हथियार से चोट के निशान** – बंदूक या धारदार हथियार से चोट के निशान को पुनर्जन्म और कर्मों का संकेत माना जाता है। परामनोवैज्ञानिक शोधों में ऐसे कई मामले सामने आए हैं, जहाँ लोगों के शरीर पर पुराने घाव जैसे निशान पाए गए, और उन्होंने पिछले जन्म में हत्या का शिकार होने का दावा किया।

  खासकर, यदि निशान किसी घातक स्थान (जैसे हृदय, गर्दन या सिर) पर हो, तो यह हिंसक मृत्यु की ओर इशारा कर सकता है। ज्योतिष में इसे मंगल और राहु का प्रभाव माना जाता है, जो व्यक्ति के जीवन में संघर्ष और आक्रामकता ला सकता है। आध्यात्मिक उपायों से इस प्रभाव को संतुलित किया जा सकता है।

जन्मचिह्न क्या किसी पिछले जन्म की निशानी होते हैं?

कई लोगों का मानना है कि जन्मचिह्न किसी पिछले जन्म की निशानी हो सकते हैं। कुछ अध्ययनों और प्राचीन मान्यताओं के अनुसार, जन्मचिह्न आत्मा के पिछले जीवन के अनुभवों, घटनाओं या घावों का संकेत हो सकते हैं।

कई मामलों में, लोगों ने अपने जन्मचिह्न को देखकर यह दावा किया है कि वे पिछले जन्म में किसी विशेष स्थान पर घायल हुए थे या उनकी मृत्यु हुई थी, और वही निशान उनके वर्तमान शरीर पर दिखाई देता है। कुछ शोधकर्ताओं ने ऐसे मामलों का अध्ययन किया है, जहां बच्चों ने अपने पिछले जन्म की घटनाओं को याद किया और उनके शरीर पर मौजूद जन्मचिह्न उनकी कथाओं से मेल खाते पाए गए।

हालांकि, वैज्ञानिक दृष्टिकोण से जन्मचिह्न आनुवंशिकी, गर्भावस्था के दौरान हार्मोनल बदलाव या त्वचा की संरचना के कारण हो सकते हैं, लेकिन आध्यात्मिक और ज्योतिषीय दृष्टि से इन्हें आत्मा की यात्रा और कर्मों से जुड़ा माना जाता है। भारत, तिब्बत और कई अन्य संस्कृतियों में जन्मचिह्न को व्यक्ति के अतीत और भविष्य से जोड़कर देखा जाता है।

क्या ज्योतिष के अनुसार किसी व्यक्ति की कुंडली में जन्मचिह्न का महत्व होता है?

ज्योतिष के अनुसार, जन्मचिह्न का व्यक्ति की कुंडली में विशेष महत्व हो सकता है। ऐसा माना जाता है कि जन्मचिह्न सिर्फ शरीर पर बना एक निशान नहीं होता, बल्कि यह ग्रहों की स्थिति, कर्मों और पिछले जन्मों से जुड़ा संकेत हो सकता है।

जन्मचिह्न का स्थान, आकार और रंग यह बता सकता है कि व्यक्ति के जीवन में कौन-से प्रमुख घटनाक्रम हो सकते हैं। कुछ ज्योतिषी मानते हैं कि जन्मचिह्न यह संकेत दे सकते हैं कि व्यक्ति को किस क्षेत्र में सफलता मिलेगी या जीवन में कौन-से संघर्षों का सामना करना पड़ेगा। कुंडली में मंगल, राहु और केतु जैसे ग्रहों की स्थिति जन्मचिह्न से जुड़े रहस्यों को उजागर कर सकती है।

उदाहरण के लिए, अगर किसी व्यक्ति के शरीर के दाईं ओर लाल रंग का जन्मचिह्न है, तो यह उसके आत्मविश्वास और नेतृत्व क्षमता का प्रतीक हो सकता है, जबकि बाईं ओर काला निशान किसी पिछले जन्म की कठिनाइयों या ऋण को दर्शा सकता है। कुछ जन्मचिह्न सौभाग्य के संकेत माने जाते हैं, जबकि कुछ यह दर्शाते हैं कि व्यक्ति को अपने जीवन में विशेष चुनौतियों से गुजरना पड़ सकता है।

हालांकि, वैज्ञानिक दृष्टिकोण से जन्मचिह्न आनुवंशिकी और गर्भावस्था के दौरान होने वाले बदलावों के कारण होते हैं, लेकिन ज्योतिष इसे कर्मों और आत्मा की यात्रा से जोड़कर देखता है।

विश्वभर में जन्मचिह्न से जुड़े कुछ रहस्यमयी मामले

1. **शांति देवी (भारत)** – शांति देवी, जो दिल्ली में पैदा हुई थीं, ने सिर्फ चार साल की उम्र में यह दावा किया कि वह अपने पिछले जन्म में "लुगड़ी देवी" नाम की महिला थीं, जो लुधियाना में रहती थीं और प्रसव के दौरान उनकी मृत्यु हो गई थी। शांति देवी ने अपने पिछले जन्म के परिवार, घर और पति के बारे में विस्तार से बताया, जिसे सुनकर लोग हैरान रह गए। जब उनकी बातों की जांच की गई, तो यह पाया गया कि लुगड़ी देवी नाम की महिला सच में थी और उनकी मृत्यु उसी तरह हुई थी, जैसा शांति देवी ने बताया था। सबसे अचंभे की बात यह थी कि शांति देवी के शरीर पर कुछ निशान थे, जो लुगड़ी देवी के अंतिम समय में लगी चोटों से मेल खाते थे। इस घटना को कई शोधकर्ताओं और विशेषज्ञों ने जांचा और इसे पुनर्जन्म का एक महत्वपूर्ण मामला माना जाता है।

2. **जेम्स लींजर (अमेरिका)** – जेम्स लींजर, एक अमेरिकी बच्चा, ने बहुत छोटी उम्र में दूसरे विश्व युद्ध के एक पायलट के रूप में अपने पिछले जन्म को याद करना शुरू कर दिया। उसने अपने माता-पिता को बताया कि वह एक फाइटर पायलट था, जिसकी मृत्यु एक विमान दुर्घटना में हो गई थी। जेम्स ने विमान के मॉडल, युद्ध क्षेत्र और यहां तक कि अपने पुराने साथियों के नाम भी बताए, जो बाद में सत्य पाए गए। उसकी पीठ पर एक जलने का निशान था, जो कथित रूप से पिछले जन्म में विमान दुर्घटना के दौरान लगी चोट से मेल खाता था। यह मामला इतना रहस्यमयी था कि शोधकर्ताओं ने इसकी गहराई से जांच की और पाया कि जेम्स द्वारा बताए गए कई विवरण इतिहास से मेल खाते हैं। इस घटना को पुनर्जन्म के सबसे मजबूत मामलों में से एक माना जाता है, जिसने कई वैज्ञानिकों और शोधकर्ताओं को हैरानी में डाल दिया।

3. **पर्ना (भारत)** – पर्ना नाम की एक लड़की ने बचपन में ही दावा किया कि उसकी मौत पिछले जन्म में हत्या से हुई थी। उसने अपने माता-पिता को बताया कि वह पहले किसी और परिवार की बेटी थी और उसकी हत्या कर दी गई थी। पर्ना ने उस जगह, परिस्थितियों और लोगों के बारे में भी बताया, जो उसके पिछले जन्म से जुड़े थे। सबसे अजीब बात यह थी कि उसके शरीर पर एक गहरे कट का निशान था, जो उसी स्थान पर था, जहां उसने बताया कि उसे पिछले जन्म में चोट लगी थी।

जब इस मामले की जांच की गई, तो पाया गया कि उसकी कहानी कई वास्तविक घटनाओं से मेल खाती थी। यह घटना पुनर्जन्म के रहस्यमयी मामलों में से एक मानी जाती है, जिसने कई शोधकर्ताओं और वैज्ञानिकों को सोचने पर मजबूर कर दिया कि क्या सच में आत्मा जन्मों के बीच यात्रा करती है।

4. **गस टेलर (अमेरिका)** – गस टेलर, अमेरिका में जन्मा एक बच्चा, बचपन से ही कहता था कि वह अपने ही दादा का पुनर्जन्म है। उसके माता-पिता को यह बात अजीब लगी, लेकिन गस ने कई ऐसी बातें बताईं, जो सिर्फ उसके दादा को पता थीं। उसने अपने दादा के जीवन से जुड़े कई निजी किस्से बताए, जो बिल्कुल सही निकले।

सबसे हैरान करने वाली बात यह थी कि गस के शरीर पर वही निशान थे, जो उसके दादा के शरीर पर थे। खासकर, उसके माथे पर एक निशान था, जो उसके दादा को किसी दुर्घटना के कारण लगा था। इस घटना ने पुनर्जन्म की संभावना को और मजबूत किया और कई शोधकर्ताओं ने इस मामले में दिलचस्पी दिखाई। गस टेलर का यह रहस्यमयी मामला वैज्ञानिकों के लिए आज भी एक पहेली बना हुआ है और पुनर्जन्म पर गहरी चर्चा का विषय बना हुआ है।

5. **थाईलैंड की लड़की** – थाईलैंड की एक लड़की ने बचपन में ही दावा किया कि वह अपने ही मृत भाई का पुनर्जन्म है। उसके माता-पिता को यह सुनकर हैरानी हुई, लेकिन जब उसने अपने पिछले जन्म के बारे में कई सटीक जानकारियां दीं, तो वे चौंक गए। लड़की ने अपने भाई की पसंद, आदतें और यहां तक कि उसकी मौत से जुड़ी घटनाओं का भी सही-सही वर्णन किया। सबसे अजीब बात यह थी कि उसके शरीर पर कुछ जन्मचिह्न थे, जो ठीक उन्हीं जगहों पर थे, जहां उसके भाई को चोटें लगी थीं। इस रहस्यमयी घटना ने न केवल उसके परिवार को, बल्कि पुनर्जन्म पर शोध करने वाले वैज्ञानिकों और विशेषज्ञों को भी हैरान कर दिया। यह मामला पुनर्जन्म के सबसे आश्चर्यजनक उदाहरणों में से एक माना जाता है, जो यह संकेत देता है कि आत्मा की यात्रा जन्म और मृत्यु के बाद भी जारी रहती है।

सारांश: जन्मचिह्न सिर्फ शारीरिक निशान नहीं, बल्कि हमारे पूर्व जन्मों से जुड़े रहस्यमयी संकेत हो सकते हैं। परामनोवैज्ञानिक शोध और ज्योतिष शास्त्र के अनुसार, शरीर पर मौजूद ये निशान हमारे पिछले जन्म के अनुभवों, कर्मों और अधूरी इच्छाओं से जुड़े हो सकते हैं।

मंगल और राहु से प्रभावित जन्मचिह्न संघर्ष, दुर्घटनाओं या हिंसक घटनाओं से जुड़े होते हैं, जबकि शनि और केतु के निशान रहस्यमयी और आध्यात्मिक संकेत देते हैं। वहीं, गुरु और चंद्रमा

से जुड़े जन्मचिह्न सौभाग्य, शांति और आध्यात्मिक उन्नति का प्रतीक माने जाते हैं। इन जन्मचिह्नों को समझकर हम अपने जीवन के गहरे रहस्यों को जान सकते हैं।

निष्कर्ष: जन्मचिह्न केवल शरीर पर मौजूद साधारण निशान नहीं होते, बल्कि वे हमारे पूर्वजन्म के कर्मों, अनुभवों और अधूरी स्मृतियों के प्रतीक हो सकते हैं। ज्योतिष और परामनोविज्ञान के अनुसार, ये चिह्न व्यक्ति के पिछले जन्म की घटनाओं से जुड़े हो सकते हैं, जैसे कि किसी दुर्घटना, हत्या, या आध्यात्मिक साधना का प्रभाव।

मंगल और राहु से प्रभावित निशान संघर्ष और उग्रता दर्शाते हैं, जबकि शनि और केतु रहस्यमय और आध्यात्मिक संकेत देते हैं। वहीं, गुरु और चंद्रमा से जुड़े जन्मचिह्न सौभाग्य और शांति प्रदान करते हैं। इन संकेतों को समझकर व्यक्ति अपने जीवन की दिशा को और बेहतर बना सकता है।

सोचने योग्य प्रश्न: क्या ज्योतिष में जन्मचिह्नों की व्याख्या सटीक होती है, या यह केवल एक मान्यता है?

अध्याय 19

टेलीपैथी और माइंड कंट्रोल
(TELEPATHY AND MIND CONTROL)

टेलीपैथी क्या है, और यह कैसे कार्य करती है?

टेलीपैथी एक मानसिक संचार की शक्ति है, जिसमें दो व्यक्तियों के बीच बिना किसी शब्द, संकेत या तकनीकी उपकरण के विचारों, भावनाओं और सूचनाओं का आदान-प्रदान हो सकता है। इसे छठी इंद्रिय का हिस्सा माना जाता है, जिसमें व्यक्ति अपनी मानसिक तरंगों के माध्यम से दूसरे व्यक्ति के मन में चल रही बातों को समझ सकता है।

प्राचीन ग्रंथों में ऋषि-मुनियों द्वारा टेलीपैथी जैसी शक्तियों का उपयोग करने के कई उल्लेख मिलते हैं। योग और ध्यान के माध्यम से कुछ लोग इस शक्ति को जाग्रत करने का दावा भी करते हैं।

आधुनिक विज्ञान भी टेलीपैथी पर शोध कर रहा है, और कुछ वैज्ञानिकों का मानना है कि यह मस्तिष्क की तरंगों और ऊर्जा संचार से संभव हो सकता है। कई बार जुड़वां भाई-बहनों में इस प्रकार का मानसिक संचार देखा गया है, जहां वे बिना बोले ही एक-दूसरे की सोच और भावनाओं को समझ लेते हैं।

हालांकि, वैज्ञानिक रूप से टेलीपैथी को अभी पूरी तरह प्रमाणित नहीं किया जा सका है, लेकिन यह एक रोचक विषय है, जिस पर लगातार अध्ययन किया जा रहा है। अगर भविष्य में इसे सिद्ध किया जा सका, तो यह मानव संचार की दुनिया में एक नई क्रांति ला सकता है।

माइंड कंट्रोल (Mind Control) क्या है?

माइंड कंट्रोल का अर्थ है किसी व्यक्ति के विचारों, भावनाओं और निर्णयों को प्रभावित या नियंत्रित करना। यह प्रक्रिया विभिन्न तरीकों से की जा सकती है, जैसे कि सम्मोहन, मनोवैज्ञानिक हेरफेर, न्यूरोलॉजिकल तकनीक और बाहरी प्रभाव जैसे मीडिया या समाज का दबाव। माइंड कंट्रोल का उपयोग सकारात्मक और नकारात्मक दोनों तरीकों से किया जा सकता है।

प्राचीन काल में ऋषि-मुनि ध्यान और योग के माध्यम से अपने मन पर नियंत्रण प्राप्त कर लेते थे, जिससे वे अपनी ऊर्जा को केंद्रित कर सकते थे। वहीं, आधुनिक समय में विज्ञापन कंपनियाँ, राजनीतिक संगठन और प्रचार माध्यम माइंड कंट्रोल का उपयोग जनता की राय को बदलने के लिए करते हैं। कुछ गुप्त संगठनों और सैन्य प्रयोगों में भी माइंड कंट्रोल से जुड़े रहस्यमयी प्रयोगों का उल्लेख मिलता है।

विज्ञान के अनुसार, हमारे मस्तिष्क में न्यूरॉन तरंगें काम करती हैं, और जब कोई व्यक्ति बार-बार एक ही संदेश या विचारों के संपर्क में आता है, तो उसका अवचेतन मन उसे सच मानने लगता है। यही कारण है कि बार-बार दोहराई गई बातें इंसान के व्यवहार को बदल सकती हैं। माइंड कंट्रोल का सही उपयोग आत्म-सुधार, ध्यान और एकाग्रता बढ़ाने के लिए किया जा सकता है, जबकि गलत तरीके से इसका इस्तेमाल किसी को धोखा देने या उसकी स्वतंत्र सोच पर असर डालने के लिए हो सकता है।

ब्रेन वॉश (Brainwash) क्या होता है?

ब्रेन वॉश का मतलब किसी व्यक्ति के दिमाग को इस तरह से प्रभावित करना होता है कि उसकी सोच, विश्वास और विचार पूरी तरह से बदल जाएँ। यह प्रक्रिया मानसिक दबाव, डर, भावनात्मक नियंत्रण और बार-बार दोहराए जाने वाली बातों के ज़रिए की जाती है।

आमतौर पर ब्रेन वॉश तब किया जाता है जब कोई व्यक्ति अपनी पुरानी मान्यताओं और विचारों को छोड़कर किसी नए विचारधारा को मानने लगे, चाहे वह सही हो या गलत। ब्रेन वॉश के लिए कई तरीके अपनाए जाते हैं, जैसे – व्यक्ति को उसके परिवार और दोस्तों से अलग कर देना, बार-बार किसी विशेष विचार को दोहराना, डर और धमकी देना, या मानसिक और शारीरिक रूप से इतना थका देना कि वह विरोध करने में असमर्थ हो जाए।

इसका इस्तेमाल कई बार धार्मिक कट्टरता, आतंकवाद, राजनीतिक प्रचार और अपराधी संगठनों में किया जाता है, जहाँ लोगों को अपने फायदे के लिए गलत दिशा में मोड़ा जाता है। हालाँकि, ब्रेन वॉश हमेशा नकारात्मक नहीं होता।

कुछ मामलों में यह नशे की लत छुड़ाने, आत्मविश्वास बढ़ाने या किसी व्यक्ति की सोच को सकारात्मक रूप से बदलने में मदद कर सकता है।

कुल मिलाकर, ब्रेन वॉश एक मानसिक नियंत्रण की प्रक्रिया है, जिसमें व्यक्ति की स्वतंत्र सोच पर प्रभाव डालकर उसे किसी विशेष विचारधारा के अनुसार ढाल दिया जाता है।

क्या सच में कोई छठी इंद्रिय (Sixth Sense) होती है?

हमारी पाँच इंद्रियाँ – देखने, सुनने, सूंघने, छूने और स्वाद लेने की क्षमता – हमें दुनिया को समझने में मदद करती हैं। लेकिन कई लोग मानते हैं कि इंसान के पास एक छठी इंद्रिय भी होती है, जो किसी अदृश्य शक्ति या आने वाली घटनाओं का एहसास दिला सकती है। इसे अंतर्ज्ञान या पूर्वाभास भी कहा जाता है।

कुछ वैज्ञानिक इसे महज़ दिमाग की तेज़ सोचने-समझने की क्षमता मानते हैं, जबकि कई शोधों में पाया गया है कि कुछ लोगों को बिना किसी स्पष्ट कारण के भविष्य की घटनाओं का आभास हो जाता है। कई बार हमें अचानक किसी अनहोनी का एहसास होता है, किसी अपने की चिंता होने लगती है, और बाद में पता चलता है कि कुछ गलत हुआ था। कुछ लोगों का दावा है कि उन्हें अपने जीवन में ऐसे अनुभव हुए हैं, जहाँ बिना किसी तर्क के उन्होंने सही निर्णय लिया या कोई बड़ा खतरा टाल दिया।

हालांकि, विज्ञान अभी तक छठी इंद्रिय को पूरी तरह साबित नहीं कर पाया है, लेकिन कई शोध इस बात की ओर इशारा करते हैं कि हमारा अवचेतन मन वातावरण में हो रहे बदलावों को पकड़ सकता है और हमें संकेत देता है। योग, ध्यान और मानसिक साधनाओं से इस क्षमता को और बढ़ाया जा सकता है। इसलिए, यह कहना गलत नहीं होगा कि छठी इंद्रिय एक रहस्यमयी लेकिन दिलचस्प विषय है, जिस पर अभी और रिसर्च की जरूरत है।

हम बिना कहे दूसरों के विचार पढ़ सकते हैं?

यह सवाल कई लोगों के मन में आता है कि क्या हम बिना किसी शब्दों के दूसरों के विचारों को समझ सकते हैं? इसका सीधा जवाब यह है कि आमतौर पर यह एक असंभव सी बात लगती है, लेकिन विज्ञान और आध्यात्मिक मान्यताओं के अनुसार, कुछ हद तक ऐसा संभव हो सकता है। इसे टेलीपैथी या माइंड-रीडिंग कहा जाता है।

हमारा दिमाग लगातार तरंगों का उत्सर्जन करता है, जो हमारी सोच, भावनाओं और मानसिक अवस्था को दर्शाती हैं। कई वैज्ञानिक मानते हैं कि जब दो लोग बहुत गहरे स्तर पर जुड़े होते हैं,

जैसे कि जुड़वाँ भाई-बहन, माता-पिता और बच्चे, या गहरे मित्र, तो वे बिना शब्दों के भी एक-दूसरे की भावनाओं को भांप सकते हैं। यह एक तरह का मानसिक संपर्क होता है, जहाँ व्यक्ति दूसरे के चेहरे के हावभाव, बॉडी लैंग्वेज और ऊर्जा तरंगों से उसकी मन:स्थिति को समझ लेता है।

आध्यात्मिक दृष्टिकोण से देखें तो ध्यान और मानसिक साधना द्वारा इंसान अपनी चेतना को इतना विकसित कर सकता है कि वह दूसरों की मानसिक तरंगों को पकड़ सके। कई साधु-संत और योगी इस कला में माहिर माने जाते हैं।

हालांकि, विज्ञान इसे अभी पूरी तरह से सिद्ध नहीं कर पाया है, लेकिन कई प्रयोगों में यह देखा गया है कि कुछ लोग खास परिस्थितियों में दूसरों के विचारों का अनुमान लगा सकते हैं। इसलिए, बिना कहे दूसरों के विचार पढ़ना पूरी तरह से असंभव नहीं है, लेकिन यह एक दुर्लभ और जटिल क्षमता है, जिसे विकसित करने के लिए गहरी समझ, अभ्यास और संवेदनशीलता की आवश्यकता होती है।

क्या किसी के दिमाग में अपने विचार भेजना संभव है?

किसी के दिमाग में अपने विचार भेजना एक रहस्यमयी अवधारणा है, जिसे आमतौर पर टेलीपैथी या माइंड ट्रांसमिशन कहा जाता है। यह विचार विज्ञान और आध्यात्मिकता दोनों में अपनी जगह रखता है।

विज्ञान की नजर में, हमारा मस्तिष्क न्यूरॉन्स के जरिए विद्त-रासायनिक संकेत भेजता और प्राप्त करता है। वैज्ञानिकों ने यह पाया है कि जब हम कुछ सोचते हैं, तो हमारे दिमाग से ब्रेन वेव्स निकलती हैं। कुछ प्रयोगों में देखा गया है कि जब दो व्यक्ति मानसिक रूप से गहरे जुड़े होते हैं, तो उनमें बिना बोले ही एक-दूसरे की भावनाओं और विचारों को समझने की क्षमता होती है। हालांकि, सीधे अपने विचार किसी और के दिमाग में भेज पाना अभी पूरी तरह प्रमाणित नहीं हुआ है।

आध्यात्मिक दृष्टि से, ध्यान और मानसिक एकाग्रता द्वारा मन को इतनी शक्ति दी जा सकती है कि कोई व्यक्ति अपनी ऊर्जा को दूसरे तक पहुंचा सके। कई योगियों और साधकों के बारे में कहा जाता है कि वे टेलीपैथी के जरिए अपने विचार दूसरों तक भेजने में सक्षम होते हैं।

हालांकि, वर्तमान विज्ञान इसे पूरी तरह से प्रमाणित नहीं कर पाया है, लेकिन भविष्य में न्यूरोटेक्नोलॉजी और एआई के जरिए इस तरह की संचार प्रणाली विकसित होने की संभावना से इनकार नहीं किया जा सकता।

क्या ध्यान और योग से मस्तिष्क की छुपी शक्तियों को जागृत किया जा सकता है?

हाँ, ध्यान और योग से मस्तिष्क की छुपी हुई शक्तियों को जागृत किया जा सकता है। प्राचीन ऋषि-मुनियों और आधुनिक वैज्ञानिकों, दोनों ने इस बात को स्वीकार किया है कि हमारा दिमाग एक अद्त शक्ति केंद्र है, लेकिन हम उसका केवल एक छोटा सा हिस्सा ही उपयोग कर पाते हैं।

ध्यान और योग से मस्तिष्क की कार्यक्षमता बढ़ती है, जिससे एकाग्रता, स्मरण शक्ति, और मानसिक स्पष्टता में सुधार होता है। जब कोई व्यक्ति गहरी ध्यान अवस्था में जाता है, तो उसकी मस्तिष्क तरंगें धीमी हो जाती हैं और वह अल्फा या थीटा स्तर पर काम करने लगती हैं। इस स्थिति में, व्यक्ति अपनी छुपी हुई मानसिक क्षमताओं को विकसित कर सकता है, जैसे कि टेलीपैथी, पूर्वज्ञान, और मानसिक ऊर्जा का नियंत्रण।

योग की कुछ विशेष विधियाँ, जैसे कि कुंडलिनी योग, प्राणायाम , और त्राटक, मस्तिष्क के गहरे स्तरों को सक्रिय करने में मदद करती हैं। इससे मानसिक शक्तियाँ, जैसे कि अवचेतन मन की जागरूकता, अंतर्ज्ञान, और मानसिक शक्ति मजबूत होती हैं।

आधुनिक विज्ञान भी यह मानता है कि नियमित ध्यान और योग से दिमाग में न्यूरोप्लास्टिसिटी ("तंत्रिका लचीलेपन" या "मस्तिष्क की अनुकूलन क्षमता") बढ़ती है, जिससे नई मानसिक क्षमताएँ विकसित करने में मदद मिलती है। इसलिए, ध्यान और योग न केवल मानसिक शांति प्रदान करते हैं, बल्कि मस्तिष्क की छुपी हुई क्षमताओं को भी जागृत करने का माध्यम बन सकते हैं।

सारांश: टेलीपैथी और माइंड कंट्रोल ऐसे रहस्यमयी विषय हैं, जिन पर विज्ञान और आध्यात्म दोनों में रुचि रही है। टेलीपैथी को बिना किसी भौतिक माध्यम के विचारों के संप्रेषण की क्षमता माना जाता है, जबकि माइंड कंट्रोल का अर्थ किसी के मानसिक कार्यों या विचारों को प्रभावित करना है।

विभिन्न संस्कृतियों में साधु-संतों और योगियों द्वारा टेलीपैथी का उल्लेख मिलता है, वहीं आधुनिक विज्ञान ब्रेनवेव रिसर्च और न्यूरोटेक्नोलॉजी के माध्यम से इसे समझने की कोशिश कर रहा है। कई प्रयोगों में यह संकेत मिले हैं कि मानव मस्तिष्क विद्त तरंगों के जरिये संवाद कर सकता है, लेकिन अभी तक इसे वैज्ञानिक रूप से सिद्ध नहीं किया जा सका है। यदि भविष्य में यह संभव हुआ, तो यह मानव संचार और समाज की संरचना में क्रांतिकारी बदलाव ला सकता है, लेकिन इसके संभावित खतरों और नैतिक सीमाओं पर भी विचार करना आवश्यक होगा।

निष्कर्ष: टेलीपैथी और माइंड कंट्रोल का विचार प्राचीन काल से लेकर आधुनिक विज्ञान तक चर्चा का विषय रहा है। विभिन्न आध्यात्मिक ग्रंथों, योग साधनाओं और वैज्ञानिक शोधों में इसे अलग-अलग दृष्टिकोणों से देखा गया है। जहाँ कुछ लोग इसे महज एक भ्रांति या संयोग मानते हैं, वहीं कई शोधकर्ताओं ने मस्तिष्क की तरंगों और न्यूरोसाइंस के आधार पर इसे एक संभावित वास्तविकता के रूप में स्वीकार किया है।

हालांकि, अब तक कोई ठोस वैज्ञानिक प्रमाण नहीं मिल पाया है, लेकिन मनोविज्ञान और न्यूरोलॉजी इस विषय पर लगातार शोध कर रहे हैं। यदि भविष्य में मस्तिष्क को नियंत्रित करने और विचारों को ट्रांसमिट करने की तकनीक विकसित होती है, तो यह इंसान की सोच, संचार और स्वतंत्रता पर गहरा प्रभाव डाल सकती है।

अंततः, यह विषय विश्वास, अनुभव और वैज्ञानिक खोजों के मेल से ही सही दिशा में आगे बढ़ सकता है।

सोचने योग्य प्रश्न: क्या माइंड कंट्रोल तकनीक का इस्तेमाल मानव स्वतंत्रता छीनने के लिए किया जा सकता है?

अध्याय 20

ज्योतिष पर उठते सवालों के महत्वपूर्ण प्रश्र-उत्तर
(IMPORTANT QUESTIONS AND ANSWERS ON ASTROLOGY)

क्या ज्योतिष को विज्ञान की तरह मान्यता मिलनी चाहिए?

ज्योतिष को विज्ञान की तरह मान्यता मिलनी चाहिए या नहीं, यह एक गहरे विचार का विषय है। ज्योतिष हजारों वर्षों से गणनाओं, ग्रहों की चाल और ऊर्जा प्रभावों पर आधारित एक प्रणाली रही है, जिसे विभिन्न संस्कृतियों में अपनाया गया है। यह खगोलीय पिंडों की स्थिति और उनके प्रभावों को ध्यान में रखकर व्यक्तित्व, घटनाओं और संभावित भविष्य की भविष्यवाणी करने का दावा करता है।

हालाँकि, आधुनिक विज्ञान इसे स्वीकार नहीं करता क्योंकि इसकी भविष्यवाणियाँ सार्वभौमिक रूप से दोहराई नहीं जा सकतीं और वैज्ञानिक पद्धति के कठोर परीक्षणों पर खरी नहीं उतरतीं। वैज्ञानिक मान्यता के लिए किसी भी विषय को तर्कसंगत प्रमाणों, प्रयोगों और दोहराए जाने योग्य परिणामों की कसौटी पर खरा उतरना आवश्यक होता है, जो ज्योतिष में अक्सर संभव नहीं हो पाता।

कई लोग इसे सांख्यिकीय रूप से सटीक मानते हैं और व्यक्तिगत अनुभवों के आधार पर इसकी प्रासंगिकता स्वीकार करते हैं। कुछ वैज्ञानिक और मनोवैज्ञानिक भी मानते हैं कि ज्योतिष का प्रभाव प्लेसिबो इफेक्ट या मनोवैज्ञानिक सुझाव के कारण हो सकता है।

इसलिए, जब तक ज्योतिष वैज्ञानिक मापदंडों पर स्पष्ट प्रमाण प्रस्तुत नहीं कर पाता, तब तक इसे आधिकारिक विज्ञान की तरह मान्यता मिलना कठिन होगा, लेकिन यह एक सांस्कृतिक और ऐतिहासिक परंपरा के रूप में महत्वपूर्ण बना रहेगा।

यदि विज्ञान केवल प्रमाणों को मानता है, तो क्या कुंडली, ग्रहों के प्रभाव और दशाओं का कोई वैज्ञानिक आधार है?

यह एक जटिल प्रश्न है क्योंकि ज्योतिष और खगोल विज्ञान के बीच स्पष्ट अंतर है। खगोल विज्ञान ग्रहों, नक्षत्रों और ब्रह्मांडीय घटनाओं का अध्ययन वैज्ञानिक पद्धति से करता है, जबकि ज्योतिष इन्हीं खगोलीय पिंडों के प्रभाव को मानवीय जीवन से जोड़ता है। वैज्ञानिक दृष्टिकोण से, पृथ्वी पर होने वाली घटनाओं पर गुरुत्वाकर्षण, विद्युत-चुंबकीय तरंगें और अन्य भौतिक शक्तियाँ प्रभाव डालती हैं, लेकिन अब तक कोई ठोस वैज्ञानिक प्रमाण नहीं है कि जन्म के समय ग्रहों की स्थिति किसी व्यक्ति के जीवन या व्यक्तित्व को निर्धारित करती है। कुछ शोधों ने यह दिखाने की कोशिश की है कि चंद्रमा और सौर गतिविधियाँ पृथ्वी के जल स्तर और जीवों की जैविक घड़ियों को प्रभावित कर सकती हैं, लेकिन कुंडली और दशाओं के प्रभावों की पुष्टि करने के लिए कोई वैज्ञानिक आधार नहीं मिला है।

ज्योतिष एक सांख्यिकीय और अनुभवजन्य प्रणाली के रूप में सदियों से चली आ रही है, और कई लोग इसे प्रभावी मानते हैं। विज्ञान की कसौटी पर इसे सिद्ध करने के लिए अधिक गहन शोध और प्रमाणों की आवश्यकता होगी, लेकिन इसकी लोकप्रियता और ऐतिहासिक महत्व को अनदेखा नहीं किया जा सकता।

अगर वैज्ञानिक पद्धति से सटीक भविष्यवाणी संभव हो जाए, तो क्या ज्योतिष भविष्य का सबसे बड़ा वैज्ञानिक टूल बन सकता है?

वर्तमान में, विज्ञान डेटा विश्लेषण, सांख्यिकी और गणितीय मॉडलिंग के आधार पर भविष्यवाणी करने की क्षमता रखता है। यदि ज्योतिष को आधुनिक विज्ञान के सिद्धांतों से जोड़ा जाए और इसके पूर्वानुमान वैज्ञानिक रूप से प्रमाणित हो जाएं, तो यह भविष्य अध्ययन का एक प्रमुख उपकरण बन सकता है।

एआई, मशीन लर्निंग और बिग डेटा का उपयोग करके ग्रहों की चाल और उनके प्रभावों का विश्लेषण किया जा सकता है। यदि यह वर्तमान घटनाओं और ग्रहों की स्थितियों के बीच एक गणितीय सहसंबंध स्थापित कर पाए, तो ज्योतिष वैज्ञानिक रूप से और अधिक सटीक बन सकता है।

हालांकि, ज्योतिष केवल गणनाओं तक सीमित नहीं है—यह मानवीय अंतर्ज्ञान, सांस्कृतिक प्रभाव और आध्यात्मिक कारकों पर भी आधारित है। यदि वैज्ञानिक पद्धति इसे 100% प्रमाणित कर सके, तो यह चिकित्सा, मौसम विज्ञान और वित्तीय बाजारों की तरह भविष्यवाणी का एक महत्वपूर्ण क्षेत्र बन सकता है। लेकिन जब तक यह पूर्ण वैज्ञानिक प्रमाण प्राप्त नहीं करता, इसे एक संभावित लेकिन अपूर्ण विज्ञान माना जाएगा।

क्या धर्म और विज्ञान के बीच ज्योतिष एक सेतु (Bridge) बन सकता है?

ज्योतिष एक ऐसा क्षेत्र है जो धर्म और विज्ञान दोनों से जुड़ा हुआ है। एक ओर, इसे धार्मिक और आध्यात्मिक परंपराओं से जोड़ा जाता है, क्योंकि यह वैदिक ग्रंथों और पौराणिक मान्यताओं पर आधारित है।

दूसरी ओर, इसमें खगोलीय गणनाएँ, ग्रहों की स्थिति और सांख्यिकी का उपयोग किया जाता है, जो इसे विज्ञान के करीब लाता है।

धर्म ईश्वर, आत्मा और पूर्वनिर्धारित भाग्य पर आधारित होता है, जबकि विज्ञान प्रमाण, तर्क और कारण पर केंद्रित होता है। लेकिन ज्योतिष दोनों के बीच एक सेतु का कार्य कर सकता है क्योंकि यह खगोलीय पिंडों (ग्रहों, नक्षत्रों) और मानव जीवन के बीच संबंध स्थापित करने का प्रयास करता है।

अगर ज्योतिष को वैज्ञानिक रूप से और अधिक प्रमाणित किया जाए, तो यह अध्यात्म और आधुनिक विज्ञान को जोड़ने का एक शक्तिशाली माध्यम बन सकता है। आज कई शोधकर्ता इसे न्यूरोसाइंस, क्वांटम फिजिक्स और खगोल विज्ञान से जोड़कर देखने की कोशिश कर रहे हैं।

यदि इसे वैज्ञानिक तरीके से विकसित किया जाए, तो यह आध्यात्मिक विश्वास और वैज्ञानिक तर्क के बीच संतुलन स्थापित करने में सहायक हो सकता है।

अगर विज्ञान प्रमाणों पर चलता है, तो क्या ग्रहों की दशाएँ और कुंडली सिर्फ अंधविश्वास हैं?

विज्ञान तर्क और प्रमाणों पर आधारित होता है, जबकि ज्योतिष एक प्राचीन प्रणाली है जो ग्रहों और नक्षत्रों की स्थिति के आधार पर मानव जीवन की घटनाओं का विश्लेषण करने का दावा करती है। अब तक कोई ठोस वैज्ञानिक प्रमाण उपलब्ध नहीं हैं जो यह सिद्ध कर सकें कि ग्रहों की दशाएँ और कुंडली किसी व्यक्ति के भाग्य को निर्धारित करती हैं, लेकिन इसे पूरी तरह अंधविश्वास भी नहीं कहा जा सकता।

आधुनिक विज्ञान इस तथ्य को स्वीकार करता है कि ब्रह्मांडीय पिंडों का पृथ्वी पर प्रभाव पड़ता है, जैसे चंद्रमा समुद्र की ज्वार-भाटा को नियंत्रित करता है, और सूर्य की गतिविधियाँ पृथ्वी के जलवायु परिवर्तन, रेडिएशन और चुंबकीय क्षेत्र को प्रभावित करती हैं।

कुछ वैज्ञानिक यह मानते हैं कि यदि चंद्रमा का प्रभाव इतना गहरा हो सकता है, तो अन्य ग्रहों की ऊर्जा भी किसी न किसी रूप में सूक्ष्म स्तर पर प्रभाव डाल सकती है, लेकिन यह अभी तक प्रमाणित नहीं हुआ है कि यह प्रभाव मानव जीवन के व्यक्तिगत घटनाक्रमों को नियंत्रित करता है।

दूसरी ओर, ज्योतिषीय गणनाएँ व्यक्ति की जन्मतिथि, समय और स्थान के आधार पर एक संभावित जीवन पैटर्न की भविष्यवाणी करने का दावा करती हैं, जो सांख्यिकीय विश्लेषण के रूप में देखी जा सकती हैं। कई लोग यह अनुभव करते हैं कि उनकी कुंडली में बताए गए योग और दशाएँ उनके जीवन की वास्तविक घटनाओं से मेल खाती हैं, लेकिन यह संयोग भी हो सकता है या फिर प्लेसिबो इफेक्ट और आत्म-सुझाव के कारण व्यक्ति की सोच और फैसले उसी दिशा में प्रभावित हो सकते हैं।

कुछ वैज्ञानिक अध्ययनों में यह भी पाया गया है कि ग्रहों की स्थिति और व्यक्ति की मानसिक स्थिति के बीच कुछ संबंध हो सकते हैं, लेकिन यह निर्णायक प्रमाण नहीं हैं। कुल मिलाकर, ग्रहों की दशाएँ और कुंडली विज्ञान की कसौटी पर खरी नहीं उतरतीं, लेकिन इसे केवल अंधविश्वास कहना भी सही नहीं होगा क्योंकि यह एक सांस्कृतिक, मनोवैज्ञानिक और संभावित गणना की प्रणाली हो सकती है, जिसे समझने और प्रमाणित करने के लिए और अधिक वैज्ञानिक अनुसंधान की आवश्यकता है।

जुड़वा भाई-बहनों का जन्म एक ही समय पर होता है, तो उनकी किस्मत अलग-अलग क्यों होती है?

जुड़वा भाई-बहनों का जन्म एक ही समय और स्थान पर होने के बावजूद उनकी किस्मत अलग-अलग होने के पीछे ज्योतिषीय, वैज्ञानिक और मनोवैज्ञानिक कारण होते हैं। ज्योतिष के अनुसार, भले ही उनकी जन्म कुंडली समान हो, लेकिन नवांश, दशमांश और अन्य सूक्ष्म वर्ग कुंडलियाँ उनकी व्यक्तिगत प्रवृत्तियों और जीवन की घटनाओं में अंतर ला सकती हैं। इसके अलावा, महादशा और अंतरदशा के प्रभाव में थोड़े से भी अंतर के कारण उनके जीवन में अलग-अलग समय पर महत्वपूर्ण घटनाएँ घटित हो सकती हैं। वहीं, ग्रहों का गोचर भी दोनों पर अलग-अलग प्रभाव डाल सकता है, जिससे उनके जीवन की दिशा अलग हो सकती है।

वैज्ञानिक दृष्टिकोण से देखें तो हर व्यक्ति की जैविक संरचना, मानसिक क्षमता और निर्णय लेने की योग्यता अलग होती है, जिससे उनके जीवन की परिस्थितियाँ अलग बनती हैं। इसके अलावा, पारिवारिक माहौल, सामाजिक प्रभाव, शिक्षा, और व्यक्तिगत कर्म भी भाग्य को प्रभावित करते हैं।

मनोवैज्ञानिक रूप से, भले ही जुड़वा बच्चों की परवरिश एक जैसी हो, लेकिन उनके व्यक्तित्व, सोचने का तरीका, और संघर्षों से निपटने की क्षमता भिन्न हो सकती है, जिससे उनका भाग्य अलग बन सकता है।

कुल मिलाकर, जुड़वा बच्चों की किस्मत सिर्फ कुंडली पर निर्भर नहीं करती, बल्कि उनके कर्म, निर्णय और परिवेश की भूमिका भी उनके जीवन को अलग-अलग दिशा में मोड़ सकती है।

किसी इंसान के पुनर्जन्म की जानकारी कुंडली से निकाली जा सकती है?

पुनर्जन्म की अवधारणा विभिन्न धर्मों और आध्यात्मिक मान्यताओं में गहराई से जुड़ी हुई है, लेकिन क्या इसकी जानकारी कुंडली से निकाली जा सकती है? ज्योतिष के कुछ विशेष सिद्धांत पुनर्जन्म और पिछले जन्म के कर्मों के प्रभाव को दर्शाने का प्रयास करते हैं। विशेष रूप से, जन्म कुंडली में 5वां और 9वां भाव पूर्व जन्म और उसके कर्मों से जुड़े माने जाते हैं, जबकि 8वां भाव मृत्यु और पुनर्जन्म की प्रक्रिया का संकेत देता है।

कुछ ज्योतिषी यह मानते हैं कि यदि किसी व्यक्ति की कुंडली में राहु और केतु की विशेष स्थिति हो, तो वह पिछले जन्म से जुड़े संकेत दे सकती है। वहीं, 'पुनर्जन्म योग' और जातक के जीवन में आने वाली रहस्यमयी घटनाएँ भी इस दिशा में संकेत कर सकती हैं। लेकिन वैज्ञानिक दृष्टि से पुनर्जन्म को अब तक प्रमाणित नहीं किया जा सका है, और कुंडली की गणनाओं को ठोस वैज्ञानिक आधार नहीं मिला है।

कई मामलों में लोग अपने पिछले जन्मों की यादों का दावा करते हैं, और कुछ शोधकर्ताओं ने हिप्नोसिस (सम्मोहन) जैसी विधियों के माध्यम से इसके अध्ययन का प्रयास भी किया है। ज्योतिष पुनर्जन्म की संभावनाओं को दर्शाने का एक माध्यम हो सकता है, लेकिन इसे पूर्ण सत्य मानने से पहले ठोस प्रमाणों की आवश्यकता होगी।

मंत्रों और रत्नों का ज्योतिषीय उपाय वैज्ञानिक रूप से प्रभावी है?

मंत्रों और रत्नों के ज्योतिषीय उपायों की वैज्ञानिक प्रभावशीलता को लेकर मतभेद हैं, लेकिन कुछ सिद्धांत और प्रयोग इनके प्रभाव को आंशिक रूप से समझाने में सहायक हो सकते हैं। मंत्रों का उच्चारण विशेष ध्वनि तरंगें उत्पन्न करता है, जो मस्तिष्क की अल्फा और थीटा तरंगों को प्रभावित

कर सकता है, जिससे ध्यान की गहराई बढ़ती है, तनाव कम होता है और मानसिक शांति प्राप्त होती है।

ध्वनि चिकित्सा और न्यूरोसाइंस में भी यह सिद्ध हुआ है कि कंपन और ध्वनि मानव चेतना पर प्रभाव डाल सकते हैं, जिससे यह माना जा सकता है कि मंत्र जाप के मनोवैज्ञानिक और न्यूरोलॉजिकल लाभ हो सकते हैं।

दूसरी ओर, रत्न विज्ञान और क्रिस्टल थैरेपी में यह बताया गया है कि विभिन्न खनिज संरचनाओं वाले पत्थर ऊर्जा अवशोषित और उत्सर्जित कर सकते हैं, जिससे शरीर के इलेक्ट्रोमैग्नेटिक फील्ड (EMF) को प्रभावित किया जा सकता है।

यह वैज्ञानिक रूप से सिद्ध नहीं किया गया है कि कोई रत्न किसी ग्रह की ऊर्जा को बदल सकता है, लेकिन प्लेसिबो इफेक्ट के माध्यम से व्यक्ति में आत्मविश्वास और सकारात्मकता बढ़ सकती है। कुछ वैज्ञानिक मानते हैं कि रत्नों के संपर्क से मनोवैज्ञानिक बदलाव संभव हैं, लेकिन यह बदलाव ज्यादातर व्यक्ति की मानसिक धारणा पर निर्भर करता है।

कुल मिलाकर, मंत्रों और रत्नों के ज्योतिषीय उपाय सीधे तौर पर वैज्ञानिक प्रमाणित नहीं हैं, लेकिन इनके आध्यात्मिक, मनोवैज्ञानिक और ध्वनि कंपन से जुड़े प्रभावों को नकारा नहीं जा सकता, जिससे ये उपाय कई लोगों के लिए उपयोगी साबित हो सकते हैं।

क्या मंगल दोष, कालसर्प दोष और पितृ दोष जैसी धारणाएँ केवल डराने के लिए बनाई गई हैं?

मंगल दोष, कालसर्प दोष और पितृ दोष जैसी ज्योतिषीय धारणाएँ केवल डराने के लिए बनाई गई नहीं हैं, बल्कि इनका मूल संबंध ग्रहों की विशेष स्थितियों और उनके संभावित प्रभावों से है।

कई बार इन दोषों को बढ़ा-चढ़ाकर पेश किया जाता है, जिससे लोग डरकर महंगे उपायों की ओर भागते हैं। लेकिन इन दोषों का वैज्ञानिक और तर्कसंगत दृष्टिकोण से विश्लेषण किया जाए, तो यह स्पष्ट होता है कि ये जीवन में आने वाली चुनौतियों को दर्शाते हैं, न कि अनिवार्य रूप से अनिष्टकारी परिणामों को।

मंगल दोष विवाह संबंधी देरी, दांपत्य जीवन में तनाव या आक्रामक स्वभाव का संकेत हो सकता है, लेकिन यह हर व्यक्ति के लिए समस्या नहीं बनता। सही उपाय और समझदारी से इसे संतुलित किया जा सकता है।

कालसर्प दोष राहु और केतु की स्थिति पर आधारित है और इसे जीवन में उतार-चढ़ाव और मानसिक संघर्षों से जोड़ा जाता है, लेकिन यह हमेशा अशुभ नहीं होता। कई प्रसिद्ध व्यक्तियों की कुंडली में भी यह पाया गया है, लेकिन उन्होंने जीवन में सफलता प्राप्त की। पितृ दोष का संबंध पूर्वजों के अधूरे कार्यों या पारिवारिक कर्म से जोड़ा जाता है, और इसे पारिवारिक दायित्वों को पूरा करने से भी हल किया जा सकता है।

अतः ये दोष केवल डराने के लिए नहीं हैं, बल्कि ये व्यक्ति के जीवन की कुछ चुनौतियों को दर्शाते हैं, जिनका समाधान सही प्रयासों और सकारात्मक दृष्टिकोण से किया जा सकता है, न कि केवल महंगे अनुष्ठानों से।

क्या टैरो कार्ड्स, हस्तरेखा विज्ञान और अंकशास्त्र भी ज्योतिष का हिस्सा हैं?

टैरो कार्ड्स, हस्तरेखा विज्ञान (Palmistry) और अंकशास्त्र (Numerology) भले ही भविष्यवाणी की विधाएँ मानी जाती हैं, लेकिन ये प्रत्यक्ष रूप से ज्योतिष का हिस्सा नहीं हैं, बल्कि अलग-अलग विद्या हैं।

टैरो कार्ड्स एक प्रतीकात्मक प्रणाली है, जिसमें 78 कार्ड होते हैं और इन्हें विशेष विधि से पढ़कर जीवन की संभावनाओं का विश्लेषण किया जाता है। यह ज्योतिष की तरह ग्रहों की गणना पर आधारित नहीं होता, बल्कि सहज ज्ञान, प्रतीकों और मनोवैज्ञानिक विश्लेषण के माध्यम से कार्य करता है।

हस्तरेखा विज्ञान हाथ की रेखाओं, आकार, उभारों और अंगुलियों की बनावट के आधार पर किसी व्यक्ति के स्वभाव और भविष्य की संभावनाओं को पढ़ने की विधा है। यह कुछ ज्योतिषीय सिद्धांतों, जैसे सूर्य पर्वत, शनि पर्वत आदि से जुड़ा हो सकता है, लेकिन यह पूरी तरह ग्रहों की गणना पर आधारित नहीं होता।

अंकशास्त्र संख्याओं की ऊर्जा और उनके जीवन पर प्रभाव को समझने की प्रणाली है, जो नाम, जन्मतिथि और मूलांकों के आधार पर विश्लेषण करता है। इसमें कुछ ग्रहों से जुड़े संख्यात्मक सिद्धांत होते हैं, लेकिन यह भी एक स्वतंत्र विधा है।

कुछ लोग इन सभी विधाओं को ज्योतिष से जोड़ते हैं क्योंकि इनका उद्देश्य जीवन की घटनाओं का पूर्वानुमान लगाना होता है, लेकिन तकनीकी रूप से ये अलग-अलग पद्धतियाँ हैं। कुल मिलाकर, ये तीनों विधाएँ ज्योतिष से प्रभावित हो सकती हैं, लेकिन वे पूर्णतः ज्योतिष का हिस्सा नहीं हैं, बल्कि स्वतंत्र प्रणाली के रूप में जानी जाती हैं।

क्या किसी व्यक्ति की मृत्यु की सही भविष्यवाणी की जा सकती है?

किसी व्यक्ति की मृत्यु की सटीक भविष्यवाणी करना न केवल ज्योतिषीय रूप से जटिल है, बल्कि नैतिक और व्यावहारिक दृष्टिकोण से भी उचित नहीं माना जाता। ज्योतिष में मृत्यु से जुड़े योगों, दशाओं और गोचर का अध्ययन किया जाता है, लेकिन यह केवल संभावनाओं का संकेत देता है, न कि निश्चित भविष्यवाणी। विभिन्न ग्रंथों में मृत्यु योग, मारक ग्रह और अशुभ दशाओं का उल्लेख मिलता है, लेकिन ये कारक हमेशा सटीक मृत्यु तिथि को निर्धारित नहीं कर सकते।

मृत्यु कई कारकों पर निर्भर करती है, जैसे स्वास्थ्य, दुर्घटनाएँ, पर्यावरणीय स्थितियाँ और जीवनशैली। उदाहरण के लिए, किसी व्यक्ति की कुंडली में मारक दशा हो सकती है, लेकिन अगर वह सही चिकित्सा और सावधानी बरते, तो संभावित खतरे को टाला जा सकता है। कई ज्योतिषी मृत्यु की भविष्यवाणी करने से बचते हैं क्योंकि यह व्यक्ति के मानसिक स्वास्थ्य और सामाजिक वातावरण पर नकारात्मक प्रभाव डाल सकता है।

आधुनिक विज्ञान और चिकित्सा के विकास के कारण व्यक्ति के जीवनकाल को प्रभावित करने वाले कई नए कारक सामने आए हैं, जो ज्योतिषीय गणनाओं से अलग हो सकते हैं। इसलिए, ज्योतिष मृत्यु की सटीक भविष्यवाणी का साधन नहीं है, बल्कि इसे संभावित जीवन चुनौतियों और स्वास्थ्य संबंधी सावधानियों के संकेत के रूप में देखा जाना चाहिए।

क्या कुण्डली मिलान से शादीशुदा जीवन सफल बनाया जा सकता है, या यह सिर्फ एक परंपरा है?

कुंडली मिलान भारतीय विवाह परंपरा का एक महत्वपूर्ण हिस्सा रहा है, जिसे वैवाहिक जीवन की सफलता सुनिश्चित करने के लिए अपनाया जाता है। यह प्रक्रिया ज्योतिषीय गणनाओं पर आधारित होती है, जिसमें वर और वधू की जन्म कुंडलियों का विश्लेषण करके उनके गुण, ग्रह स्थिति, मानसिक एवं शारीरिक अनुकूलता, वैवाहिक सुख और संभावित बाधाओं का आकलन किया जाता है।

इसमें मुख्य रूप से "अष्टकूट मिलान" पद्धति का उपयोग किया जाता है, जिसमें 36 गुणों का मिलान किया जाता है। लेकिन सवाल यह उठता है कि क्या कुंडली मिलान वास्तव में शादीशुदा जीवन को सफल बना सकता है, या यह सिर्फ एक पारंपरिक मान्यता है?

वैज्ञानिक दृष्टि से देखें, तो किसी भी रिश्ते की सफलता पारस्परिक समझ, भावनात्मक जुड़ाव, आपसी विश्वास, वैचारिक मेल और जीवन में आने वाली चुनौतियों को मिलकर सुलझाने की क्षमता पर निर्भर करती है। कुंडली मिलान केवल संभावनाओं का विश्लेषण करता है, लेकिन यह

यह गारंटी नहीं दे सकता कि शादी सफल होगी या असफल। कुछ लोग इसे एक मनोवैज्ञानिक सुरक्षा कवच मानते हैं—अगर उनकी कुंडली मेल खाती है, तो वे अपने रिश्ते को लेकर अधिक आत्मविश्वास महसूस करते हैं, जिससे सकारात्मक ऊर्जा उत्पन्न होती है और रिश्ते में मजबूती आती है।

दूसरी ओर, अगर कुंडली में दोष निकलता है, तो यह मानसिक तनाव, अनावश्यक डर और असमंजस पैदा कर सकता है, जिससे रिश्ते में खटास आ सकती है, भले ही युगल स्वभाव से एक-दूसरे के अनुकूल हों।

वहीं, आधुनिक युग में कई सफल शादियाँ ऐसी भी रही हैं, जहाँ कुंडली का मिलान नहीं किया गया, फिर भी दांपत्य जीवन सुखी रहा। इसका कारण यह है कि सफल विवाह के लिए ज्योतिष से अधिक महत्वपूर्ण व्यक्तिगत गुण, परस्पर सम्मान, समान जीवन दृष्टिकोण और संचार की गुणवत्ता होती है।

कुछ ज्योतिषी मानते हैं कि ग्रहों और नक्षत्रों का प्रभाव व्यक्ति के स्वभाव और निर्णयों पर पड़ता है, इसलिए कुंडली मिलान से संभावित चुनौतियों को पहले से ही पहचाना जा सकता है और उपाय किए जा सकते हैं।

अंततः, कुंडली मिलान को एकमात्र निर्णायक कारक नहीं माना जा सकता, लेकिन इसे एक मार्गदर्शक के रूप में देखना गलत नहीं होगा। यह एक ऐसा माध्यम हो सकता है, जो जीवनसाथी के साथ बेहतर समझ विकसित करने में मदद करे, लेकिन शादी की सफलता पूरी तरह से व्यक्ति के प्रयासों, समझदारी और परिपक्वता पर निर्भर करती है।

क्या भूत-प्रेत, ऊपरी हवा और नकारात्मक शक्तियों का असर ग्रहों से जुड़ा हुआ है?

भूत-प्रेत, ऊपरी हवा और नकारात्मक शक्तियों का असर कई बार ग्रहों की दशा और गोचर से जुड़ा माना जाता है, खासकर जब कुंडली में शनि, राहु, केतु और मंगल की अशुभ स्थिति हो। शनि व्यक्ति के जीवन में मानसिक तनाव और अवसाद ला सकता है, राहु भ्रम और अनजाने भय को जन्म देता है, जबकि केतु रहस्यमयी और अदृश्य शक्तियों से जुड़ा होता है। यदि ये ग्रह कमजोर या अशुभ भावों में स्थित हों, विशेषकर चतुर्थ, अष्टम और बारहवे भाव में, तो व्यक्ति को अनदेखी शक्तियों का अनुभव हो सकता है। कई बार राहु और केतु की महादशा या अंतर्दशा में लोगों को ऊपरी हवा या नकारात्मक ऊर्जा का प्रभाव महसूस होता है, जो असल में मानसिक भ्रम भी हो सकता है।

धार्मिक ग्रंथों में बताया गया है कि ग्रहों की शांति और आध्यात्मिक उपाय जैसे मंत्र जाप, हवन, रुद्राभिषेक और सिद्ध स्थानों की यात्रा से इन प्रभावों को कम किया जा सकता है। वैज्ञानिक दृष्टिकोण से देखें तो ये प्रभाव मनोवैज्ञानिक होते हैं, लेकिन आध्यात्मिक रूप से इन्हें ग्रहों से जोड़ा जाता है।

ज्योतिष सिर्फ भारत में ही लोकप्रिय है, या इसे पश्चिमी दुनिया में भी अपनाया जा रहा है?

ज्योतिष केवल भारत तक सीमित नहीं है, बल्कि यह पश्चिमी दुनिया में भी काफी लोकप्रिय है और इसे विभिन्न रूपों में अपनाया जा रहा है। वैदिक ज्योतिष ग्रहों और नक्षत्रों की गणना के आधार पर व्यक्ति के जीवन के विभिन्न पहलुओं का विश्लेषण करती है। वहीं, पश्चिमी देशों में मुख्य रूप से वेस्टर्न एस्ट्रोलॉजी प्रचलित है, जो सूर्य राशियों, जन्म कुंडली और ट्रांजिट पर आधारित होती है।

आज के दौर में, अमेरिका, यूरोप और ऑस्ट्रेलिया जैसे देशों में ज्योतिष को बड़ी संख्या में लोग अपनाने लगे हैं। अखबारों, पत्रिकाओं और ऑनलाइन प्लेटफार्मों पर राशिफल पढ़ने की परंपरा काफी पुरानी है। कई कंपनियाँ और सेलिब्रिटी भी अपने करियर और व्यक्तिगत जीवन के लिए एस्ट्रोलॉजर्स की सलाह लेते हैं। इसके अलावा, साइकोलॉजिकल एस्ट्रोलॉजी, मेडिकल एस्ट्रोलॉजी और फाइनेंशियल एस्ट्रोलॉजी जैसी नई शाखाएँ भी पश्चिम में लोकप्रिय हो रही हैं।

इंटरनेट और सोशल मीडिया के विस्तार ने ज्योतिष को वैश्विक स्तर पर और अधिक पहुँचाया है। अब वेस्टर्न ज्योतिषी भी भारतीय वैदिक ज्योतिष, टैरो कार्ड रीडिंग और अंकशास्त्र जैसी विधाओं में रुचि लेने लगे हैं। कुल मिलाकर, ज्योतिष एक सार्वभौमिक अवधारणा बन गई है, जिसे विभिन्न संस्कृतियाँ अपने-अपने तरीके से अपनाती हैं।

ज्योतिष हमारे मनोविज्ञान को प्रभावित करने वाला एक प्लेसिबो इफेक्ट है, या वाकई इसमें कोई रहस्यमयी शक्ति छिपी है?

मनोवैज्ञानिक दृष्टिकोण से, जब कोई व्यक्ति ज्योतिषीय भविष्यवाणी पढ़ता है, तो वह अवचेतन रूप से उसी के अनुरूप सोचने और कार्य करने लगता है, जिससे भविष्यवाणी सच प्रतीत होती है। इसे *Self-Fulfilling Prophecy* कहा जाता है, जहाँ विश्वास ही वास्तविकता को आकार देने लगता है।

इसके अलावा, प्लेसीबो इफेक्ट के अनुसार, अगर किसी को सकारात्मक भविष्यवाणी बताई जाए, तो उसका आत्मविश्वास बढ़ जाता है, जिससे वह बेहतर निर्णय लेता है और अच्छे परिणाम प्राप्त करता है।

लेकिन क्या यह पूरी सच्चाई है?

वैज्ञानिक दृष्टिकोण से, ब्रह्मांडीय ऊर्जा और क्वांटम एंटैंगलमेंट जैसी अवधारणाएँ यह संकेत देती हैं कि हर चीज एक-दूसरे से ऊर्जा स्तर पर जुड़ी हो सकती है, और ग्रहों की ऊर्जा भी हमारे मस्तिष्क तथा भावनाओं को प्रभावित कर सकती है।

हालांकि, अब तक कोई निर्णायक वैज्ञानिक प्रमाण नहीं मिला है जो इसे पूरी तरह सत्यापित कर सके। इस कारण, ज्योतिष को एक रहस्यमयी शक्ति या प्लेसीबो इफेक्ट—किसी एक दायरे में सीमित करना जल्दबाजी होगी; यह संभव है कि इसमें विज्ञान और आध्यात्म का एक अनूठा संगम छिपा हो।

क्या सपनों में भविष्य की झलक मिल सकती है, या यह केवल मस्तिष्क की कल्पना है?

सपनों में भविष्य की झलक मिल सकती है या नहीं, यह रहस्यमय और बहस का विषय है। कुछ ऐतिहासिक घटनाएँ, जैसे अब्राहम लिंकन द्वारा अपनी मृत्यु का सपना देखना या टाइटैनिक के डूबने से पहले कुछ लोगों का इसका पूर्वाभास होना, इस विचार को बल देती हैं कि कुछ सपने भविष्य की झलक दिखा सकते हैं।

वैज्ञानिक दृष्टि से, सपने मस्तिष्क की यादों, भावनाओं और अवचेतन में संग्रहीत जानकारी का मिश्रण होते हैं, जो संभावित घटनाओं की कल्पना कर सकते हैं। न्यूरोसाइंटिस्ट्स का मानना है कि दिमाग अनजाने में पैटर्न को समझकर भविष्य की संभावनाओं की भविष्यवाणी कर सकता है।

वहीं, आध्यात्मिक दृष्टिकोण से, सपनों को चेतना की उच्च अवस्था और छठी इंद्रिय से जोड़ा जाता है। यह रहस्य अभी पूरी तरह सुलझा नहीं है, लेकिन यह स्पष्ट है कि सपने हमारे मस्तिष्क की जटिलता और अवचेतन की शक्ति का महत्वपूर्ण हिस्सा हैं।

"अगर कल विज्ञान यह साबित कर दे कि ज्योतिष सटीक है, तो क्या दुनिया इसे धर्म की तरह पूजने लगेगी?"

अगर कल विज्ञान यह साबित कर दे कि ज्योतिष पूरी तरह सटीक और प्रमाणिक है, तो यह संभव है कि दुनिया इसे एक नए दृष्टिकोण से देखने लगेगी, लेकिन इसे धर्म की तरह पूजने लगना आवश्यक नहीं है।

धर्म और विज्ञान की प्रकृति अलग होती है—धर्म आस्था पर आधारित होता है, जबकि विज्ञान प्रमाण और तर्क पर। यदि विज्ञान यह सिद्ध कर दे कि ग्रहों की स्थिति और उनका प्रभाव वास्तव में मानव जीवन और घटनाओं को प्रभावित करता है, तो ज्योतिष को एक प्रामाणिक विज्ञान के

रूप में स्वीकार किया जाएगा, ठीक वैसे ही जैसे खगोलशास्त्र, चिकित्सा विज्ञान या मौसम विज्ञान को मान्यता प्राप्त है।

हालाँकि, यह भी संभव है कि लोग इसे अंधविश्वास या अंधभक्ति की ओर ले जाएँ, क्योंकि मानव स्वभाव में किसी भी शक्ति या ज्ञान को चमत्कार के रूप में देखने की प्रवृत्ति होती है। इतिहास में कई बार वैज्ञानिक खोजों को रहस्यमय शक्ति मानकर पूजा गया है, जैसे कि बिजली की खोज के शुरुआती दिनों में लोग इसे दैवीय शक्ति समझते थे।

लेकिन विज्ञान का उद्देश्य किसी चीज़ की पूजा करवाना नहीं, बल्कि उसकी कार्यप्रणाली को समझाना होता है। इसलिए, यदि ज्योतिष वैज्ञानिक रूप से सिद्ध भी हो जाए, तो इसका महत्व बढ़ सकता है, लेकिन इसे धर्म की तरह पूजना तर्कसंगत नहीं होगा।

क्या मीडिया और फिल्में जादू-टोने को बढ़ावा देकर समाज में अंधविश्वास फैला रही हैं?

मीडिया और फिल्में जादू-टोने, तंत्र-मंत्र और अलौकिक शक्तियों को बढ़ावा देकर समाज में अंधविश्वास फैलाने में बड़ी भूमिका निभा रही हैं। हॉरर फिल्मों और टीवी सीरियलों में तंत्र-मंत्र, काला जादू और आत्माओं से जुड़े दृश्य दिखाए जाते हैं, जिससे लोग बिना वैज्ञानिक आधार के इन बातों पर विश्वास करने लगते हैं।

कई बार फिल्मों में नकारात्मक शक्तियों को इतना प्रभावशाली दिखाया जाता है कि लोग वास्तविक जीवन में भी इन्हें सच मानने लगते हैं। भारतीय समाज में पहले से ही ज्योतिष, टोटके और धार्मिक अनुष्ठानों की गहरी पकड़ है, और जब मीडिया इन्हें चमत्कारी रूप में प्रस्तुत करता है, तो यह अंधविश्वास को और मजबूत करता है। इसके कारण कई लोग ठगों और बाबाओं के चक्कर में फंस जाते हैं।

हालांकि, कुछ फिल्में जागरूकता फैलाने का भी काम करती हैं, लेकिन व्यापक रूप से मीडिया को इस विषय पर जिम्मेदारीपूर्वक कार्य करने की आवश्यकता है ताकि समाज में वैज्ञानिक सोच को बढ़ावा दिया जा सके।

क्या जादू-टोने को कानूनी रूप से अपराध घोषित किया जाना चाहिए, या इसे व्यक्तिगत आस्था की स्वतंत्रता मानना चाहिए?

यह एक जटिल बहस का विषय है। एक ओर, जादू-टोना, तंत्र-मंत्र और काला जादू के नाम पर कई जगहों पर लोगों को ठगा जाता है, मानसिक और शारीरिक शोषण किया जाता है, यहाँ तक

कि बलि और हिंसा जैसी अमानवीय घटनाएँ भी होती हैं। इस दृष्टिकोण से, इसे एक गंभीर अपराध मानकर इसके खिलाफ सख्त कानून बनाए जाने चाहिए, ताकि अंधविश्वास और शोषण को रोका जा सके।

दूसरी ओर, कई लोग इसे अपनी आध्यात्मिक और धार्मिक मान्यताओं से जोड़ते हैं और इसे व्यक्तिगत आस्था की स्वतंत्रता के रूप में देखते हैं। ऐसे में, कानून को इस अंतर को स्पष्ट करना होगा कि कौन-सी प्रथा व्यक्तिगत आस्था है और कौन-सा कार्य अंधविश्वास और धोखाधड़ी की श्रेणी में आता है। निष्पक्षता और वैज्ञानिक सोच को बढ़ावा देने के साथ-साथ, समाज को भी जागरूक करने की आवश्यकता है।

अगर भूत-प्रेत वास्तव में होते हैं, तो क्या उनकी उपस्थिति को वैज्ञानिक रूप से प्रमाणित किया जा सकता है?

यदि भूत-प्रेत वास्तव में होते हैं, तो उनकी उपस्थिति को वैज्ञानिक रूप से प्रमाणित करना अब तक संभव नहीं हुआ है। विज्ञान किसी भी चीज़ को प्रमाणित करने के लिए ठोस साक्ष्यों, प्रयोगों और तर्कसंगत विश्लेषण पर निर्भर करता है, लेकिन भूत-प्रेत से जुड़े मामलों में यह साक्ष्य हमेशा अस्पष्ट या मनोवैज्ञानिक प्रभाव से प्रभावित पाए गए हैं।

पैरानॉर्मल रिसर्च में कई बार इलेक्ट्रॉनिक उपकरणों, तापमान गिरावट और असामान्य ऊर्जा तरंगों का रिकॉर्ड किया जाना चर्चा में रहा है, लेकिन इन्हें निश्चित रूप से भूत-प्रेत का प्रमाण नहीं माना जा सकता।

दूसरी ओर, मनोवैज्ञानिक दृष्टिकोण से देखें तो कई लोग तनाव, भय, और धार्मिक मान्यताओं के कारण भूत-प्रेत के अनुभव महसूस करते हैं। विज्ञान के लिए यह विषय अभी भी रहस्यमयी बना हुआ है, लेकिन जब तक कोई ठोस प्रमाण नहीं मिलते, तब तक इसे मात्र मान्यताओं और कल्पनाओं का हिस्सा ही माना

क्या आत्माएँ किसी दूसरे आयाम में रहती हैं और कभी-कभी हमारे संसार में प्रवेश कर जाती हैं?

आत्माओं का किसी दूसरे आयाम (Parallel Universe) में रहना और कभी-कभी हमारे संसार में प्रवेश करना एक रहस्यमयी और विवादास्पद विषय है। क्वांटम भौतिकी में "मल्टीवर्स थ्योरी" और "सुपरपोजिशन" जैसी अवधारणाएँ यह संकेत देती हैं कि कई समानांतर ब्रह्मांड हो सकते हैं, जहाँ भौतिक नियम अलग-अलग तरीके से काम करते हैं।

कुछ शोधकर्ता मानते हैं कि अगर आत्माएँ ऊर्जा रूप में अस्तित्व रखती हैं, तो वे संभवतः किसी दूसरे आयाम में हो सकती हैं और कुछ विशेष परिस्थितियों में हमारे संसार में प्रवेश कर सकती हैं। कई लोग रहस्यमयी छायाएँ, और अप्रत्याशित घटनाओं को इसी अवधारणा से जोड़ते हैं।

हालांकि, विज्ञान के पास अभी तक ऐसा कोई ठोस प्रमाण नहीं है जो यह साबित कर सके कि आत्माएँ किसी समानांतर ब्रह्मांड में रहती हैं। यह विषय ज्योतिष, अध्यात्म और विज्ञान के बीच की एक दिलचस्प कड़ी है, जिस पर और अधिक शोध किए जाने की आवश्यकता है।

क्या आत्माओं से संपर्क करने वाले तांत्रिक और ओझा सच्चाई जानते हैं, या यह सिर्फ एक अंधविश्वास है?

आत्माओं से संपर्क करने का दावा करने वाले तांत्रिक और ओझा कितनी सच्चाई जानते हैं, यह एक बड़ा सवाल है। अधिकांश वैज्ञानिक और मनोवैज्ञानिक इसे अंधविश्वास मानते हैं और इसे मानसिक प्रभाव, सम्मोहन या धोखाधड़ी से जोड़ते हैं।

कई बार लोग गहरे दुख, भय या जिज्ञासा के कारण ऐसे लोगों के पास जाते हैं, जो उनकी भावनाओं का लाभ उठाकर उन्हें भ्रामक बातें बताते हैं। हालांकि, कुछ मामलों में लोगों ने असामान्य घटनाओं और अनजानी शक्तियों के अनुभव की पुष्टि की है, जिसे पूरी तरह नकारा नहीं जा सकता।

प्राचीन ग्रंथों और कुछ परामनोवैज्ञानिक शोधों में आत्माओं से संपर्क की संभावना का जिक्र किया गया है, लेकिन इसे सिद्ध करने के लिए कोई ठोस वैज्ञानिक प्रमाण नहीं हैं।

इसलिए, जब तक आत्माओं से संपर्क को लेकर वैज्ञानिक पुष्टि नहीं होती, तब तक इसे अंधविश्वास और मान्यताओं का मिश्रण ही माना जाएगा।

क्या विज्ञान भविष्य में भूत-प्रेत के अस्तित्व को साबित कर पाएगा, या यह हमेशा एक रहस्य बना रहेगा?

भूत-प्रेत के अस्तित्व को साबित करना विज्ञान के लिए एक जटिल और चुनौतीपूर्ण विषय है। अब तक विज्ञान ने किसी भी अलौकिक शक्ति या आत्मा के अस्तित्व का ठोस प्रमाण नहीं दिया है, लेकिन परामनोवैज्ञानिक अध्ययन और क्वांटम भौतिकी की कुछ अवधारणाएँ इस रहस्य की ओर इशारा करती हैं।

भविष्य में, अगर वैज्ञानिक उपकरण ऊर्जा तरंगों, विद्युत-चुंबकीय हस्तक्षेप, या किसी अनदेखी चेतना का स्पष्ट रूप से विश्लेषण कर पाएं, तो भूत-प्रेत की अवधारणा को वैज्ञानिक मान्यता मिल सकती है।

हालांकि, अब तक जितने भी पैरानॉर्मल अनुभव रिकॉर्ड किए गए हैं, वे या तो भ्रम, मनोवैज्ञानिक प्रभाव या अपूर्ण साक्ष्यों पर आधारित पाए गए हैं। यह संभव है कि भविष्य में नई तकनीकों और शोधों के माध्यम से इस रहस्य को सुलझाने की दिशा में प्रगति हो, लेकिन जब तक कोई ठोस प्रमाण नहीं मिलते, तब तक भूत-प्रेत का अस्तित्व एक रहस्य ही बना रहेगा।

यदि सम्मोहन से व्यक्ति का अवचेतन मन नियंत्रित किया जा सकता है, तो क्या इसका दुरुपयोग संभव है?

सम्मोहन एक शक्तिशाली मनोवैज्ञानिक तकनीक है, जो व्यक्ति के अवचेतन मन को प्रभावित कर सकती है। यह चिकित्सा, तनाव प्रबंधन और आदतों में बदलाव के लिए उपयोगी हो सकता है, लेकिन अगर गलत हाथों में पड़ जाए तो इसका दुरुपयोग संभव है।

इतिहास में कई ऐसे दावे किए गए हैं कि सम्मोहन का इस्तेमाल लोगों की यादें बदलने, झूठे विचार स्थापित करने, या किसी को अनजाने में अपराध करने के लिए प्रेरित करने में किया गया है।

वैज्ञानिक रूप से यह साबित नहीं हुआ है कि सम्मोहन के जरिए किसी को उसकी नैतिकता या इच्छाशक्ति के विरुद्ध कार्य करने के लिए मजबूर किया जा सकता है। फिर भी, सम्मोहन के माध्यम से किसी की निजी जानकारी निकालना, मानसिक नियंत्रण स्थापित करना, या उसे भ्रमित करना संभव हो सकता है।

इसलिए, यह जरूरी है कि सम्मोहन का उपयोग नैतिक और कानूनी दायरे में रहकर किया जाए, ताकि इसका दुरुपयोग न हो सके।

अगर सम्मोहन इतना प्रभावी है, तो इसे कोर्ट और क्रिमिनल इन्वेस्टिगेशन में मुख्य प्रमाण के रूप में क्यों नहीं अपनाया जाता?

सम्मोहन को एक शक्तिशाली मानसिक तकनीक माना जाता है, जो व्यक्ति के अवचेतन मन तक पहुंचकर उसकी स्मृतियों और अनुभवों को जागृत कर सकता है। लेकिन इसे कोर्ट और क्रिमिनल इन्वेस्टिगेशन में मुख्य प्रमाण के रूप में स्वीकार नहीं किया जाता क्योंकि यह पूरी तरह से विश्वसनीय नहीं है।

सम्मोहन की सबसे बड़ी समस्या यह है कि इसके दौरान व्यक्ति की यादें विकृत हो सकती हैं, यानी वह वास्तविक घटनाओं की जगह झूठी या भ्रमित करने वाली जानकारी भी प्रस्तुत कर सकता है। इसके अलावा, व्यक्ति सम्मोहन के प्रभाव में आकर काल्पनिक कहानियाँ गढ़ सकता है या बाहरी सुझावों से प्रभावित हो सकता है।

कई मामलों में, अपराधी या गवाह सम्मोहन के जरिए झूठे बयान दे सकते हैं, जो न्याय प्रक्रिया के लिए घातक हो सकता है। वैज्ञानिक रूप से भी यह साबित हुआ है कि यादें पूर्णतः सटीक नहीं होतीं और सम्मोहन की स्थिति में वे और अधिक अस्थिर हो सकती हैं।

यही कारण है कि अधिकांश न्यायिक प्रणालियाँ इसे मुख्य प्रमाण के रूप में नहीं अपनातीं, बल्कि इसे केवल सहायक मनोवैज्ञानिक तकनीक के रूप में देखा जाता है। हालाँकि, कुछ देशों में इसे सीमित दायरे में उपयोग किया जाता है, लेकिन इसकी सटीकता और निष्पक्षता को लेकर अब भी संदेह बना हुआ है।

यदि टोटकों में इतनी शक्ति है, तो वैज्ञानिक इन्हें साबित करने में असमर्थ क्यों हैं?

टोटकों की शक्ति को लेकर समाज में गहरी मान्यताएँ हैं, लेकिन वैज्ञानिक इन्हें साबित करने में असमर्थ रहे हैं। इसका मुख्य कारण यह है कि विज्ञान उन चीजों को स्वीकार करता है, जिनका परीक्षण किया जा सकता है और जो दोहराए जाने योग्य परिणाम देती हैं।

टोटके अक्सर व्यक्तिगत अनुभवों, आस्था और सांस्कृतिक परंपराओं पर आधारित होते हैं, जिनका कोई ठोस वैज्ञानिक आधार नहीं होता। कई लोग मानते हैं कि टोटकों से उनके जीवन में बदलाव आया है, लेकिन इसे प्लेसीबो इफेक्ट या आत्म-प्रेरणा का परिणाम माना जा सकता है।

विज्ञान को टोटकों की शक्ति को प्रमाणित करने के लिए ऐसे ठोस और मापने योग्य साक्ष्य चाहिए, जो नियंत्रित प्रयोगों में बार-बार समान परिणाम दें। जब तक टोटकों की प्रभावशीलता को वैज्ञानिक दृष्टिकोण से सिद्ध नहीं किया जाता, तब तक इन्हें केवल मान्यताओं, आस्था और सांस्कृतिक धारणाओं का हिस्सा माना जाएगा।

यदि दान और पूजा से ग्रहों का प्रकोप शांत किया जा सकता है, तो क्या अपराधी भी ऐसा करके अपने पापों से मुक्त हो सकते हैं?

यह प्रश्न कर्म सिद्धांत और नैतिकता से जुड़ा हुआ है। हिंदू धर्म और ज्योतिष के अनुसार, पूजा और दान का उद्देश्य व्यक्ति के भीतर सकारात्मक ऊर्जा उत्पन्न करना और आध्यात्मिक सुधार लाना है, लेकिन यह किसी भी व्यक्ति को उसके कर्मों के दंड से मुक्त नहीं कर सकता।

कर्मों का फल निश्चित होता है, और कोई भी दान या पूजा उस नैतिक एवं प्राकृतिक न्याय को समाप्त नहीं कर सकती। यदि ऐसा संभव होता, तो हर अपराधी केवल धार्मिक अनुष्ठान करके दंड से बच सकता था, जो समाज और न्याय व्यवस्था के लिए घातक होता। सच्चा प्रायश्चित केवल आत्मग्लानि, पश्चाताप, सुधार और पीड़ितों के प्रति न्याय की भावना से ही संभव है।

पूजा और दान एक सकारात्मक प्रक्रिया है, लेकिन यह अपराधों का प्रायश्चित नहीं हो सकती।

क्या यह संभव है कि कर्म और मेहनत से जीवन बदला जा सकता है, न कि ग्रहों और उपायों से?

बिल्कुल, कर्म और मेहनत से जीवन बदला जा सकता है, न कि केवल ग्रहों और उपायों से। ज्योतिष शास्त्र ग्रहों के प्रभाव को दर्शाने का एक साधन हो सकता है, लेकिन यह किसी व्यक्ति के भाग्य को निश्चित रूप से तय नहीं करता। यदि केवल ग्रह और उपाय ही जीवन को बदल सकते, तो दुनिया में हर कोई पूजा-पाठ और टोटकों से अमीर और सफल बन जाता।

असल में, जीवन में बदलाव मेहनत, सही रणनीति, निरंतर प्रयास और धैर्य से आता है। इतिहास में ऐसे अनगिनत लोग हैं जिन्होंने विपरीत परिस्थितियों और कठिन ग्रह स्थितियों के बावजूद अपनी लगन और परिश्रम से सफलता हासिल की है।

उपाय और पूजा मानसिक शांति और आत्मविश्वास को बढ़ा सकते हैं, लेकिन असली परिवर्तन तभी संभव है जब व्यक्ति स्वयं अपनी जिम्मेदारी ले और कर्मयोगी बने। भाग्य केवल इंतजार करने से नहीं, बल्कि सही दिशा में किए गए परिश्रम से बदलता है।

आधुनिक ट्रांसह्मनिज्म यह सवाल उठा रहा है कि यदि किसी व्यक्ति की यादें और व्यक्तित्व एआई में ट्रांसफर कर दिए जाएँ, तो क्या यह एक नया डिजिटल पुनर्जन्म होगा?

नहीं, यह प्रक्रिया तकनीकी रूप से व्यक्ति की कॉपी बनाती है, न कि उसका असली पुनर्जन्म। जब हम किसी व्यक्ति की सारी यादें, सोचने की प्रक्रिया और व्यवहारिक पैटर्न को एआई में ट्रांसफर करते हैं, तब हम एक डिजिटल संस्करण तैयार करते हैं जो उस व्यक्ति जैसा बोलता, सोचता और प्रतिक्रिया करता है।

लेकिन असली सवाल यह है कि क्या वह "अनुभव" कर रहा है? क्या उसे खुद के अस्तित्व की जागरूकता (self-awareness) है?

यह अवधारणा साइंस फिक्शन से आगे बढ़कर वास्तविक अनुसंधानों का हिस्सा बन रही है। न्यूरोसाइंस और एआई के विकास से यह संभव हो सकता है कि किसी व्यक्ति की संपूर्ण चेतना को क्लाउड या सुपरकंप्यूटर में संग्रहीत किया जाए, जिससे उसकी यादें और सोच प्रक्रिया बनी रहे।

लेकिन बड़ा सवाल यह है कि क्या यह डिजिटल कॉपी असली इंसान जैसी "चेतना" महसूस कर सकेगी, या यह सिर्फ डेटा और एल्गोरिदम का संग्रह होगा? अगर आत्मा और चेतना जैविक शरीर से परे कोई स्वतंत्र सत्ता है, तो मात्र डिजिटल ट्रांसफर से क्या वह जीवित रह सकेगी? यह प्रश्न न केवल विज्ञान, बल्कि दर्शन और आध्यात्मिकता के लिए भी एक गहरी चुनौती पेश करता है।

क्या "ऊपरी हवा" वास्तव में अस्तित्व में है, या यह केवल मनोवैज्ञानिक भय और अंधविश्वास का परिणाम है?

"ऊपरी हवा" को आमतौर पर नकारात्मक ऊर्जाओं या भूत-प्रेत से जोड़ा जाता है, लेकिन इसका वैज्ञानिक प्रमाण नहीं है।

मनोवैज्ञानिक दृष्टिकोण से, यह अंधविश्वास, और भय का परिणाम हो सकता है। नींद में लकवा, भ्रम, मानसिक तनाव और अवचेतन मन की धारणाएँ अक्सर इसे वास्तविकता का रूप दे देती हैं। हालांकि, कुछ लोग इसे अदृश्य ऊर्जाओं या आध्यात्मिक शक्तियों से जोड़ते हैं।

वैज्ञानिक रूप से, इसे मनोवैज्ञानिक और न्यूरोलॉजिकल कारणों से समझाया जा सकता है, जबकि पारंपरिक दृष्टिकोण इसे आध्यात्मिक अनुभव मानता है। वास्तविकता या भ्रम—यह पूरी तरह से व्यक्ति की मान्यताओं पर निर्भर करता है।

क्या कुछ लोग जानबूझकर "ऊपरी हवा" की आड़ में धोखाधड़ी कर जनता को गुमराह करते हैं?

हाँ, कई लोग "ऊपरी हवा" या भूत-प्रेत के नाम पर अंधविश्वास फैलाकर जनता को गुमराह करने और आर्थिक लाभ कमाने की कोशिश करते हैं। डर और अज्ञात का मनोवैज्ञानिक प्रभाव इतना मजबूत होता है कि लोग बिना वैज्ञानिक पुष्टि के ही ऐसी बातों पर विश्वास कर लेते हैं।

कई तांत्रिक, ओझा और स्वघोषित साधु-महात्मा इस डर का फायदा उठाकर लोगों से पैसा ऐंठते हैं, महंगे अनुष्ठान करवाते हैं, और झूठे इलाज का दावा करते हैं। कुछ मामलों में, ऊपरी हवा की अफवाहें जानबूझकर समाज में फैलाकर डर का माहौल बनाया जाता है, जिससे लोग तार्किक सोच छोड़कर अंधभक्ति की ओर झुक जाते हैं।

हालांकि, हर रहस्यमय घटना को धोखा कहना भी सही नहीं होगा, क्योंकि कुछ अनुभवों को विज्ञान पूरी तरह से समझ नहीं पाया है। लेकिन ऐसे मामलों में विवेकपूर्ण सोच जरूरी है, ताकि कोई अंधविश्वास का शिकार न बने और सच को तर्क के आधार पर परखा जा सके।

क्या तांत्रिक और ओझा सच में "ऊपरी हवा" के प्रभाव को दूर कर सकते हैं, या यह केवल एक भ्रम है?

यह सवाल काफी जटिल है क्योंकि "ऊपरी हवा" या नकारात्मक शक्तियों का अस्तित्व वैज्ञानिक रूप से सिद्ध नहीं हुआ है, लेकिन कई लोग इससे जुड़े अनुभवों की पुष्टि करते हैं।

तांत्रिक और ओझा प्राचीन ग्रंथों, मंत्रों और अनुष्ठानों का उपयोग कर दावा करते हैं कि वे नकारात्मक शक्तियों को दूर कर सकते हैं। कुछ मामलों में, यह सिर्फ एक मानसिक या प्लेसीबो प्रभाव हो सकता है, जहां व्यक्ति का विश्वास ही उसे राहत देता है। वहीं, कई बार तांत्रिक और ओझा लोगों के डर और अज्ञानता का फायदा उठाकर पैसे ऐंठने और धोखाधड़ी करने में लगे होते हैं।

हालांकि, कुछ पारंपरिक पद्धतियाँ, जैसे ध्यान, हवन, या सकारात्मक ऊर्जा से जुड़े अनुष्ठान, मानसिक शांति और आत्मविश्वास बढ़ाने में सहायक हो सकते हैं। इसलिए, यह पूरी तरह से व्यक्तिगत अनुभव और विश्वास पर निर्भर करता है कि इसे वास्तविक प्रभाव माना जाए या मात्र एक मनोवैज्ञानिक भ्रम।

अंतिम विचार (Final Thoughts)

ज्योतिष केवल भाग्य बताने की विधा नहीं, बल्कि आत्म-ज्ञान का एक माध्यम है। यह हमें यह समझने में सहायता करता है कि हमारे जीवन की घटनाएँ केवल बाहरी संयोग नहीं, बल्कि भीतरी चेतना और कर्मों के प्रतिबिंब हैं। ग्रह न तो हमारे शत्रु हैं, न देवता — वे हमारे भीतर के गुणों, दोषों और संभावनाओं के प्रतीक हैं।

"ज्योतिष और रहस्यमयी शक्तियों की दुनिया कई सवालों से भरी हुई है। विज्ञान और आस्था के इस संगम में सच को समझने के लिए खुली सोच और तार्किक दृष्टिकोण जरूरी है। यह किताब आपको सोचने के लिए एक नया दृष्टिकोण देने का प्रयास करती है—अब यह आपके ऊपर है कि आप किन निष्कर्षों तक पहुँचते हैं!"

खास संदेश – (Special Message)

आपकी जन्मकुंडली ब्रह्मांड द्वारा लिखा गया वह पत्र है, जो आपकी आत्मा के विकास का मार्ग बताता है — बस उसे पढ़ने और समझने की दृष्टि चाहिए।" "इस ब्रह्मांड में बहुत कुछ ऐसा है जो हमारी समझ से परे है। ज्योतिष, आध्यात्म, रहस्यमयी शक्तियाँ और विज्ञान – ये सभी एक-दूसरे से जुड़े हुए हैं, लेकिन हमारी सीमित बुद्धि हमेशा इन्हें स्पष्ट रूप से परिभाषित नहीं कर पाती।

इस किताब का उद्देश्य न तो अंधविश्वास को बढ़ावा देना है और न ही किसी मान्यता को खारिज करना। यह सिर्फ एक प्रयास है, आपको सोचने, प्रश्न करने और अपने उत्तर खुद खोजने के लिए प्रेरित करने का।

ज्ञान वहीं से शुरू होता है जहाँ संदेह उत्पन्न होता है। यदि यह किताब आपके भीतर जिज्ञासा, तर्क और नए दृष्टिकोण को जन्म दे पाई, तो इसका उद्देश्य पूरा हुआ।

"जो आत्मा को जानता है, वह ग्रहों से भय नहीं करता; वह स्वयं अपने भाग्य का निर्माता बन जाता है।"

संदर्भ सूची (References)

यह पुस्तक विभिन्न शास्त्रों, ग्रंथों, आधुनिक वैज्ञानिक शोधों और लेखक के व्यक्तिगत विश्लेषणों पर आधारित है। विषयों की प्रामाणिकता बनाए रखने तथा पाठकों को गहन अध्ययन हेतु प्रेरित करने के उद्देश्य से, विषयों की प्रमाणिकता बनाए रखने और पाठकों को गहन अध्ययन के लिए प्रेरित करने हेतु निम्नलिखित संदर्भों का उपयोग किया गया है:

1. **बृहत्पाराशर होरा शास्त्र** – महर्षि पाराशर द्वारा रचित, वैदिक ज्योतिष का प्रमुख ग्रंथ।

2. **जातक पारिजात** – फलित ज्योतिष और ग्रहों के प्रभावों पर गूढ़ अध्ययन।

3. **लाल किताब** – ग्रहों, कुंडली दोषों और ज्योतिषीय उपायों का अनूठा संकलन।

4. **अथर्ववेद** – तंत्र, यंत्र और गूढ़ विज्ञान का प्राचीन स्रोत।

5. **श्रीमद्भागवत महापुराण** – आत्मा, पुनर्जन्म और ब्रह्मांड के रहस्यों का वर्णन।

6. **पतंजलि योग सूत्र** – समाधि, टेलीपैथी और मानसिक शक्तियों पर केंद्रित ग्रंथ।

7. **रुद्रयामल तंत्र** – तंत्र विधा और गुप्त ऊर्जा सिद्धांतों पर आधारित ग्रंथ।

8. **शिवसंहिता** – योग, कुंडलिनी जागरण और आध्यात्मिक चेतना पर विस्तृत ग्रंथ।

9. **गर्भोपनिषद** – आत्मा की यात्रा, पुनर्जन्म और गर्भस्थ अवस्था का विवरण।

10. **द सीक्रेट डॉक्ट्रिन (एच.पी. ब्लावात्स्की)** – ब्रह्मांड, चेतना और गूढ़ रहस्यों पर आधारित।

11. **द तिब्बतीयन बुक ऑफ द डेड** – मृत्यु के बाद की अवस्थाओं पर आध्यात्मिक दृष्टिकोण।

12. **इयान स्टीवेंसन का पुनर्जन्म पर शोध** – वैज्ञानिक दृष्टि से पुनर्जन्म की संभावनाओं का अध्ययन।

शोध पत्रों और वैज्ञानिक स्रोतों की सूची (Research Papers & Scientific Sources)

1. **Stevenson, Ian (1975). "Cases of the Reincarnation Type."** – पिछले जन्मों की यादों पर आधारित वैज्ञानिक अध्ययन।

2. **Tucker, Jim B. (2005). "Life Before Life: Children's Memories of Previous Lives."** – छोटे बच्चों द्वारा बताए गए पुनर्जन्म के मामलों पर शोध।

3. **Haraldsson, Erlendur (2011). "Children Claiming Past-Life Memories: Cases with Written Records."** – पुनर्जन्म से जुड़े लिखित प्रमाणों का विश्लेषण।

4. **Bem, Daryl J. (2011). "Feeling the Future: Experimental Evidence for Anomalous Retroactive Influences on Cognition and Affect."** *Journal of Personality and Social Psychology* – भविष्य की घटनाओं को महसूस करने की क्षमता पर शोध।

5. **Targ, Russell & Puthoff, Harold (1974). "Information Transmission Under Conditions of Sensory Shielding." Nature.** – अमेरिकी रक्षा अनुसंधान में टेलीपैथी की जांच।

6. **Penrose, Roger & Hameroff, Stuart (1996). "Orchestrated Reduction of Quantum Coherence in Brain Microtubules: A Model for Consciousness."** – चेतना और क्वांटम यांत्रिकी के बीच संबंध पर शोध।

7. **Goswami, Amit (1993). "The Self-Aware Universe: How Consciousness Creates the Material World."** – चेतना और भौतिक दुनिया के गहरे संबंधों पर अध्ययन।

8. **Hobson, J. Allan (2005). "Dreaming: A Very Short Introduction."** – सपनों और मस्तिष्क की कार्यप्रणाली पर शोध।

9.	Hilgard, Ernest R. (1965). "Hypnotic Susceptibility." – सम्मोहन और मस्तिष्क पर इसके प्रभाव का विश्लेषण।

10.	Gauquelin, Michel (1955). "The Influence of Planets on Human Behavior." – ग्रहों और मानव व्यवहार के संबंध की सांख्यिकीय पुष्टि।